全国高职高专经济管理类"十三五"规划理论与实践结合型系列教材

校企合作优秀教材

管理心理学

GUANLI XINLIXUE

编 著 王 梅 万 婷 满丛英
　　　　贾 潇 喻文雄 张 丹

华中科技大学出版社
http://www.hustp.com
中国·武汉

内 容 提 要

本书根据高等院校人才培养目标,紧紧围绕以能力为本位,以提高学生整体素质为基础,突出"以就业为导向"的职业教育特点,以"简明、实用、够用"为原则,把管理心理学内容整合为八个项目,即管理心理学的基本认知、基本理论、个体心理与行为管理、群体心理与行为管理、激励与管理、领导与沟通管理、组织结构与组织文化、员工心理健康与疏导。其中的每一项目都由开篇案例、知识目标、技能目标、任务引入、任务分析、知识链接、案例分析、知识与技能检测这几个部分构成。

本书有效地将项目任务所需的理论知识和职业活动的操作技能贯穿于教学内容中,培养学生独立运用专业知识发现问题、分析问题、解决问题的思维方式,进一步提高学生的岗位职业能力。

本书可作为高职高专工商管理、市场营销、物流管理、电子商务、人力资源管理、会计、经济管理等专业的教学用书,也可作为企业培训人员和企业专业人员的学习参考书。

图书在版编目(CIP)数据

管理心理学/王梅,万婷等编著. —武汉:华中科技大学出版社,2014.6(2020.11重印)
ISBN 978-7-5680-0185-4

Ⅰ.①管… Ⅱ.①王… ②万… Ⅲ.①管理心理学-高等职业教育-教材 Ⅳ.①C93-05

中国版本图书馆 CIP 数据核字(2014)第 135708 号

管理心理学　　　　　　　　　　　　　　　　　王梅　万婷　等编著

策划编辑:张凌云
责任编辑:张凌云
封面设计:龙文装帧
责任校对:李　琴
责任监印:徐　露
出版发行:华中科技大学出版社(中国·武汉)　　电话:(027)81321913
　　　　　武汉市东湖新技术开发区华工科技园　　邮编:430223
录　　排:华中科技大学惠友文印中心
印　　刷:广东虎彩云印刷有限公司
开　　本:787mm×1092mm　1/16
印　　张:13.25
字　　数:348千字
版　　次:2020年11月第1版第5次印刷
定　　价:29.00元

本书若有印装质量问题,请向出版社营销中心调换
全国免费服务热线:400-6679-118　　竭诚为您服务
版权所有　侵权必究

前 言

高等职业教育具有高等教育和职业教育的双重属性，与行业和技术的发展息息相关。我们编写本教材的目的是使学生尽快地了解现代管理工作，熟悉作为现代管理工作者应具备的心理素质，同时只有了解和掌握了被管理者的个性心理特征，才能做到"一把钥匙开一把锁"，最大限度地调动被管理者的工作积极性，真正实现"物尽其用、人尽其才、才尽其用"的管理目标。

《管理心理学》是全国高职高专经济管理类"十三五"规划理论与实践结合型系列教材之一。本书力求语言通俗易懂、理论与案例紧密结合，既有理论探讨和具体的案例分析，又有可操作的调适方法、心理训练活动和心理测试，突出其应用性、实用性、趣味性。通过本书的学习，使读者能了解并掌握一些专业的管理心理学知识，真正做到乐学其中，学有所获。

本书根据高等院校人才培养目标，紧紧围绕以能力为本位，以提高学生整体素质为基础，突出"以就业为导向"的职业教育特点，以"简明、实用、够用"为原则，把管理心理学内容整合为八个项目，即管理心理学的基本认知、基本理论、个体心理与行为管理、群体心理与行为管理、激励与管理、领导与沟通管理、组织结构与组织文化、员工心理健康与疏导。每一项目由开篇案例、知识目标、技能目标、任务引入、任务分析、知识链接、案例分析、知识与技能检测等构成。本书还特别突出了以下特色。

（1）以大量的案例为载体。大量的案例贯穿于教学中，通过详细的讲解让学生掌握相关知识，更能调动学生学习的积极性。

（2）突出专业特色。根据职业特点和市场实际需要编写课程内容，突出管理心理学特色，统筹安排教材内容，避免教学内容重叠。

（3）简化理论教学，强化实践内容。理论遵循"必需、够用"，实务围绕实际技能整合并优化理论知识，提高学生的职业技能。

（4）更加注重实训，为强化学生实践操作能力。教学内容设置紧密围绕技能教育的思想，专业理论教学后增加实训项目。

本书由武汉商贸职业学院王梅担任第一主编，湖北科技职业学院万婷担任第二主编，武汉商贸职业学院满丛英担任第三主编；武汉商贸职业学院贾潇担任第一副主编，清远职业技术学院麦海汶担任第二副主编，武汉商贸职业学院张丹担任第三副主编；武汉商贸职业学院肖琪、黄溪、李静、周双清、梅冉参于了本教材的编写。具体编写分工如下：武汉商贸职业学院张丹、肖琪编写项目一；武汉商贸职业学院黄溪、李静编写项目二；武汉商贸职业学院满丛英编写项目三；清远职业技术学院麦海汶编写项目四；武汉商贸职业学院王梅编写项目五；湖北科技职业学院万婷编写项目六；武汉商贸职业学院贾潇编写项目七；武汉商贸职业学院周双清、梅冉编写项目八。另外，武汉理工大学孙灯勇教授也为本书的编写提出了建议。

本教材可作为高职高专工商管理、市场营销、物流管理、电子商务、人力资源管理、会计、经济管理等专业的教学用书，也可作为企业培训人员和企业专业人员的参考书。

本书在编写过程中借鉴并引用了大量文献与资料，在此向这些文献及资料的作者表示衷心的感谢！由于时间仓促，教材不足之处难免，敬请读者提出宝贵意见，以使其不断得到修正和完善。

编　者

2014 年 6 月

目　录

项目一　导论 …………………………………………………………………… (1)
　　任务一　管理心理学的研究对象和内容 …………………………………… (1)
　　任务二　研究管理心理学的意义、原则及管理心理学的研究方法 ……… (5)
　　任务三　管理心理学的产生和发展 ………………………………………… (11)
项目二　管理心理学基本理论 ………………………………………………… (19)
　　任务一　管理学理论 ………………………………………………………… (19)
　　任务二　心理学理论 ………………………………………………………… (29)
　　任务三　人性假设理论 ……………………………………………………… (33)
项目三　个体心理与行为管理 ………………………………………………… (39)
　　任务一　个体心理过程与行为管理 ………………………………………… (39)
　　任务二　个性心理倾向与行为管理 ………………………………………… (57)
　　任务三　个性心理特征与行为管理 ………………………………………… (65)
项目四　群体心理与行为管理 ………………………………………………… (80)
　　任务一　群体心理现象的基本知识 ………………………………………… (80)
　　任务二　群体中的人际知觉与人际关系管理 ……………………………… (85)
　　任务三　群体冲突与管理 …………………………………………………… (92)
项目五　激励与管理 …………………………………………………………… (110)
　　任务一　激励活动 …………………………………………………………… (110)
　　任务二　激励理论 …………………………………………………………… (113)
　　任务三　激励的原则与方法 ………………………………………………… (124)
项目六　领导与沟通管理 ……………………………………………………… (134)
　　任务一　领导心理与角色管理 ……………………………………………… (134)
　　任务二　领导风格理论与运用 ……………………………………………… (138)
　　任务三　领导沟通与管理 …………………………………………………… (145)
项目七　组织结构与组织文化 ………………………………………………… (153)
　　任务一　组织设计与变革 …………………………………………………… (154)
　　任务二　组织文化的建设 …………………………………………………… (167)
　　任务三　工作团队建设及其管理 …………………………………………… (175)
项目八　员工心理健康与疏导 ………………………………………………… (186)
　　任务一　对心理健康的基本认识 …………………………………………… (186)
　　任务二　个体工作的压力管理 ……………………………………………… (190)
　　任务三　员工帮助计划的认识及其运用 …………………………………… (198)
参考文献 ………………………………………………………………………… (207)

项目一 导 论

任务一 管理心理学的研究对象和内容

知识目标
- 理解管理心理学的定义
- 明确管理心理学的研究对象
- 掌握管理心理学的研究内容

技能目标
- 能够合理辨别不同的研究对象

管理心理学是管理学和心理学交叉互融形成的一门科学。它既是管理科学的分支学科，也是心理科学的应用心理学科。它是运用心理学、管理学、社会学、人类学等学科的原理、原则，研究管理活动中人的心理活动和行为规律，从而有效地调动人的主动性、积极性和创造性的学科，它是一门综合性学科，也是一门边缘学科。

一、管理心理学的定义

目前，关于管理心理学的定义问题，还没有比较统一的认识。一般来说，管理心理学是研究组织中的心理活动规律，通过用科学的方法改进管理工作来充分调动人的积极性的一门学科。了解了这些规律性，有助于预测人们在组织中的行为，改进和提高组织的工作效率，正确处理组织中上下级之间的矛盾和冲突，充分调动人们的工作积极性，为选拔优秀的领导人和合格的工作人员提供心理学的依据等。

心理科学是研究心理现象及其规律的科学。它分基础心理学和应用心理学两大部分。基础心理学主要是探索人心理活动普遍的和共同的规律，是心理学体系中的基础部分，也是应用心理学的理论基础。应用心理学是基础心理学基本原理在各种社会实践领域中应用的结果，主要是研究具体实践领域中的心理问题，并为人们的实践活动提供心理指导和心理方法。因研究重点和领域不同，基础心理学和应用心理学又可分为许多不同的分支。如基础心理学可分为普通心理学、个性心理学、情绪心理学等，应用心理学可分为教育心理学、管理心理学、政治心理学等。上述分支还可以进一步细分，如个性心理学可以再细分为能力心理学、性格心理学等，管理心理学可细分为企业管理心理学、学校管理心理学、行政管理心理学等。

【知识链接】

目前,关于管理心理学的课程名称还不统一,有的叫组织行为学,有的叫组织管理心理学,有的叫行为管理学,有的叫行为科学,等等。关于管理心理学的定义同样没有达成共识,学者们在借鉴他人成果的基础上,常常会加入自己的看法。

(1) 苏东水认为:管理心理学又称行为管理学,是研究人的行为心理活动规律的科学。它是一门综合性、边缘性的科学,是现代管理科学和行为科学在发展过程中派生出来的一门新兴的独立学科。

(2) 俞文钊认为:管理心理学是研究企业中人的心理活动规律,用科学的方法改进管理工作,充分调动人的积极性的一门科学,它是心理科学的一个分支。

(3) 卢盛忠认为:管理心理学也可称为组织管理心理学,一般来说,组织管理心理学侧重于研究各种组织系统中人们在彼此之间相互作用的情况下所产生的心理现象的规律性。它属于心理科学中的应用部分,是应用心理学的一个重要方面。

综合上述观点,可以认为:管理心理学是研究组织中人的心理行为规律的科学。它是一门新兴的、具综合性与边缘性的并在不断持续发展中的科学。

二、管理心理学的研究对象

管理心理学主要研究管理过程中人的心理现象、行为规律,即与组织行为有关的人的个体特点、人的群体特点、领导行为特点、组织理论与组织变革、工作生活质量研究和跨文化管理心理学。

管理心理学是随着现代管理科学的发展而独立出来的一门新的学科,它具有两重性:既有与生产力和社会化生产相联系的自然属性的一面,又有与生产关系和社会制度相联系的社会属性的一面。因此,尽管由于受不同社会经济制度的影响,各国在研究的理论、观点、方法上不尽相同,但是,管理心理学的研究对象主要是研究管理活动中人的心理活动和行为规律。换言之,它是研究处于管理过程中的个体、群体、组织及领导的心理活动和行为规律的科学。

管理心理学的研究对象不是人类在某一领域管理活动里特殊的心理规律,而是在人类各种管理活动中心理活动发生与发展的一般规律。在生产、工作活动中,在具体的组织范围内,处于不同的管理者与被管理者关系中的人,其心理的发展和变化,必然具有不同于日常生活中人的心理活动的特点。人在管理活动中的心理活动及其发展变化,必然会影响人的工作积极性,影响人在管理活动中所起的有效作用,进而影响劳动生产率和工作的效率与效果。管理心理学可以为管理工作科学化提供行之有效的管理方法。例如管理心理学中关于人的需要对人的行为产生积极性影响的知识,管理心理学在揭示规律的基础上建立的激励理论等,对企业管理、学校管理、行政管理及其他的部门管理都同样有着指导意义。管理心理学是通过运用心理学的原理和方法来研究管理活动中人的心理,又通过研究结果来分析管理问题。这里的人是与一定的组织和组织目标相联系的人,而不是完全意义上个体的人,也不是单纯的和一般意义上的人群或群体。

所以,管理心理学研究的是社会组织运行过程和人的心理活动相互作用的规律,指导人们用科学的方法激励人的工作动机,调动人的工作积极性,充分利用人的价值和潜能,发挥人力资源的作用,保持组织目标实现和稳定发展,从而提高管理的效能。要具体把握管理心理学的研究,应明确以下几点。

(1) 研究组织中的人-人系统。管理心理学研究人对人的管理,即人-人系统,并探讨用什么管理方法可以最大限度地调动人的积极性,从而最终达到提高组织劳动生产效率的目的。

管理心理学主要是通过人的行为来研究人的心理活动。从字面意义来看,人们会以为管理心理学是专门研究人心理活动的,但是,研究人的心理活动不能脱离人的行为,因为人的心理现象与物理、化学等现象不同,它不具有形象性,是人的精神生活,他人无法直接进行观察。因此,管理心理学是通过对人行为的观察和分析来客观地研究人的心理活动,管理心理学既要研究人的心理活动规律,又要研究人的行为规律,它是把两者作为一个整体来研究的,因为心理支配着人们的行为而又通过行为表现出来。管理心理学可以从调动人的积极性这一方面来研究如何提高生产效率。显然,当一个人的整体积极性提高时,工作起来劲头十足,一些工作过程中的具体问题就会相应解决,或者解决起来更容易。

(2) 研究组织中人的心理因素。管理心理学研究的是人的心理因素与心理问题,正如大家在工作中经常遇到的事实,即工作效率的提高不仅依赖工作中的技术装备、工作组织水平,而且更大程度上取决于工作者的工作目标、工作态度,工作中群体的行为准则,社会心理气氛,领导者的个人威信、影响力等社会心理因素。所以,一个有远见的领导者在工作过程中,一定要分析工作中的社会因素、心理因素,并采取相应的措施和方法。在某种意义上,人的因素是完成工作任务的先决条件,所以作为研究人心理因素的管理心理学一定会在组织管理中发挥它的重要作用。

(3) 研究组织中的内环境系统。任何一个组织都有外环境系统和内环境系统。外环境系统是指技术、资金、法律、法规、文化规范、公众期望等;内环境系统指技术环境、个体环境、群体环境、组织结构环境。作为生产率的主要指标最后具体体现在技术环境中,通过工作者的技术水平、工作的状况等而产生的产品质量和数量来体现。工作者工作效果取决于个人的工作动机、认识水平和工作态度。由于现代组织中的工作不是一个个体的工作,而是在一个群体环境中产生和进行的,因此人群关系环境又是一个影响因素。此外,任何工作都是一个有组织的工作,每个人在组织中担任一定的角色,相互间以一定方式沟通信息,所以组织结构环境也是一个重要的影响因素。

三、管理心理学的学科性质

管理心理学是现代管理科学和心理科学、行为科学发展过程中,交叉融合形成的一门边缘性的新兴学科,是管理实践不断深入,管理学和心理学研究不断细化、深化的产物,是管理理论和实践科学化、人本化、现代化的必然结果。

(一) 管理心理学是一门边缘性的交叉学科

管理心理学是介于管理学和心理学之间的边缘学科,是管理学和心理学交叉结合的产物。从管理心理学与心理学的关系来看,管理心理学是从心理学母体中孕育出来的一门新兴学科。管理心理学以心理学理论作为自己的基础理论,以心理研究方法作为自己的主要研究方法。心理学是研究人的心理现象及其规律的科学。心理学的研究成果是为管理者全面了解人的本质和行为规律,从而为确定管理原则、管理方法提供科学的依据。例如,心理学揭示的关于人的意识倾向性(需要、动机、兴趣、态度等)的规律,可用于工资奖金、升级考核等管理措施的制订,从而有效地调动员工的积极性;心理学所揭示的人的个性心理特征(能力、气质、性格)发展变化的,可用于员工的录用和培训、领导者的选拔、组织结构的优化等。可见,心理学与管理心理学的关系是基础理论与理论应用的关系,管理心理学是心理科学体系中应用心理学范畴,是心理学的一个重要分支。

从管理心理学与管理学的关系看,管理心理学是管理科学的重要组成部分,是管理学研究不断深化的产物。管理学在发展过程中不断地吸收自然科学和社会科学的成果,通过丰富自己而逐步由单一的学科发展成为包括管理学原理、管理心理学、管理社会学、领导科学、系统科学等学科在内的相互渗透的、相互交错的庞大的学科群。现代管理提倡以人为中心的管理。在管理的诸要素即人、财、物、事、时间、信息当中,人是第一位的要素,管理的各个要素、各个环节都要靠人去掌握和推动。实现组织目标,提高工作成效,关键是要调动和发挥各级各类人员的积极性、创造性。选好人、用好人、发挥人的潜力,这就必须了解人的心理和行为所产生、发展、变化的规律。管理心理学通过对管理过程中人心理规律的研究和探索,为管理者提供管理方面必需的心理学知识,为搞好管理工作提供科学依据、基本原则和具体方法。因此,管理心理学是管理科学中不可缺少的重要组成部分,是实现管理科学化的理论基础。

(二) 管理心理学是一门综合性的应用学科

管理心理学在其产生和发展的过程中,广泛地吸收了哲学、人类学、社会学、心理学、系统科学等的新理论、新方法,使其具备了很强的综合性,成为一门内容十分丰富的科学,并形成了许多重要分支,主要有:企业管理心理学、学校管理心理学、行政管理心理学、组织管理心理学、医院管理心理学等。

此外,管理心理学主要是心理学原理在管理理论和实践中的应用。管理心理学虽然要研究管理过程中的心理规律,并提出相应的基本理论,但无论是从研究目的、研究对象还是研究方法上看,管理心理学都具有应用性学科的特点。管理心理学的研究属于应用性研究,管理心理学的理论是应用性理论,管理心理学与管理实践的联系很紧密。

四、管理心理学研究的主要内容

管理心理学研究的主要内容是:运用个体心理和行为规律、团体动力原理、组织理论和领导原则,揭示管理过程各要素的相互作用、相互制约的机制,激发个体的工作和劳动积极性,提高管理效能,从而增进生产和工作效率,为发展社会生产力服务。

(一) 管理活动中的"人性"问题

"人性"问题是管理心理学研究的基本问题,人性理论是管理心理学的基本理论,也是实施科学管理的基石。管理的对象是人,对人性的认识不同,就会形成不同人性假设和不同的管理理论,选取不同的管理方法、手段和模式。管理心理学中有各种不同的人性假设及相应的管理理论。

(二) 管理活动中的个体心理

个体心理是管理心理学研究的核心内容,在整个管理心理学知识理论体系中占有重要地位。任何管理活动都是以具体的人的活动为基础的。研究个体心理,提示社会组织运行与个体心理相互作用的规律,可以为领导者制订科学的管理策略、管理措施和管理方法提供依据,合理选人、用人、调动人的积极性。管理心理学中个体心理研究的具体内容包括:个体需要、动机、目标及对个体行为积极性的影响;个体态度、情绪的管理与引导;个体积极性的激励等。

(三) 管理活动中的群体心理

群体心理是管理心理学研究的又一重要内容。管理活动虽然离不开个体心理与行为,但在管理活动中每一个个体并不是孤立地存在和活动的,管理总是在群体中进行的。群体的规模、结构、规范、人际关系、沟通、冲突等都影响着个体的积极性和群体的效率。研究和掌握群体心理规律,可以为建立有效群体、优化群体结构、保持组织团结、实现组织目标提供指导。管理心理学中群体心理研究的具体内容包括:群体活动的内在心理机制;正式群体与非正式群体的关系;群体中的人际关系与信息沟通等。

(四) 领导心理

领导心理也是管理心理学的重要组成部分。领导活动包括领导者、被领导者和环境三个要素。领导者具有特殊的地位、角色、职责和影响,对组织的成败起着举足轻重的作用。领导者的职能对其心理与行为有特殊的要求,领导者的素质和作风不同,领导方法和领导艺术不同,对被管理者所产生的心理效应也不同。领导心理研究的具体内容包括:领导的素质和影响力、领导的选拔与培训、领导艺术和作风等。

(五) 组织心理

组织心理是管理心理学的基本内容。组织与群体的不同在于组织比群体在结构、目标、规范等方面更明确。一个企业、一个单位、一个群体,必须严密组织起来,才能生存发展,才有强大的生命力和巨大的战斗力,在各种困难和竞争面前立于不败之地。通过对组织心理的研究,了解组织发展变革的基本过程和心理影响因素,可以找到组织建设的有效途径,更好地推进组织变革与发展。组织心理研究的内容具体包括:组织结构优化、组织变革、组织发展等的心理问题。

(六) 激励理论

激励理论是管理心理学中用于处理需要、动机、目标和行为四者之间关系的核心理论,是业绩评价理论的重要依据,它说明了为什么业绩评价能够促进组织业绩的提高,以及什么样的业绩评价机制才能够促进业绩的提高。

任务二 研究管理心理学的意义、原则及管理心理学的研究方法

项目目标

知识目标
- 理解学习和研究管理心理学的意义
- 了解学习和研究管理心理学的原则
- 掌握管理心理学的研究方法

技能目标
- 能够实际运用不同管理心理学的研究方法

【任务引入】

享誉世界的马丁吉他

一个半世纪以来,马丁吉他公司被公认是世界上最好的乐器制造商之一,很少有哪家公司像马丁吉他公司一样有如此持久的声誉。其吉他每把价格超过 10 000 美元,这是世界上能买到的最好的一种吉他。马丁吉他公司作为一个家族企业,已经延续了六代,目前的 CEO 是克里斯。克里斯领导下的马丁吉他公司所制造的马丁吉他不仅秉承了马丁吉他的精良制作工艺,克里斯本人还遍访公司在全世界的经销商,并为他们举办培训讲座。

自从公司创办以来,马丁吉他公司做任何事情都非常重视质量,即使这些年在产品设计、制造方法、分销系统方面发生了很大变化,公司仍然始终坚持对质量的承诺。公司在坚守优质音乐标准和坚决满足顾客需求等方面渗透到公司的每一个角落。因为制作吉他需要天然木材,公司非常审慎,他们使用传统的天然材料,并鼓励引入可再生的替代的木材品种。

马丁公司使新老传统有机地融合在一起。虽然设备和工具逐年更新,但员工始终坚守着高标准的优质音乐原则。马丁家族的一位成员曾经解释道:"怎样制作具有如此绝妙声音的吉他并不是一个秘密。它需要细心和耐心。细心是指要仔细选择材料,巧妙安排各种部件,关注使每一个演奏者感到惬意的细节。所谓耐心是指做任何一件事不要怕花时间。优质的吉他是不能用劣质产品的价格制造出来的,但是谁会为买了一把价格不菲的优质吉他而后悔呢?"100 多年过去了,这些话仍然是公司理念的精确描述。

虽然公司深深植根于过去的优良传统,克里斯却毫不迟疑地推动公司朝新的方向发展。例如,在 20 世纪 90 年代末,他做出了一个大胆的决策,开始在低端市场上销售每件价格低于 800 美元的吉他,低端市场在整个吉他产业的销售额中占 65%。公司 DXM 型吉他是 1998 年引入市场的,顾客认为它比其他同类价格的绝大多数吉他音色要好。克里斯解释道:"如果马丁公司只是崇拜它的过去而不尝试任何新事物的话,那恐怕就不会有值得崇拜的马丁公司了。"虽然马丁吉他不断将其触角伸向新的方向,但却从未放松过对尽其所能制作顶尖产品的承诺。在克里斯的管理下,这种承诺决不会动摇。

【任务分析】

从以上案例中,你认为研究管理心理学在现实生活中有什么意义?

一、学习和研究管理心理学的意义

学习和研究管理心理学,掌握管理活动中个体心理、群体心理、组织心理和领导心理等方面的理论和方法,对于充分发挥人力资源的作用,提高工作效率或生产效率,推进管理的科学化、现代化,为提高管理水平和增进管理效能,发展心理科学体系等都有重要意义和作用。学习和研究管理心理学的意义主要包括以下四个方面。

(一)充分发挥人力资源的作用

人力资源是最重要和最丰富的资源,最大限度地调动被管理者的工作和生产积极性、主动性和创造性,提高工作效率和生产效率是管理工作的核心。学习和掌握管理心理学,能够帮助管理者确立合理的管理制度、体制、策略、方法和措施,使人力资源得到有效开发。随着科技的发展和社会的文明进步,生产的机械化、自动化、信息化程度越来越高,市场国际化、经济全球化进一步向深层次发展,人才的作用更加突出。管理的根本是对人的管理,而对人的管理必须符合人的心理特点和规律。适应形势的变化,科学合理地选拔和使用人才,搞好人才的培养培训,提高人才素质和创新能力,激发员工的工作责任心、成就动机、团结奋斗精神,实现各类人员、群体和组织之间的密切合作,搞好组织的变革与设计,增强组织的适应性和发展能力,是现代领导管理者面临的共同课题。

(二) 帮助管理者有效地开展思想教育和管理工作

培养被管理者良好的思想素质和心理品质,建设社会主义精神文明,思想教育工作不仅是提高生产和工作效率的一项基本工作,也是提高人们思想觉悟、心理品质和个人素质的客观要求。人的行为积极性虽然直接受人的需要、动机和主观行为目标制约,但需要、动机、主观行为目标是与人的世界观、价值观和思想政治觉悟紧密联系并受它们制约的。正确的世界观、价值观和较高的思想政治觉悟,离不开有效的思想政治教育。思想政治教育主要是做人的思想工作。这就要求管理者要能根据人的心理行为发展规律、人的个性心理、个性倾向、价值观念、态度行为等,采取切实有效的方法,避免思想政治教育流于空谈和形式。此外,衡量管理有效性的标准不仅包括劳动生产率,还包括成员素质的发展状况。管理现代化首先是人的现代化,树立人本观念,把人放在更重要的地位,是现代管理发展的基本趋势。这就要求管理者了解被管理者的需要和心理,引导他们树立正确价值观,激发其积极性,培养其健康心理,造就有理想、有道德、有文化、有纪律的劳动者。

(三) 为领导者提高素质、威信和影响力提供理论指导

领导者的职能主要是决策和用人,同时对生产和工作进行领导、指挥、协调和控制。领导者在组织中处于主导性、关键性和决定性地位。领导者的自身建设,是影响一个单位兴衰成败的大事。毛泽东说过,政治路线确定之后,干部就是决定因素。领导者的素质、领导水平、领导作风、领导威信、领导的影响力、领导方法和领导艺术,是决定一个集体工作状况、经济效益和政治面貌的重要因素。提高领导者的素质和领导水平,离不开管理心理学的指导和帮助。

(四) 完善管理心理学的理论体系,促进管理科学和心理科学的发展

管理心理学为管理实践提供理论和方法指导,同时,管理实践又反过来促进管理心理学的发展,其理论与实践的结合,可以使管理心理学研究更加深入,促进心理学体系更加完善。通过学习,提高人们对心理现象、管理现象及其规律性的认识,提高行为预测和控制能力。因此,学习和研究管理心理学,是对整个心理科学体系的丰富,是适应管理实践的客观要求。

二、学习和研究管理心理学应坚持的原则

1949 年,在美国芝加哥大学举行的行为科学命名大会上,科学家们明确做出四项决定:第一,理论的肯定和证明,必须靠公众都能观察和了解的客观事实,不能单凭学者的个人经验;第二,尽量用数理化的方式来说明假设,以便精密地进行测试和修正;第三,尽量使各种论述精确,能用严密的试验予以肯定或否定;第四,使用自然科学所惯用的"厘米、克、秒"制作为度量工具。

由此可见,科学家对科学研究一贯倡导严谨客观、实事求是的科学态度和原则。为确保管理心理学研究的科学性、严谨性和客观性,必须遵循科学的原则。根据辩证唯物主义基本原理,结合管理心理学研究对象的特点,学习和研究管理心理学应坚持的原则主要有以下几种。

（一）客观性原则

客观性原则要求在学习和研究管理心理学时，首先要有客观态度，其次要依据客观事实，再次要进行客观分析，最后要得出客观结论，即力求揭示管理心理活动的客观规律，经得起逻辑论证和实验、实践检验，使研究结果有充分的说服力，避免主观臆断。

（二）发展性原则

由于管理是一个动态发展过程，企业和组织内外环境是不断变化的，人的认识、情感、态度、需要、动机、行为，以及人际关系、群体规范、组织结构、组织目标等都处于不断发展、变化的运动之中。因此，研究管理心理学，就不能静止地看问题，必须从发展过程中找出规律性，并用于指导发展中的管理实践。

（三）联系性原则

人的心理、行为既受主观因素制约，又受到企业组织内外环境状况影响。研究管理心理学，必须把一种心理现象同其他心理现象联系起来，必须放到企业组织这个大系统中，弄清局部与全局、个体与整体的联系，弄清形成人心理行为的各种因素及其必然联系，这样，才能得出科学的结论。

（四）实践性原则

管理心理学是一门应用性学科，学习和研究管理心理学无论是从目的还是从方法上，都应坚持实践性原则，立足于管理实践，做到理论联系实际，善于总结管理实践的新经验，探索其科学规律性的东西，坚持为管理实践服务，指导管理实践，并在实践中不断发展和完善管理心理学理论体系。

三、管理心理学的研究方法

管理心理学是一门实践性较强的应用性学科，由于它的研究对象是有思想、有感情的人，这就决定了它的研究方法有其自身的特点。人的心理活动是人的一种内在的体验，这是一种内隐变量，是无法应用现今世界上任何先进仪器或设备进行直接测量的，只能通过人们在日常管理活动中的行为表现，通过运用适当技术诱发人们的特定反应来进行间接测量与分析。

在管理心理学的研究中，常用的方法主要有7种：观察法、心理测量（验）法、谈话法、问卷法、案例研究法、实验法和模拟测验法等。

（一）观察法

观察法是观察者依靠自己的视听器官，或借助于视听工具器材（如录像机、录音机等），直接观察他人的言行表现，并把观察结果记录下来，通过外在行为表现分析与推测人们心理状态的方法。

观察法具体实施的措施是灵活多样的。如果按照观察者与被观察者的关系进行分类，可以把观察法分为自然观察和实验室观察两种。自然观察是指在完全自然（即日常生活和工作）条件下，在被观察者并不知情的情况下进行的观察。实验室观察是指在人为控制条件下进行的观察，被观察者可能知情也可能不知情。观察法还可以分为参与观察和非参与观察两种。观察者直接参与被观察者的活动，并在活动中进行观察称为参与观察。观察者不参与被观察者的活动，仅以旁观者身份所进行的观察称为非参与观察。

观察法的特点是，目的明确，方便易行，所得材料比较系统和符合实际，因而应用较广。其缺陷在于仅能了解大量一般现象和表面现象,很难更深入了解复杂现象及其本质特征。因此,观察法只有与其他方法配合起来,才具有更大实际意义,取得更大研究收益。

(二)心理测验法

心理测验法是用一种标准化心理测验量表,或者精密测量仪器,对被试者的有关心理品质进行测量的研究方法。心理测量法常用于职工选择、人员安置。

心理测量按测量对象可分为以下几类:一是智力测验,主要是测量智力高低;二是能力倾向测验,主要是测量人的一般能力和特殊能力;三是教育测量,又称成就测验,主要是测量人的学习效果和成就水平;四是人格测验,主要是测量人的情绪、需要、动机、兴趣、态度、性格等。心理测量按使用的测量技术,又可分为自陈法、投射法、人格评定法和情景测验法等。国外比较著名的心理测量方法有斯坦福-比奈智力测验、明尼苏达人格测验、罗夏墨渍测验、主题统觉测验、利克特量表法等。

测验法虽然可以作为一种标尺,用于评价人们的个性特征,但使用中稍有不慎(如量表设计、取样技术等方面略有偏差),就会使测验结果产生很大的误差。因此,运用测验法进行研究时,要特别注意测量的信度和效度,要使测验量表的信度与效度维持在一个合理的范围内。

测验的信度即可靠性,它是测量被测特征真实程度的指标,有人称为测验的准确性,也有人把信度作为测验结果稳定性和一致性的指标。

测验的效度是指心理测验的有效性,也指测验得到的是不是所要测定的心理和行为特征,即测验结果所体现出的测验预期的程度。

(三)谈话法

谈话法是指研究者通过与被研究者面对面谈话,在口头语言沟通过程中了解被研究者心理状态的方法。

谈话法可分为有组织谈话和无组织谈话两种。有组织谈话是指研究者根据研究目的,事先拟定谈话提纲,按部就班地向被研究对象提出问题,让其逐一回答的方法。有组织谈话结构严密、条理清楚、层次分明、谈话过程容易掌握,被研究对象犹如回答了一份口头问卷。但这种谈话中被研究对象比较拘束、被动,研究者与对象不易产生情感交流。无组织谈话虽然也有一定目标,但谈话中没有固定程序,结构松散、层次交错,研究者提出的问题往往涉及较大范围,被研究对象也可以自由回答,比较主动,气氛活跃,便于交流感情,但往往费时较多,谈话过程也较难以掌握。

运用谈话法,既要根据研究目的,保持谈话进展、基本内容和方向,又要根据对象的回答,对问题进行适当调整,更要发现对象的顾虑及思想动向,进行有效引导。

谈话法简单易行,可以及时取得第一手材料,因而应用广泛。但因为面对面的谈话往往会给人增加心理负荷,使人产生防御心理,所以要求研究者具备一定的谈话技巧。提高谈话的效率必须注意以下几点:一是目标明确,研究者要根据研究对象的特点和工作要求,事先确定谈话内容,谈话过程要紧紧围绕目标进行;二是讲究方式,可根据不同对象、不同情景,分别采取漫谈式、提问式、征询式、加压式、商讨式、鼓励式、引导式等不同方式;三是注意解除被研究对象的种种不必要的顾虑,取得其信任;四是在谈话中要注意做到言简意赅,避免不着边际的谈话。

(四)问卷法

问卷法是运用内容明确、表达正确的问卷量表,让被试者根据自己的实际情况,实事求是地自行选择答案的研究方法。常用的问卷量表有四种设计：是非法、选择法、等级排列法和计分法。

(1) 是非法。只采用"是"与"否"两种答案的问卷设计，让被试者根据自己的情况，对每个试题做出"是"或"否"的回答，不能模棱两可，也不能不回答。例如，以下3个问题是选自对处长聘任考试落选者的问卷调查表。

① 落选后，你的亲人有没有责怪你？ 有□ 没有□
② 你感到后悔吗？ 是□ 否□
③ 下次再有这样的考试，你还会报名吗？ 会□ 不会□

(2) 选择法：要求被试者从并列的两种或多种答案中，实事求是地按个人的情况选取一种或若干个方案的问卷设计。如表1-1所示，在行政管理干部职务分析调查中，要求人们根据自己的角色期望，从下列10项要素中，为局长与党组织书记分别选出3项最重要的素质。

表1-1　行政管理干部职务分析调查

1	2	3	4	5	6	7	8	9	10
事业心	纪律性	原则性	求实性	竞争性	廉洁性	民主性	服务性	自律性	坚韧性

(3) 等级排列法。在问卷中列出可供选择的多种答案，要求被试者按照对自身的重要程度予以排列。例如，下面这个问卷要求被试者根据个人的体验来分析调动公务员工作积极性的因素。

试用1、2、3、4的数字顺序来指出下列4种因素在激发员工工作积极性中的重要作用。
提工资（　）　发奖金（　）　表扬（　）　脱产学习（　）

(4) 计分法。要求被试者对问卷中每个问题用五级计分或七级计分的方式进行回答的问卷调查，如表1-2和表1-3所示。

表1-2　七级计分问卷调查反馈表

1	2	3	4	5	6	7
很不满意	不满意	不太满意	无所谓	较满意	满意	很满意

表1-3　五级计分问卷调查反馈表

1	2	3	4	5
很不满意	不满意	无所谓	满意	很满意

例如，评定员工对工作满意感的量表中有如下2个题目，请在相应的满意程度后打"√"。
① 你对自己的工作感到满意吗？
很不满意（　）　不太满意（　）　无所谓（　）　较满意（　）　很满意（　）
② 你的领导者对人对事总是很公正吗？
从来没有（　）　很少（　）　有时（　）　经常（　）　总是如此（　）

问卷法的优点是可以在较短时间内取得大量广泛的材料，而且能使结果数量化，因而得到广泛应用。但用这种方法所取得的材料的质量和真实性，往往受被试者主观因素影响，因此难以控制，关于调查对象心理特点的结论必须从调查对象的回答中寻找，因而有较大局限性。

(五) 案例研究法

案例研究法是对某一个体、群体或组织，在较长的时间里连续进行调查了解，收集全面的资料并进行分析,从而得出科学结论的方法,案例研究法又叫个案法或实例研究法。例如,研究者对某一企业某一班组通过长时期直接观察,查阅相关文字记录资料,掌握整个班组人员状况、生产情况、智力结构、关键事件等,并在此基础上进行深入分析,整理出反映该班组特点的详细资料。注意案例研究要在一定理论指导下进行,不能单凭经验和直觉。

(六)实验法

实验法是研究者在严密控制的条件下,有目的地给予一定刺激,引发被试者的反应并加以研究,找出心理规律的方法。实验法可分为实验室实验和现场实验两种。实验室实验是在专门的实验室内进行,一般借助各种仪器设备而取得精确数据。它具有控制条件严格、操作程序固定、可以反复验证等特点。但实验室实验有很大的人为性,因此,其所得的结果与实际会有一定差距。现场实验是在实际工作场所进行的,现场实验一般都把对情景条件的适当控制与正常生产活动有机结合起来,在生产活动过程中进行,具有现实意义。但由于工作现场的具体条件复杂,许多控制变量很难排除或很难使之在一定时间内保持恒定,故往往需要一个周密计划,并需要较长的时间,投入较大的人力与物力方能成功。

(七)模拟测验法

模拟测验法即情景模拟测验法。这是一种新兴的鉴别选择管理人员的方法。模拟情景测验主要包括"公文包"测验、角色扮演、案例研究和小组讨论等。这种方法是按照某特定工作现场的情景,设置模拟情景,配备专门测试人员,采用"公文包"形式,让被试者在限定时间内,行使某一级管理者的职权,处理好包括电话记录、电报、信件、备忘录和会议记录等,然后由测试人员根据被试者授权是否妥当,公文处理和排列的顺序是否确切,决策是否合理等因素进行评分,得出对被试者领导管理能力的评价结果。为了更全面更实际地测试被试者的管理能力,有时还安排被试者参加会议和做简短的报告,评价他的发言质量、掌握会议的能力及分析表达能力。

总之,上述方法都是通过人的外在行为表现去探索其内在源泉的途径,都有一定应用价值,也都有一定局限性。由于人的复杂性,其内在的心理活动与外在行为之间并非完全一致,所以在许多情况下,最好根据具体的研究对象的特点,同时采用几种方法,以便取长补短,互相印证,使结果更加可靠,究竟采用何种方法,应根据具体课题及研究时的具体情况而定。

任务三　管理心理学的产生和发展

知识目标
- 了解管理心理学的产生背景
- 掌握管理心理学未来的发展方向

技能目标
- 能掌握管理心理学的各种理论应用

一、管理心理学产生的历史背景

一门学科的诞生，必须具备两个条件：一是社会发展需要，二是学科自身基础理论的建立、发展和完备。管理心理学是心理学尤其是社会心理学应用于管理实践，与管理学相结合的产物。管理心理学萌芽于19世纪末20世纪初，产生于20世纪30年代，形成于20世纪50年代，其产生和发展是与心理学发展、管理学研究的深入及经济发展紧密联系在一起的，是和现代生产力、生产技术相联系的社会化大生产的需要分不开的。

从经济发展角度看，由于生产力飞速发展和生产关系中劳资矛盾尖锐化，要求探索新的管理理论和方法，这就构成了管理心理学产生的客观必要性。19世纪70年代之前，西方资本主义还处于自由竞争历史阶段；19世纪70年代以后，开始逐步向垄断发展，并在20世纪初完成了从自由竞争向垄断过渡，越来越多资本集中到了少数大企业和垄断资本家手中，但是资本主义经济基础即生产资料私人所有制并没有发生变化，资本主义所固有的竞争和生产无政府状态继续在起作用。这一时期，科学技术和生产力飞速发展，许多新技术、新设备、新工艺、新方法不断涌现，大大提高了生产效率，这就需要有与之相适应的劳动组织和管理模式。此外，广大工人并没有从生产力发展中得到更多好处，反而所受的剥削和不公平进一步加强，生产关系中劳资矛盾进一步尖锐化。垄断资本家为了巩固自己的垄断地位和击败竞争对手，为了缓和劳资矛盾，开始寻求新的管理理论和方法。他们聘请心理学家从事提高工作效率和经营决策的研究，对人际关系、团体组织和领导行为等进行研究，这些研究结果就构成了管理心理学的基本内容。

从心理科学发展来看，在20世纪初，心理学发展已经初具规模，初步形成了一套心理学研究手段和方法，各个学派也先后诞生并日趋成熟。心理学、社会学等学科理论均有了长足的发展，社会心理学这一领域也被开拓出来，从事心理学研究的队伍日益壮大。心理学理论发展和心理学方法的完善，为管理心理学的产生奠定了比较充分的理论基础和方法论基础，从而使管理心理学的产生由需要变为可能，心理学理论也逐步被广泛应用于工业生产和军事实践。

最早把心理学应用于企业的是德国心理学家斯特恩，他于1903年提出了"心理技术学"这一概念。最早对心理技术学进行深入研究的是心理学家闵斯特伯格，他在哈佛大学成立了第一个工业心理学实验室。1912年发表了名著《心理学和工业效率》。在这本书中他论述了用心理测验方法选拔合格工人等问题，也研究了疲劳和劳动合理化问题，提出了创造心理条件，使每个工人有最满意的产量，以及满足人的需要，符合个人与企业双方利益等观点。这些研究成果被广泛应用于职业选择、劳动合理化、改进工作方法、建立最佳工作条件等。闵斯特伯格以其开创性研究和贡献，被称为"工业心理学之父"。这一时期，相继有一些心理学者根据人的个性心理差异，对员工选拔、使用、培训、考核等问题进行深入研究，逐步形成了人事心理学。还有一些心理学家从事设计适合人的生理和心理实际需要的机器、工具设备和工作环境、工作程序的研究，以减轻疲劳程度，防止意外事故发生，使劳动合理化，从而提高工作效率，最终形成了"工程心理学"，又称"人体工程学"或"工效学"。

在20世纪的两次世界大战中都有一大批心理学家从事有关军事活动方面的心理学研究，把心理学运用于战争，其结果是造就了一支相当规模的应用心理学家队伍，大大促进了应用心理学的发展。其中很多成果又被用于经济和行政管理，如在第一次世界大战中，美国在国家研究委员会下先后设立了17个战争心理问题研究委员会，让一大批心理学家承担起把心理学应用于军队的研究和实践。其研究课题包括新兵心理测验(包括新兵的智能和服役人员心理效能测验),士兵鉴定与选拔(主要有性向测验、职业和技能专长鉴定和军官的评定等),战场上视觉与听觉问题,飞行(航空)心理问题(包括飞行员的选拔),军事训练与执行军纪心理学问题,情绪不稳定人员心理治疗问题,士气与宣传问题等等。

在第二次世界大战中出现了许多新型武器装备,但是由于设计时没有考虑到人的因素、人的心理特点,或者过于复杂,因而比较难操作和掌握,这就降低了武器的精确度和命中率,没有充分发挥其应有的作用。这使人们看到人的能力问题,认识到武器设计不能不考虑人的心理(智力)特点。于是美国国防部正式要求心理学家提供人的智力参数作为装备设计的心理学依据。此外,在两次世界大战中,心理战术的广泛使用和许多有关军事心理、宣传心理等问题研究,也使各国认识到心理学在战争中的应用价值,因而均调集大批心理学家从事人事心理学、社会心理学、工程心理学的应用研究,进一步推动了应用心理学发展。心理学在工业领域和军事领域的应用性研究,为管理心理学产生开辟了道路,积累了资料和经验,成为管理心理学的理论渊源,使管理心理学从需要、可能转化为现实,最终导致了管理心理学诞生。

二、管理心理学的开创阶段

工业心理学把心理学引进工业生产领域,成为管理心理学的先驱,对形成管理心理学起了推动作用,但当时的研究活动只局限于个人心理、物质条件和报酬等对工作效率的影响,而没有注意到工作的社会环境、人际关系、领导者与被领导者的相互作用、组织本身所具有的社会性,也因为没有充分的理论铺垫,管理心理学还不能形成完整体系。

20世纪20年代,从霍桑试验开始,人们才进一步把心理学、社会学、社会心理学等学科理论和方法结合起来,对企业中人们的心理和行为进行探索、试验和解释。在工业心理学研究中,人们发现了工作群体和群体中人际关系的重要性,并对此进行了深入研究和阐述,相继出现了梅奥的人际关系理论和勒温的群体动力理论,进而使工业心理学发展为工业社会心理学。同期,由莫雷诺创立的社会测量理论为工业社会心理学研究提供了有效研究方法。其后,人们进一步认识到,在工业生产中除了人-机、人-事配合,劳动操作合理化之外,还必须重视人员激励、人员协调、领导行为等问题,这些问题同样会对工作效率产生重大影响,因而必须解决人的积极性问题,解决管理有效性问题。此时诞生的马斯洛的需要层次理论,就是研究人的动机与激励问题的著名理论。需要层次理论、人际关系理论、群体动力理论、社会测量理论等,促成了行为科学的诞生,拓宽了工业心理学研究范畴,从个体心理研究扩大到群体和组织的研究,管理的重要性更加显现出来。正是在这种情况下,美国斯坦福大学教授、著名管理心理学家莱维特第一次用"管理"二字代替了"工业心理学"中的"工业"二字,提出了"管理心理学"这一术语,并正式出版了《管理心理学》一书。"管理心理学"这一术语的出现,实际上是对工业心理学研究结果进行深化的产物,是工业心理学难以继续包容管理心理这一核心内容的必然结果。人们通常认为"管理心理学"这一术语的出现就是管理心理学作为一门独立学科诞生的标志。人际关系理论、群体动力理论、需要层次理论等,构成了管理心理学体系中的核心理论内容。

(一)霍桑实验及梅奥的人际关系理论

霍桑实验是1924至1932年间在美国芝加哥郊外的西方电器公司霍桑工厂进行的,是由美国国家研究委员会赞助的研究计划。霍桑工厂是一个制造电话交换机的工厂,该工厂具有较完善的娱乐设施、医疗制度和养老金制度等,但工人仍然愤愤不平,生产成绩也不理想。为了探求原因,美国国家研究委员会组织了一个由心理学家等多方面专家组成的研究小组,在该厂开展实验研究,研究的中心课题是生产效率与物质条件的关系,研究小组主要由心理学家梅奥领导。霍桑实验主要包括以下内容。

1. 照明实验

这个实验的最初目的是研究照明条件变化对生产效率的影响。实验人员挑选了一批女工，分别编成两个小组：一个为实验组，一个为控制组。实验组是被施加实验条件的小组；控制组是未被施加实验条件的小组，其职能是与实验组的实验结果加以比较，以检验实验组发生的变化是否是由实验条件所引起，因此控制组也叫对照组。两个小组除在实验条件上存在区别外，其他条件没有区别。例如，实验照明对工作效率的影响，那么两个小组只在照明条件上有区别，而在噪声、温度、湿度等方面两组是完全一致的。在照明实验开始时，研究小组原设想增加照明会提高产量，实验结果却是对比组与实验组的产量几乎同等上升，看不出照明对产量的影响。后来又采取相反措施，即降低实验组照明度。原认为实验组产量会下降，可结果却是产量并没有显著下降。经过两年半的实验，人们发现生产条件改变并没有如人们所认为的那样会导致生产效率的相应改变，相反，无论何种情况下生产率均有大幅上升。人们没有找到生产条件与生产效率的必然联系，这个结果使研究小组感到茫然，实验无法继续进行下去。

在这紧急关头，梅奥等哈佛大学心理研究人员来到工厂，重新组织研究小组，继续进行实验。梅奥首先对照明实验进行了总结，认为产量的提高既然不能确定是受到照明的影响，必定受到其他因素的影响，他认为，很可能是由于心理的原因造成的。因为个人在特定的条件下进行实验，被选拔参加实验的人会认为这是管理当局对他们的格外重视，因而有良好的合作态度。此外，由于实验有著名的学者参与，工厂里的管理人员可能改变了以往对待工人的态度，从而使管理者与被管理者的关系融洽了。为使这个判断有更充实的论据，梅奥又设计了福利实验。

2. 福利实验

福利实验的最初目的，主要是研究改善福利条件与工作时间等对生产的影响。梅奥选择了6名女工在单独房间里从事继电器装配工作。在实验中先是逐步增加一些福利措施，如缩短工时、延长休息时间、免费供应茶点等，总之，从这些女工的切身利益出发满足她们的愿望。在实验方法变动时，要同女工们商量征得她们的同意，还让她们尽情地对管理者发表意见。研究小组原设想增加福利措施会刺激人们的生产积极性，而一旦取消，就会导致积极性下降、产量降低。于是在两个月之后取消了各种福利措施，可实验结果却与原设想的相反，产量不仅没有下降反而继续上升。梅奥经过深入了解分析发现，这依然是融洽的人际关系在起作用。实验结果表明，在调动职工积极性、提高产量方面，建立融洽的人际关系，是比福利措施更重要的因素。

梅奥总结这阶段的实验时指出，实际发生的是6个人变成了一支队伍，而这支队伍自身全心全意地、自发地在实验中进行合作，结果是她们感到自己自由地、自觉地参与了这项工作，并且意识到她们并不是在自上而下地强制或限制下工作，而是在愉快地工作着。

3. 群体实验

这个实验主要是研究工资奖励制度对员工产生积极性的影响。实验是选择14名男工在一个单独房间里进行绕线、焊接和检验工作，与原来的根据小组集体产量计算工资补贴不同的是，对这个班组实行特殊的个人计件工资制度。原来设想，就组员的生产能力而言，都可能超过他们目前的实际产量；实行这套奖励办法，会使工人更加努力，以便得到更多报酬。实验结果是，经过几个月的观察，这个班组的产量只保持在中等水平，每个工人的平均日产量都差不多，经过仔细分析，发现小组组员存在一种默契，而且形成了他们的群体利益，并自发形成了一些规范。他们约定,谁也不能干得太多,突出自己,也不能干得太少而影响全组产量,比如,公司给每个焊工定的标准是每天 7 312 个焊接点,可是每个工人都把自己的日产量限制在低于这个数字的水平,他们会自定一个标准,如 6 000~6 600 个焊接点,并且约法三章,不准向管理当局告密,如有违反,轻则挖苦谩骂,重则拳打脚踢。进一步调查发现,工人们之所以维持中等水平产量,主要是担心产量太高,会使管理当局提高产量标准,改变现行奖励制度或裁减人员使部分工人失业,或者使干得慢的伙伴受到惩罚;而产量太低则影响全组形象,受到管理者批评。实验表明,工人为了维护班组内部团结,可以放弃物质利益的引诱。梅奥由此发现了非正式群体的存在,提出了"非正式群体"的概念。梅奥认为正式组织中存在着自发形成的非正式群体,这种群体有自己的特殊规范,对人的行为起着调节控制作用,同时加强了内部协作关系。

4. 谈话实验

这是梅奥等人在霍桑工厂进行的大规模态度调查,用了两年多时间,找工人个别谈话两万余人次。在谈话过程中,调查人员耐心倾听工人对厂方的意见和不满,并做详细记录,对工人的不满意见不得反驳和训斥。谈话收到了意想不到的效果,工厂产量大幅度提高。分析认为,这是由于工人长期以来对工厂各项管理制度和方法有许多不满,无处发泄,这项调查使他们把这些不满都发泄出来,使之感到心情舒畅,从而大幅度提高了产量。

霍桑实验直到 1932 年方告结束。最后的结论是:生产条件虽然影响生产,但生产条件和生产效率之间并不存在直接因果关系,休息时间、工作日、工作周的长短及工资的支付方式等都不是影响生产的第一要素,而提高劳动者士气,改善人与人关系,重视群体作用,使人们愉快工作并对工作感到满足,才是增加生产和提高工效的决定性因素;正式组织内部存在自发形成的非正式群体,非正式群体有其特殊的行为规范,影响群体成员的行为。

1933 年,梅奥出版了《工业文明中的社会问题》一书,全面总结了霍桑实验结果,系统地提出了人际关系理论,并阐明了许多新的管理思想。主要内容有以下几点。

(1) 传统认为人是经济人,认为金钱是刺激积极性的唯一动力。霍桑实验表明,人是社会人,影响人积极性的因素,除了物质条件之外,还有社会因素、心理因素。

(2) 传统认为生产效率主要取决于工作方法和工作条件。霍桑实验表明,生产率的高低主要取决于职工士气,而士气则取决于家庭和社会生活,以及企业中人与人之间的关系。

(3) 传统管理只注意正式群体问题,重视组织结构、职权划分、规章制度等,而霍桑实验说明,企业中还存在着非正式群体,非正式群体有着特殊规范,影响着群体成员的行为。

(4) 霍桑实验的结论要求有新型的领导能力。领导者在注意了解人们合乎逻辑(理性)行为时,还必须注意了解人们不合逻辑(情感)行为,要善于倾听和沟通职工的意见,使正式群体的经济需要与非正式群体的社会需要取得平衡。新型的领导能力在于通过职工心理需求的满足,来达到提高生产和工作效率的目的。霍桑实验及梅奥由此总结出来的人际关系理论,对管理理论和实践有重要意义和影响。它第一次正式把心理学、社会学引入管理研究中,使管理者认识到他们的下属都是有思想有感情的活生生的人,使管理者开始注重对人及人际关系的研究,从重视机器的作用,逐步改变为重视人的作用。梅奥也因这方面的杰出贡献,被公认为是工业社会心理学的创始人和管理心理学的先驱。

(二) 勒温的群体动力理论

群体动力理论的创始人是德国心理学家勒温。他借用物理学中"磁场"的概念,把人过去、现在形成的内在心理需求看成内在心理力场,把外界环境因素看成是外在心理力场,认为人的心理和行为是内在心理力场和外在心理力场相互作用的结果。因此,要测定人的心理和行为,就必须了解内在心理力场和外在心理力场等情景因素。他提出了下述理论公式：
$$B = F(P \cdot E)$$
其中，B 表示个体行为，P 表示个性特征，E 表示环境，F 表示函数关系。该公式表示人的行为是个性特征与环境相互作用的函数关系或结果。勒温最初用"场"理论研究个体行为，后来又扩大到群体行为研究，提出"群体动力"概念，认为群体活动同样取决于内在心理力场和外在心理力场的相互作用。群体动力理论对管理心理学的产生和发展有重大影响。在它的影响下，人们对群体问题进行了大量研究，如不同领导类型对群体心理气氛和群体行为的影响、群体意见沟通、团体决策等，这些研究为丰富发展管理心理学做出了贡献。群体动力理论及有关群体问题的研究，构成了管理心理学的重要内容。

(三) 莫雷诺的社会测量理论

社会测量理论是莫雷诺提出的。作为一种理论，它有许多值得讨论的问题，而作为一种测量技术也已经得到广泛应用。这种技术主要是采用填写问卷，让被试者根据好感或反感对伙伴进行选择，并把这种选择用图表示出来，这样可以使人们对群体中成员之间的关系进行分析，管理心理学广泛地运用社会测量技术并在此基础上有所发展。

(四) 马斯洛的需要层次理论

需要层次理论是美国心理学家马斯洛提出来的。20 世纪 40 年代，马斯洛发表了《人的动机理论》，论述了作为动机基础的需要层次理论。他把人的需要划分为五类：生理需要、安全需要、社交需要、尊重需要和自我实现需要。这五类需要是从低到高依次发展的，形成金字塔形层次。要激发人的内在诱因，使人努力工作，提高工作效率，就要采取有效管理措施去满足职工上述需要。马斯洛的需要层次理论影响很大，当前在西方管理学和管理心理学中都把它作为重要的基础理论。

三、管理心理学的发展

从 20 世纪 50 年代以来，由于科学技术飞速进步，生产力迅速发展，企业规模日益扩大，社会分工与生产专门化日益加强，各个部门、企业之间的相互联系日益密切。企业内部各部门之间、部门内部人与人之间的协调配合越来越重要。此外，企业中知识型工人和智力劳动在社会劳动结构中的比重迅速增加。这对企业管理带来了深刻影响，提出了更高要求。管理心理学的研究从个体、群体、领导进一步扩大到对整个组织，围绕如何适应外部环境、合理协调各种关系进行深入研究。此时，系统科学逐步成熟和深入人心，作为一种研究指导思想和研究方法，促进了管理心理学研究的深化。

1959 年，美国心理学家海尔发表文章，把工业心理学分为三个方面：人事心理学、人类工程学和工业社会心理学。其中工业社会心理学实质上就是管理心理学。1961 年美国《心理学年鉴》发表了由著名管理心理学家弗鲁姆和社会心理学家迈耶所写的一篇综述，标题为"工业社会心理学"。该文指出，工业社会心理学应按两个基本模型进行研究。

第一，以个体为分析单元，研究劳动的社会环境对个人动机、态度和行为的影响。第二，以社会系统为分析单元，研究工业系统的结构和功能，企业中的上下级关系、生产班组和较大组织系统的社会心理问题。1964 年，莱维特为美国《心理学年鉴》写了一篇题为"组织心理学"的综述，总结了各方面研究成果，认为管理心理学研究已扩大到整个组织系统，涉及组织决策、沟通、组织目标设计等更广泛领域。此后不久，美国心理学会第 14 分会——工业心理学分会正式改名为工业和组织心理学分会。随着行为科学的发展,人们认为管理心理学应从组织行为入手进行综合研究,现在人们又把管理心理学称为组织行为学。可见,管理心理学自产生至今,从最初的个体研究(工业心理学),到后来的群体研究(工业社会心理学、管理心理学),再到后来的组织研究(组织心理学)、行为研究(组织行为学),其主要的研究课题发生了很大的变化,当前,企业文化(组织文化)研究方兴未艾,管理心理学研究受此推动,必将得到进一步发展,开拓出新的研究领域。这种内容和名称变化反映了管理心理学研究的不断深入和发展过程。

美国是管理心理学最发达的国家,美国管理心理学的发展历程基本代表管理心理学的发展过程。20世纪60年代之后,美国管理心理学得到更大发展,其研究机构和研究人员队伍不断扩大。据统计,美国心理学会拥有15万名会员。另外,心理学家外,社会学家、经济学家、人类学家等也参加到研究中来,使管理心理学成为一门跨学科和综合性科学。其研究领域不再仅仅局限于工业企业管理范围内,而是扩大到行政、学校、社团、军队等各种组织。研究课题由研究沟通、决策扩大到研究人际关系和组织结构设计等。研究方法由单因素分析发展到多因素分析,从传统实验室研究发展为现场实验、参与研究和大规模问卷调查及数理统计分析,从静态分析发展为系统动态分析,研究成果也被广泛应用于管理实践,并取得了显著效果。

日本管理心理学研究的最大特色是注重应用。他们能够吸收外来理论并结合本国传统和实际予以发展、创新。日本管理心理学在微观管理环境和具体技术手段及运用方面取得了一系列成果。如采用"资本民主化"缓和劳资矛盾,用"终身雇佣制"强化员工团队精神,以奖金保密避免人际冲突、以情感感化和精神宣泄消除心理挫折、以实行合理化建议和民主决策等培养职工主人翁责任感等,都取得了很好成效。

管理心理学在我国的发展,从20世纪50年代开始,我国已逐渐开展劳动心理学和过程心理学的研究,但管理心理学起步较晚。20世纪60年代,我国心理学界对西方正在迅速发展的工业与组织心理学知之甚少。20世纪70年代末期,我国工业部门感到需要运用心理学的知识调动企业管理人员和职工的积极性,心理学界也感到需要开展有关生产管理中心理学问题的研究。正是在这种改革和开发的形势下,我国管理心理学才逐渐得到发展。

十一届三中全会以后,党和国家工作重点转移到经济建设上来,由于改革开放和现代化建设的需要,现代管理科学开始传入我国。1978—1980年,不少理论和教育工作者对行为科学进行了大量介绍和评论。1979年,中国心理学会筹建了工业心理学专业委员会,并于1980年召开了首届会议,会上明确提出我国工业心理学应分为两个方面:工程心理学和组织管理心理学。同年,上海管理教育研究会成立了第一个行为科学研究组织。1981年,中国企业管理协会和中国机械工程学会召开了有100多人参加的讨论会,会上讨论了"社会主义企业如何发挥人的积极性"的问题,并成立了中国行为科学研究会筹委会。1983年,筹委会与中国管理现代化研究会、中国工业心理学研究专业委员会等联合召开了"创建有中国特色的行为科学"讨论会。1985年1月正式成立中国行为科学学会,管理心理学的地位得到正式确认。从此,我国心理学家、管理学家、企业家不断探索如何借鉴和应用西方管理心理学、行为科学理论,建立有中国特色的管理心理学学科。许多地方还把管理心理学有关理论应用于管理实践中,有力地促进了管理水平的提高。从20世纪80年代开始,我国许多高校相继开设了行为科学、管理心理学、组织行为学课程,培养这门学科的应用人才。可以相信,适应经济改革和发展要求,建立现代企业制度,转换机制,强化管理,提高效益,无不需要现代管理科学。作为现代管理科学重要组成部分的管理心理学,一定会在各方面的通力协作下,在学习借鉴西方管理心理学的理论基础上,经过创新发展,建立起有中国特色的管理心理学科学体系,为社会主义现代化建设做出更大贡献。

【知识链接】

普遍认为,21世纪管理心理学研究将面对的三大课题:面向全球竞争的社会经济结构调整、科技创新和跨国公司迅猛发展带来的全球化。在这种新型的社会经济条件下,人的因素日益突出,如何搞好人力资源开发,已经成为世界各国竞争中必须考虑的首要问题。美国国家科学院、国家工程院和国家医学院三院院长于1997年发表的三院长联合声明"为21世纪做准备",就把人力资源开发和科技管理决策的行为科学研究列入头等重要的研究课题。此外,管理科学本身的发展也迫切要求心理学家不断提供人们如何适应科技进步和社会变化的新知识,这显然需要我们从新的视角,开展新型的管理系统中的心理学问题研究。

我国是一个发展中的社会主义大国,管理心理学的兴盛也与国家的社会经济进步和改革成功息息相关。东南亚金融危机的教训已经告诫我们,发展中国家通过引进发达国家先进技术来缩短差距的"后发优势"已不复存在,国际竞争无非是在"天、地、人"三方面因素上的竞争,发展中国家在"天、地"两方面毫无优势可言,唯有充分调动"人"的因素,吸取我国发展"两弹一星"的成功经验,方可在新世纪的科技创新和经济竞争中确立自己的地位,缩短与发达国家的差距。因此,在关注国有企业组织变革和经济转型等紧迫问题时,我国政府非常关注人、群体和组织在适应变革中的心理学问题,因此,国家科技部已把心理科学列为21世纪重点发展的学科之一。由于管理心理学与科技进步和经济发展直接攸关,其理论研究成果在社会经济发展中具有不可替代的重要作用。比如,目前国家正在进行的国有企业组织结构调整、住房制度改革、薪酬结构水平等重大管理决策,这些决策研究都有管理心理学学者的参与和指导。因此,管理心理学作为基础心理学研究的组成部分,对于管理科学的发展具有不可替代的作用。

【知识与技能检测】

一、名词解释
1. 管理心理学
2. 内容型激励理论
3. 过程型激励理论

二、思考题
1. 管理心理学的研究对象是什么?具体包括哪些内容?
2. 管理心理学的研究方法有哪些?
3. 列举四种激励的方法。

三、课外探索
1. 结合实际,谈谈学习和研究管理心理学的意义。
2. 谈谈自己将如何学习管理心理学?

项目二　管理心理学基本理论

【开篇案例】

从当耐利看人性假设

听说过当耐利公司吗？可能没有，但你可能见过它的产品。例如：汽车后视镜无疑是当耐利的产品，因为他们控制着90%以上的市场，该公司是汽车制造商中玻璃品的主要供应商。关于当耐利公司，有趣的是它曾经被描述为美国最民主的公司。很难找到这样一个一般员工能够对公司政策产生直接的影响的组织。

公司具有完善的三个系统来解决存在的差异及制定所有的员工政策和指导方针。第一个层次是工作团队。当耐利的每一个员工，不论在工厂还是在办公室，都属于一个工作团队，这些团队选举代表进入第二个层次的公平委员会。这些委员会同样每月召开一次会议解决争议和解释人事政策，这些委员会也同样选举代表进入第三层次委员会，也是最高委员会。在它的15名委员中，包括公司高级管理团队的一名代表。委员会对公司政策做最后决策，甚至就年薪和福利待遇事宜向公司董事会提出建议。当耐利在实行真正的工作场所民主。委员会不只制订主要的规则，对所有决策都还必须达成一致意见以免导致群体分裂，虽然所有员工都参与决策是费时的，但公司致力于工作场所的民主，坚信收益远远超过成本。当耐利的员工参与活动不仅仅停留在参与决策上，员工还参与公司的奖金系统。一旦公司的投资回报率达到5.2%，所有员工都能得到季度奖金。在过去的7年间，这些奖金最低为1%，最高为7%。当耐利致力于创造一个这样的组织：尊重和听取员工的意见，提供全面参与，所有人都是公平的，允许每个人分享公司的成功。尽管工作场所民主不利于管理者以更传统和专制的方式经营公司，但对当耐利却是有效的。尽管它的主要客户——汽车制造厂最近几年解雇了数以千计的员工，但当耐利却在不断发展壮大。

当耐利公司的成功之处在于，公司的基本人性假设是社会人假设。这种假设认为，人们得到的物质利益对于调动生产积极性只有次要意义，良好的人际关系和工作氛围才是调动员工积极性的决定因素。

任务一　管理学理论

知识目标
- ■ 理解古典管理理论
- ■ 了解现代管理理论
- ■ 掌握行为科学理论

技能目标
- ■ 能够正确运用行为科学理论

【任务引入】

西门子公司的弹性福利计划

为了应对日益多元化的员工需求，西门子公司近年来开始推行弹性福利计划。弹性福利计划打破了传统为每一位员工提供统一的福利方案的做法，提供一系列可以自由选择的福利"菜单"，员工可以根据自己的实际情况和偏好自由选择。目前西门子的弹性福利计划中包括两部分：核心福利和自选福利。核心福利是每个员工共有的福利项目，自选福利是员工可以自由选择的福利项目。自选福利项目的菜单设置考虑了员工四个方面的因素：健康需要、养老需要、照顾家庭的需要以及不同生活方式的要求。西门子希望通过弹性福利计划在不增加成本的前提下增加福利方案对员工的吸引力，同时通过增加员工的参与度以提高他们的满意度。

【任务分析】

需求层次理论把人的需求分成生理需求、安全需求、社交需求、尊重需求和自我实现需求五类，依次由较低层次到较高层次排列。

一、早期文明与工业化前后的管理思想

18世纪至19世纪中期，西方国家经历了工业革命。工业革命最早发生在英国。工业革命经历了简单协作、手工制造和机器大生产三个阶段。这次革命是以手工业为基础的资本主义工厂制造向机器大生产的资本主义工厂制造的过渡。工业革命既是生产技术的变革，也是生产关系的一次大变革，这次变革使生产力有了较大的发展。机器大生产的出现，对社会经济发展产生了重大的影响。随着工业革命及工厂制度的发展，工厂以及公司的管理越来越突出，许多理论家、经济学家，在其著作中越来越多地涉及有关管理方面的问题，其中主要代表思想有以下几种。

（一）亚当·斯密的管理思想

亚当·斯密是英国古典经济学家和哲学家。他在1776年出版了《国民财富的性质和原因的研究》一书。该著作不但对经济和政治理论的发展有着突出的贡献，而且对管理思想的发展也产生了很大的影响。该著作主要研究了促进或者阻碍资产阶级财富发展的原因，论证了资本主义制度比封建主义制度更加能够促进生产力的发展和国民财富的增长。他强调了劳动分工对提高劳动生产率的重要性，并提出了分工可以使生产简单化、专业化和标准化，这也给生产合理化指明了途径。亚当·斯密关于劳动分工的理论，对当时正处在产业革命前夜的欧洲工业的经济管理具有重大意义。亚当·斯密提出了"经济人"的观点，即以人性的观点作为建立管理理论的依据。他认为每个人的一切活动都是受"利己心"的支配，每个人追逐个人利益会促进整个社会的共同利益，这种个人利益的追逐者就是经济人。

（二）罗伯特·欧文的管理思想

罗伯特·欧文是英国著名的空想社会主义者和杰出的企业家。他重视人的因素在工业中所起的作用，认为关心人是影响生产率的重要因素。把工人比喻为有生命的机器，维护好机器并使其效率高、寿命长，可以获得更多的利润。所以，他主张用"和善"的态度对待"活机器"，建议管理者采用灵活、稳健的人事管理政策，他认为"人事管理必须有所报偿"，单纯的"福利式"管理既得不到工业雇主全心全意的支持，又不能永远获得工人的支持。欧文的理论和实践

对以后的管理，特别是人事管理有相当大的影响。

（三）查尔斯·巴贝奇的管理思想

查尔斯·巴贝奇是英国剑桥大学教授，著名的数学家、发明家和科学管理研究的先驱者。1832年，他出版了《论机器和制造业的经济》。该书对专业化分工、机器与工具的使用、时间的研究、批量生产等做了充分的论述。他在亚当·斯密的研究基础上系统地研究了专业化的问题。他认为，劳动分工不但可以缩短掌握操作所需时间，节约变换工序所浪费的时间，而且重复的简单操作有利于迅速提高熟练化的程度。同时，还可以促进工具盒专用设备的发展。关于管理的具体措施，巴贝奇提出工人的工资和奖金的衡量应以工人的专业技能为依据，提出"管理的机械原则"，利用计算机来计算工人的工作数量、原材料的利用程度等。

总之，亚当·斯密、罗伯特·欧文、查尔斯·巴贝奇的管理思想是较早期的管理理论，主要是以提高效率为核心，同时，这些理论也看到了人性的因素，在管理中注入了有关心理学的内容。正因为如此，这些理论成了管理心理学的萌芽。

二、古典管理理论

古典管理理论诞生于20世纪初期的美国，是与美国当时的经济、社会、文化的发展状况密切相关的。按照美国经济学家罗斯托的经济成长五阶段论，人类社会的发展经历了传统阶段、起飞前阶段、起飞阶段、成熟阶段和高消费阶段。古典管理理论形成的时代，美国正处于经济起飞阶段。在这一时期，社会出现持续地增长，在主要成长部门有可能通过革新创造或者通过利用新的资源，从而形成很高的成长率，并带动社会经济中的其他方面。经济起飞阶段，几乎整个经济都在快速地增长，从而使具有经济现代化观念的人战胜坚持传统社会观念的人，在社会和文化等方面取得胜利。起飞阶段所迸发出来的强大刺激力量，既可以表现为工业革命的形式，也可能是技术革新的形式，还可能是管理方式改变的形式。当年，正是应起飞阶段的经济发展需要，古典管理理论破土而出。

（一）泰勒与科学管理理论

科学管理理论体现在泰勒的《科学管理原理》一书中。泰勒出生于美国一个富裕的律师家庭，良好的家庭教育使他从小培养了追求真理、观察核对事实的强烈欲望和根除浪费与懒惰弊病的热忱，对处理任何事情都想探究一种最好的方法。18岁时，泰勒以优异成绩考入哈佛大学，第二年因视力与健康原因而中止学业，到一家小机械厂当徒工。22岁进入费城米德维尔钢铁公司作技工，后来迅速提升为工长、总技师。28岁时任伯利恒钢铁公司总工程师。他对工人处境、劳动状况有着丰富的实践体验，并由此引发了他对通过提高低效率工作工人的劳动效率来改变企业工作状况的思考。要理解这种思考，就有必要了解他在米德维尔和伯利恒钢铁公司目睹的仍处于较原始状态的企业管理水平的现象，泰勒改进工厂工作方式的决心正是由这种亲身感受所唤起的。泰勒的一系列实验也就是从此开始的。1901年以后，他用大部分时间从事写作、演讲，宣传他的一套管理理论。1911年发表其代表著作《科学管理原理》，泰勒在《科学管理原理》中，认为科学管理思想应遵循四条重大的管理原则。泰勒的科学管理理论的内容主要有以下几点。

1. 提高劳动生产率

科学管理中的核心问题是提高劳动率。泰勒认为，科学管理的根本就在于提高劳动生产率，因为科学管理如同节省劳动的机器一样，其目的正在于提高每一单位劳动力的产量。他认为，企业提高劳动生产率的潜力非常大，在当时条件下，每个工人的能力在工作中只发挥了1/3。泰勒在一项工人搬运生铁的实验中，使工人每天搬运铁的数量普遍从12.5吨提高到47.5吨，增加了3.8倍，工人工资由每天1.15美元增加到1.85美元。可是，当时无论是雇主还是工人，对于一个工人一天到底能干多少工作、该干多少工作都心中无数。

2. 挑选一流的工人

为了提高劳动生产效率必须为岗位挑选一流的工人。泰勒认为，所谓一流的工人包括两个方面：一是该工人的能力最适合他所从事的工作；二是该工人从内心愿意从事这项工作。因为每个人的天赋与才能不同，他们适宜做的工作也各异，身强力壮的人干体力活可能是一流的，心灵手巧的人干精细活可能是一流的，所以要根据人的不同能力和天赋把他们分配到相适应的工作岗位，使之成为一流的工人。对那些不适合从事某项工作的工人，应加以培训，使之适合该项工作的需要，或者把他们重新安排到其他适宜的工作岗位上去，培训工人使其成为一流的工人，是领导的职责。

3. 研究工时与标准化

为了提高劳动生产效率必须研究工时与标准化，泰勒让施密特成为"高价工人"，同时，通过改变不同的工作因素来观察哪些因素与施密特日工作量变化有关。例如，施密特搬运生铁时有时曲下膝盖，有时不曲膝盖而是弯腰。泰勒测试了休息时间、行走速度、搬运位置及其他各种变量。在长时期对各种过程、技术、工具等的组合进行科学测试之后，泰勒成功地达到他预期的水平。通过挑选合适的工人，使用正确的工具设备，通过使工人确切地按规定方法劳动，通过采用高工资与高效率激励工人，泰勒就能达到工人48吨日工作量的目标。工时研究作为泰勒制的基础，并非简单地对一个工人完成一件规定任务做出时间上的统计，而是把一件工作分解为各种基础的组成部分然后做出测试，最后根据其合理性重新进行安排，以确定最佳的工作方法。所以工时研究是用资料研究未来，而非研究过去，是用来分析问题，而非单纯地描述问题。此外，除了操作方法标准化，还应对工具、机械、原料和作业环境等进行改进，并使与任务有关的所有要素都最终实行标准化。工时研究与标准化为了解如何更为合理地完成一件工作找到了一条较为科学的途径。

4. 实行差别计件工资制

在制订标准定额基础上实行差别计件工资制。制订标准定额是整个泰勒制的基础。通过大量的工时与动作研究，他把每一项工作都分成尽可能多的简单基本动作，把其中无效动作去掉，并通过对熟练工人操作过程观察记录，寻找出每一个基本动作最好最快的操作方法，这构成了他确定日工作定额的基础。当然，泰勒也考虑到工作过程中不可避免的时间浪费等。在标准定额的基础上，泰勒建议实行新的工资制度，即差别计件工资制。他认为过去实行的计时工资制和利润分享制都不能从根本上解决问题。差别计件工资制，是在"工资支付对象是工人而不是职位"的思想指导下，按照工人是否完成其定额而采取高低不同的工资率，即完成定额的可按工资标准的125％计算工资，而完不成定额的只按80％计算工资，以鼓励工人千方百计地完成工作定额。

5. 设置计划层，实行职能工长制

泰勒认为一位"全面"的工长应具备九种品质：智能、教育、专门的技术或知识、手脚灵活有力气、机智老练、有干劲、刚毅不屈、忠诚老实、判断力和一般常识、身体健康。找到一个具备上述三种品质的人并不太困难，找到一个具备上述五种或六种品质的人就比较困难，而要找到一个能具备七八种上述品质的人，那几乎是不可能的。为解决这种矛盾，泰勒提出了分阶段的职能工长的主张,因为把工长的工作专业化后,对任职者的体力和脑力的要求也就相应降低了。

6. 对组织机构的管理控制实行例外原则

根据这项原则,经理收到的应是简洁明了、具有对比性的报告,其内容应包括在过去正常情况下未出现过的或非标准的各种例外情况,既有特别好的例外情况,也有特别坏的。这样只要几分钟时间,就可使经理全面了解事态的发展过程与进退,使他能有时间去考虑更广泛的政策方针和研究在他领导下的重要人员的特性和工作胜任问题。

泰勒强调了企业中经理人员的特殊作用,经理人员应避免管理中的细小问题,而应把这些日常例行事务留给专门人员去处理,本人只需关心"例外的问题"。这就是"例外原理"。这个"例外原理"能够检查究竟谁履行了他承担的责任以及谁没有做到这一点。"例外原理"对于帮助经理人员摆脱日常具体事务,以集中精力对重大问题进行决策监督,是必要且有利的。执行这一原理不仅要授权给下级,而且应当使日常业务工作标准化、制度化,使下级人员有章可循。

7. 为实现科学管理应开展一场"心理革命"

泰勒认为,通过开展一场"心理革命",变劳资对立为互相协作,共同为提高劳动生产率而努力,这才是科学管理理论的真谛。他强调,必须使工人认识到,科学管理对他们有好处,只有在改善操作方法的条件下,才能不增加体力消耗而实现提高劳动生产率,从而使工人工资得以提高,也只有实现科学管理,才能够降低成本,满足雇主的利润要求。

(二)法约尔与一般管理理论

亨利·法约尔出生在法国一个资产阶级家庭,1860年,他从圣艾帝安国立矿业学院毕业并取得了矿业工程师资格,后来进入康门塔里一矿业公司工作,成为一名采矿工程师,不久就被提升为经理、总经理。法约尔是法国古典管理理论的最杰出代表人物。1916年,法约尔出版了《工业管理与一般管理》一书,提出了他的一般管理理论。法约尔的管理理论要点有以下几点。

1. 经营六项职能

亨利·法约尔认为,经营和管理是两个不同的概念。经营是指导或指导一个组织趋向目标,它由六项活动组成:①技术活动指生产、制造、加工等活动;②商业活动指购买、销售、交换等活动;③财务活动指资金的筹措及运用活动;④安全活动指设备和人员保护活动;⑤会计活动指存货盘点、成本核算、统计等活动;⑥管理活动指组织内行政人员所从事的计划、组织、指挥、协调和控制活动。亨利·法约尔认为,所有的组织成员都应具备上述六种活动能力,但对不同层次和不同组织的人员来说,这些能力的相对重要性不同。这首先表现在,居于不同层次的人员,各种能力有不同的重要性。越往高层,管理能力的重要性越大,技术能力的重要性与准确性越小;越往低层,管理能力的重要性越小,技术能力的重要性越大。其次表现在不同规模组织的领导人员,各种能力的相对重要性不同。组织规模越大,领导人员管理能力的重要性增加,技术能力的重要性减弱;组织规模越小,领导人员技术能力的重要性增加,管理能力的重要性减弱。

2. 管理五要素

亨利·法约尔认为,计划是最重要的管理职能,计划不同常常是企业衰败的起因。管理为了预见未来,就需要良好的计划。为此,他拟出了计划的依据,指出了良好的计划应具备的特征,提出了为制订良好计划领导人员必备的条件和能力。亨利·法约尔认为,通过企业中的组织包括人力和物力的组织,管理者才能够完成他们所承担的任务。为此,他详尽论述了人员在企业中应完成的任务以及为更好完成任务而必备的素质。亨利·法约尔认为,组织作用的发挥离不开指挥,即把任务分配给各级各类领导人员,使他们都承担相应的职责,他对负责指挥的人员提出了八项要求。任务分配之后的协调与控制,就是要统一、调节、规范所有的活动,核实工作进展是否与既定计划和原则相一致,从而防止并纠正工作中可能出现或已经出现的偏差。

3. 十四条基本管理原则

法约尔的十四条基本管理原则具体有以下几点。

(1) 劳动分工。法约尔认为分工不仅限于技术工作,也适于管理工作,但专业分工要适度。

(2) 权力与责任。法约尔认为责任是权力的孪生物,是权力的当然结果和必要补充,凡有权力行使的地方就是责任。

(3) 纪律。法约尔认为纪律对于企业取得成功是绝对必要的,同时还认为纪律是领导人创造的,组织的纪律状况取决于领导者的道德状况。

(4) 统一指挥。法约尔认为,无论什么时候,一个下属都应接受而且只应接受一个上级的命令,这是一条普遍的、永久必要的原则。

(5) 统一领导。法约尔认为,凡是具有同一目标的全部活动,仅应有一个领导人和一套计划。

(6) 个人利益服从集体利益。法约尔认为,要实现这一原则,领导者必须以身作则并经常监督,尽可能签订公平的协议。

(7) 合理的报酬。法约尔认为人员的报酬是其服务的价格应保证合理,尽可能使雇主和雇员都满意,但他并没有提出一个明确的标准。

(8) 适当的集权和分权。法约尔认为集权作为一项管理制度本身无所谓好或坏,领导者应根据实际情况的不同把握集权的程度。

(9) 秩序。法约尔认为一切要素应各有其位,特别强调按照事物的内在联系事先选择好要素的恰当位置,如设备、工具及人员等。

(10) 公平。法约尔认为,公平是由善意和公道产生的,公道是指实现已订立的协定,但这些协定要经常加以阐明和补充,领导者应该常发挥自己最大的能力使公平感深入人心。

(11) 保持人员稳定。法约尔认为,人们熟悉自己的工作需要时间,这就要根据实际情况,有秩序地安排人员并补充人力资源。

(12) 首创精神。法约尔认为,全体人员的首创精神对企业来说,是一种巨大的力量,尤其是在困难时刻。

(13) 人员的团结。法约尔认为团结就是力量,要努力在企业内部建立起和谐与团结的气氛。

(14) 跳板原则。企业管理中的等级制度显示命令统一是必要的,但这会产生信息延误现象。为解决这个问题,亨利·法约尔提出跳板原则,以便横跨过权力执行的路线而直接联系。

法约尔提出的上述理论,虽然有些在早期的工厂制度中已经有所反映,但是把上述原则概括成原则不但新鲜还具有启发意义,所以西方管理学家认为这是管理思想发展上的一个里程碑。

(三) 韦伯与管理组织理论

马克思·韦伯出生在德国爱尔福特的一个富裕家庭,先后就读于海德堡大学法律系、柏林大学和哥丁根大学。他一生担任过教授、政治顾问、编辑等,对法学、政治学、经济学、历史学和宗教学都有广泛的兴趣。韦伯的行政组织理论,主要反映在他的《社会组织与经济组织理论》一书中,因此韦伯被誉为"组织管理之父"。其管理思想主要体现在以下几方面。

1. 权力的几种类型和组织形态

韦伯指出,任何组织都必须有某种形式的权力作为基础,才能实现目标,才能变混乱为秩序。他认为存在三种纯粹形态的权力:第一类是理性-法律的权力,它是指社会公认的法律规定或者掌有职权的一些人下命令的权力;第二类是传统的权力,它是指世袭得来的或习俗规定的权力;第三类是超凡的权力,是非理性的,是以对个别的特殊或超凡的神圣、英雄主义或模范品质的崇拜为基础的。韦伯认为,组织必须以理性-法律的权力作为组织的基础。

2. 理想行政组织体系的特点

(1) 实现劳动分工,明确规定每一成员的权力与责任,并作为正式职责使之合法化。
(2) 各种公职或职位按权力等级严密组织起来,形成指挥体系。
(3) 通过正式考试的成绩或在培训中取得的技术资格来挑选组织的所有成员。
(4) 实行任命制,只有个别职位才实行选举制。
(5) 公职人员都必须是专职的,并有固定薪金保证。
(6) 职务活动被认为是私人事务以外的事情,受规则和制度制约,而且毫无例外地适于各种情况。

韦伯认为,这种结构化的、正式的、非人格化的理想行政组织体系是人们进行强力控制的最合理的手段,是达到目标并提高劳动生产率的最有效的形式。官僚制组织理论,是为适应传统封建社会向现代工业社会转变的需要而提出的,它具有里程碑性质影响十分深远。这使马克斯·韦伯作为与泰勒、亨利·法约尔齐名的管理学说开创者而载入史册。

三、行为科学

行为科学是20世纪30年代开始形成的一门研究人类行为的新学科、一门综合性科学,并且发展成国外管理研究的主要学派之一,是综合应用心理学、社会学、社会心理学、人类学、经济学、政治学、历史学、法律学、教育学、精神病学及管理理论和方法,研究人行为的边缘学科。它研究人的行为产生、发展和相互转化的规律,以便预测人的行为和控制人的行为。目前行为科学已在管理上得到广泛的应用,并取得了明显的成效。它的成功改变了管理者的思想观念和行为方式。行为科学把以"事"为中心的管理,改变为以"人"为中心的管理,由原来对规章制度的研究发展到对人的行为的研究,由原来的专制型管理向民主型管理过渡。

行为科学作为一种管理理论,开始于20世纪20年代末30年代初的霍桑实验,而真正发展却在20世纪50年代。行为科学的研究,基本上可以分为两个时期。前期以人际关系学说(或人群关系学说)为主要内容,从20世纪30年代梅奥的霍桑实验开始,到1949年在美国芝加哥讨论会上第一次提出行为科学的概念为止。在1953年美国福特基金会召开的各大学科学家参加的会议上,正式命名为行为科学。

(一) 梅奥与霍桑实验

20世纪20年代至30年代(1924—1932年),美国国家研究委员会和美国西方电气公司合作进行了有关工作条件、社会因素与生产效率之间关系的实验,后人称之为霍桑实验。1933年,在霍桑实验的基础上,梅奥创立了人际关系学说,出版了《工业文明的人类问题》一书,提出了与古典管理理论不同的新观点、新思想。

(1) 工人不仅仅是经济人,而且是社会人。

(2) 企业存在着非正式组织。

(3) 新型的企业领导能力在于提高职工的满意度来提高士气。

这些观点构成了早期人际关系学说的主要内容，也是后期行为科学的基本基础，并对以后的各种管理学派有很大影响。

(二) 马斯洛层次需求理论

梅奥的关于企业员工社会人的观念，同样影响了其他的管理学家，这其中就有马斯洛。企业员工不仅仅有经济上的需求，而且他们需要安定、认同。马斯洛在此基础上于1943年出版了《人类动机的理论》一书，并在书中提出了需求层次论。马斯洛把需求分为生理需求、安全需求、社会需求、尊重需求和自我实现需求五类，这五类需求依次由低层次到高层次的具体内容有以下几点。

1. 生理需求

食物、水、空气和住房等需求都是生理需求，这类需求的级别最低，人们在转向较高层次的需求之前，总是尽力满足这类需求。例如：当一个人极需要食物时，会不择手段地抢夺食物。

2. 安全需求

安全需求包括对人身安全、生活稳定以及免遭痛苦、威胁或疾病等的需求。和生理需求一样，同样属于低级别的需求，在安全需求没有得到满足之前，人们唯一关心的就是这种需求。对许多员工而言，安全需求表现为追求安全而稳定，以及有医疗保险、失业保险和退休福利等的需求。

3. 社交需求

社交需求包括对友谊、爱情以及隶属关系的需求，属于较高层次的需求。当生理需求和安全需求得到满足后，社交需求就会突显出来，进而产生激励作用。在马斯洛需求层次中，这一层次是与前两层次截然不同的另一层次。这些需求如果得不到满足，就会影响员工的精神，导致高缺勤率、低生产率、对工作不满及情绪低落。

4. 尊重需求

人人都希望自己有稳定的社会地位，要求个人的能力和成就得到社会认可和尊重。尊重需求属于较高层次的需求，既包括对成就或自我价值的个人感觉，也包括他人对自己的认可与尊重。有尊重需求的人希望别人按照他们的实际形象来接受他们，并认为他们有能力，能胜任工作。他们关心的是成就、名声、地位和晋升机会。这是由于别人认识到他们的能力和才能而得到的。当他们得到这些时，不仅赢得了人们的尊重，同时就其内心而言因对自己价值的满足而充满自信，不能满足这类需求，就会使他们感到沮丧。

5. 自我实现需求

自我实现需求的目标是自我实现，或是发挥潜能。这是最高层次的需求，是针对真善美至高人生境界获得的需求，具体包括认知、审美、创造、发挥潜能的需要等，在前面低层次的四项需求都能完全满足或部分满足的条件下，最高层次的需求方能相继产生，最高层次的需求是一种衍生性需求，达到自我实现境界的人，接受自己也接受他人。

【案例分享】

Google 公司的员工奖励

总部设在美国加州的 Google 公司，希望通过股票来奖励和保留员工的做法的一个关键点是它对员工的奖励超越了传统的金钱概念,而将关注点更多地放在了员工更高层次需求的满足上。拥有公司股票意味着这些被奖励的员工由为企业打工的角色转为企业的股东,这种新的角色认定可以满足员工的一种心理层面的需求,而心理层面的需求是一种较高层面的需求。

从员工职业生涯发展的角度来看,工作可能达成的目的能很清楚地说明了工作与人的内在需求之间的关系。过去大多数企业采取的更多是经济层面的奖励,更多地体现在物质需求的满足上,这其实是一个较低层面的需求,而随着薪酬的不断提高,公司在奖励上面临两难问题:奖金少了没有奖励效果;奖金多了公司成本剧增。金钱对人来说确实是重要的,也是处于实现小康阶段中的人普遍渴求的,但金钱却不能够代表一切。因此,如何将有限的奖金和员工需求的满足结合起来,发挥更大的作用,这应该是公司奖励政策的关键。

Google 的奖励制度恰当地满足了员工的需要,使员工成为企业的股东,可以达到需要的最高层次和自我实现的需要。

四、现代管理理论

现代管理理论是继古典管理理论、行为科学理论之后,西方管理理论和思想发展的第三阶段,特指第二次世界大战以后出现的一系列学派。与前阶段相比,这一阶段最大的特点就是学派林立,新的管理理论、思想、方法不断涌现。

1. 现代管理理论的形成条件

(1) 在 20 世纪 40 年代,由于工业生产的机械化、自动化水平不断提高以及电子计算机进入工业领域,在工业生产集中化、大型化、标准化的基础上,也出现了工业生产多样化、小型化、精密化的趋势。工业生产的专业化、联合化不断发展,工业生产对连续性、均衡性的要求提高,市场竞争日趋激烈,社会化大生产要求管理改变孤立的、单因素的、片面的研究方式,而形成全过程、全因素、全方位、全员式的系统化管理。

(2) 第二次世界大战期间,交战双方提出了许多亟待解决的问题,如运输问题、机场和港口的调度问题、如何对大量的军火进行迅速检查的问题等,都涉及管理的方法。

(3) 资本主义生产关系出现了一些新变化,由于工人运动的发展,赤裸裸的剥削方式逐渐被新的、更隐蔽、更巧妙的剥削方式所掩盖。新的剥削方式着重从人的心理需要、感情方面等着手,形成处理人际关系和人行为问题的管理。

(4) 管理理论的发展越来越借助于多学科交叉作用。经济学、数学、统计学、社会学、人类学、心理学、法学、计算机科学等各学科的研究成果越来越多地应用于企业管理。

2. 现代管理理论的主要流派

1) 决策学派

西蒙是决策学派的主要代表人物,将社会系统理论同心理学、行为科学、系统理论、计算机技术、运筹学结合起来考察人们在决策中的思维过程,并分析了程序化决策和非程序化决策,以及其使用的传统技术和现代技术,提出了目标-手段分析法等决策的辅助工具,被人们认为对经理人员的决策确有帮助,并为今后对人工智能等问题的深入研究提供了基础。西蒙的主要观点是:管理就是决策,决策贯穿于整个管理过程;把决策分为程序化决策和非程序化决策,二者的解决方法一般不同;信息本身以及人们处理信息的能力都是有一定限度的,现实中的人或组织都只是"有限理性"而不是"完全理性"的;决策一般基于"满意原则"而非"最优原则";组织设计的任务就是建立一种制定决策的人-机系统。这一学派重点研究决策理论,片面地强调了决策的重要性,但决策不是管理的全部。

2) 经验学派

经验学派也被称为经理主义学派、案例学派,以向企业的经理提供管理企业的成功经验和科学方法为目标。经验主义学派认为应该从企业管理的实际出发,研究企业的成功经验和失败教训,加以总结归纳,找出有共性的东西,并上升到理性认识,通过这种办法来学习管理,并为管理者提供有益的建议。经验学派的代表人物是美国的彼得·德鲁克。

3) 系统管理学派

系统管理学派盛行于20世纪60年代前后,由于当时系统科学和理论比较盛行,倡导系统管理的人士十分广泛,因此对管理学派影响很大,系统管理学派的管理思想基础是一般系统理论。

系统管理学派对管理的定义是:用系统论的观点对组织或企业进行系统分析、系统管理的过程。系统管理学派认为,任何组织都是一个开放的系统,它与外界环境在不断地相互作用。它具有系统输入、输出和反馈功能,因此,一般系统论是系统管理学派的理论。按照系统论的观点,管理也是一个系统,因此必须重视管理的整体性,重视管理系统各要素的有机联系,从而达到"1+1>2"的效果。

4) 权变管理理论

权变管理理论的代表人物有劳伦斯和洛尔希。权变管理理论把管理看成一个根据企业内外部环境选择和实施不同管理策略的过程,强调权宜应变。权变主要体现在计划、组织与领导方式等方面。权变管理理论的主要观点是:①计划要有弹性;②组织结构要有弹性;③领导方式应权宜应变。权变管理理论强调随机应变,主张灵活应用各学派的观点,但是过于强调管理的特殊性,忽视管理的普遍原则与规律。按权变的观点,管理者可以针对一条装配线的具体情况来确定一种适应于它的高度规范化的组织形式,并考虑二者之间的相互作用。

5) 企业再造理论

进入20世纪七八十年代,市场竞争日益激烈,美国企业为挑战来自日本企业、欧洲企业的威胁而开始探索。企业再造理论是1993年开始在美国出现的关于企业经营管理方式的一种新的理论和方法,它以一种再生的思想重新审视企业,并对传统管理学赖以存在的基础——分工理论提出了质疑,被称为管理学发展史上的一次革命。该理论强调企业为了能够适应新的世界竞争环境,必须摒弃已成惯例的工作方法和运营模式,以工作流程为中心,重新设计企业的经营、管理及运营方式。

6) "学习型组织"理论

20世纪下半叶,随着知识经济的到来,信息与知识成为重要的战略资源,相应诞生了学习型组织理论。"学习型组织"这一概念主要来自管理学者彼得·圣吉,彼得·圣吉在1990年出版的著作《第五项修炼》中提出了这个概念。

学习型组织是一个能熟练地创造、获取和传递知识的组织,同时也要善于修正自身的行为,以适应新的知识和见解。当今世界上所有的企业,不论遵循什么理论进行管理,主要有两种类型:一类是等级权力控制型;另一类是非等级权力控制型,即学习型企业。

【案例分享】

分析化验公司的学习型组织

年底,分析化验公司的经理们又汇聚一堂,制订年底的重要决策。首席行政总监简枯强照例没有参加他们的讨论。会后,他问大家:"今年,我们打算去哪里呢?""罗马"他们回答。"罗马不错,"简枯强挺高兴今年"学习假期"能如期进行。这家吉隆坡的环保服务公司每年都要关门9天,让全体员工(共28人)公费集体出游。他们度假时拍的照片贴满了会议室。这边是他们身穿夏装,在泰国摆的各种姿势;那边是冬装裹身,在瑞士挤成一团;别的墙上还有背景各异的许多合影,例如法国埃菲尔铁塔、中国的紫禁城和美国的国会大厦。除度假支付的费用外,公司关门还造成了一笔不少的营业收入损失,这算是一种管理办法吗?

对简枯强而言,这是唯一的办法。他认为,公司必须留出时间和财力用于学习,费用占工资总额的10%~20%。观光能激发人们讨论和思考一国一城的兴衰变化。例如,员工们可以思考,文化上同样富足的威尼斯为何与佛罗伦萨相反,其古老结构并没有促进经济活动的发展。简枯强说:"度假时的学习效果更好。"

学习对分析化验公司促进不少,在过去六年中,它已将业务从生产棕榈油之类的试验性产品转为处理和回收工业废料。这种转变就来自他们清醒地认识到哪些是马来西亚的夕阳产业和朝阳产业。简枯强说道:"拥有富有知识的工作人员,可使公司更快、更平稳地改变或实施计划。"

在当今管理界,学习型组织是一个最为流行而又最受人误解的概念。面对这个智力为主要经济资源的时代,比竞争对手学得快被视为最根本的竞争能力。所有的组织理论都要求经理人去学习,并且将新的理论和方法付诸实施。如今,企业日益关注的是学习和变革之间的关系,要想学习富有成效,企业必须有能力、有意愿地进行变革。

任务二　心理学理论

【任务引入】

人们常说"货比三家",消费者购物时往往在心理上要经历一个复杂的过程。在购买商品时,消费者首先借助感知与表象获得感性认识,再经过思维获得理性认识,再加以反复比较决定是否购买。

【任务分析】

人们对事物的认识过程,也就是人们对客观事物个别属性的各种不同感觉加以联系和综合的反映过程,这个过程主要是通过人的感觉、知觉、记忆、思维等心理活动来完成的。消费者对商品的认识过程,就是从感知到思维的过程,感知是形成表象并产生思维的直接基础。感觉是认识过程的开端,在感觉的基础上形成知觉,对事物有了较完整的印象。感觉、知觉是认识的初级阶段——感性认识阶段。人们为加强对事物的认识,还借助记忆把过去生活实践感知过的东西、体验过的情感或知识经验,在头脑中重复反映出来。人们对事物的认识过程,首先是通过感知去认识事物的外在联系,以表象的形式向思维过渡,然后进一步认识事物的一般特征和内在联系,全面地把握事物的本质。这个思维过程(包括记忆过程)是人们对客观事物在头脑中概括的、间接的反映,是认识的高级阶段——理性认识阶段。

项目目标

知识目标
- 了解心理学的内容
- 掌握心理学的三大过程

技能目标
- 能够运用三大心理学过程内容进行分析

心理学是管理心理学的主要理论依据之一。研究和应用管理心理学就是做人的工作,要预测行为的规律性,首先必须了解和掌握有关人的心理过程、心理特征及其规律性的知识。

一、心理现象

心理学是一门研究人的心理现象及其规律的科学。心理现象是人脑的机能,又是客观现实的主观印象,人的心理现象非常复杂,多种多样。

二、心理过程

心理过程,即心理活动的过程,是心理现象的不同形式对现实的动态反映。心理过程又分为认知过程、情感过程和意志过程三个方面。它们虽然彼此有所区别,但又是统一的心理活动的三个不同方面。心理学对认知过程、情感过程和意志过程的研究成果,极大地丰富了管理心理学的理论。

(一)认知过程

认知是人脑的机能。人脑对客观世界的反映,包括感性认知和理性认知两个阶段。人们认知客观事物的一般过程,往往是先有笼统的印象,再进行精确分析,然后运用自己已有的知识和经验,有联系地、综合地去加以理解。可以说,人们对事物的认知过程,也就是人们对客观事物个别属性的各种不同感觉加以联系和综合反映的过程。这个过程主要是通过人的感觉、知觉、记忆、思维等心理活动来完成的。

感觉是对事物个别属性的认知,是认知过程的开端。在感觉的基础上,人们对事物的个别属性加以综合分析,形成知觉,对事物有了较完整的印象。感觉、知觉是认知的初级阶段——感性认知阶段。人们为了加强对事物的认知,还借助记忆把过去生活实践感知过的东西、体验过的情感或知识经验,在头脑中重复反映出来。人们对事物的认知过程,不仅通过感知去认知事物的外在联系,还以表象的形式向思维过渡,进一步认知事物的一般特征和内在联系,全面地把握事物的本质。这个思维过程是人们对于客观事物在头脑中概括的、间接的反应,是认知的高级阶段——理性认知阶段。

(二)情感过程

1. 情感的一般概念

情感是人们对客观事物的一种体验,是对事物好恶的一种倾向。由于客观事物与个体需要之间的差异,个体对客观事物便抱有不同的好恶态度,产生不同的心理变化和外部表现。能满足或符合个体需要的事物,就会引起个体积极的态度。由基本需求引起的情感是最基本的情感,由社会需要引起的情感是高级情感。情感产生的原因是客观现实。由客观现实所引起的人的需要是极其复杂的,因此,客观现实与人的需要之间就构成了各种各样的复杂关系。同一事物可引起不同的情感,不同事物当然更易引起人们的不同情感,因此,人们总是经常处于彼此交织着的情感之中。与情感相联系的概念是情绪,情绪与情感既有区别又有一定的联系。它们都是人们对客观现实是否能满足需要的体验,都能使人产生一定的生理变化和外部表现。二者的区别主要表现在强度的不同上,情绪是较强的情感,其引起的生理变化和外部表现较之情感更明显。有时二者也会互相转化,情感与情绪不同于其他心理活动,它的任何一种表现形式都包含有自我体验、生理变化和外部表现三个方面。

2. 情感和情绪的分类

按情感、情绪的基本表现形态可分为以下三类。①激情。它是一种爆发迅速强烈而时间短暂的情感或情绪,如狂欢、暴怒、痛哭等。②心境。它是一种微弱平静而持续的情感或情绪,如心情舒畅、内心喜悦、闷闷不乐等。③热情。这是一种强有力的、稳定的情感,如人与人之间长期相处产生的感情等。

按情感、情绪的社会性内容,可分为三类:①道德感。这是根据社会道德行为准则评价别人或自己的行为所产生的情感或情绪,如信守合同、遵守公共秩序等。②理智感。它是人的认识和探求真理的需要是否得到满足而产生的情感或情绪,如对难题的钻研、对偏见的鄙视等。③美感。它是人的审美需要是否得到满足而产生的情感或情绪,如人对客观事物及其在艺术上美与丑的评价等。

3. 情感或情绪的两极性

情感或情绪往往表现为肯定或否定的对立两极性,如满意和不满意、喜悦和悲伤、爱和憎等。在每一对立的情感中间还有许多程度上的差别,表现为多样化的形式。同一个人对同一件事有时会出现两极的对立情感或情绪。例如,学习中遇到困难时,可能引起愁闷,也可能引起激奋。对立的两极在一定的条件下可以互相转化。情感或情绪的两极性也可表现为积极和消极两方面。积极性可提高和增强人的活动能力,如愉快可使人积极地工作,消极性会降低人的活动能力,烦闷会降低一个人的工作效率等。

人的情感和情绪不但与身体健康有密切的关系,而且与人的行为也有密切的关系。激动的情感或情绪,会使人的行为产生差错,甚至产生越轨行为。在企业生产中,有许多工作事故是由于工人在情绪不稳定的情况下操作所发生的,因此,对人的情感、情绪必须加以正确的疏导。所以在管理中也应十分注意人的情绪,不断改进领导方式,使人在工作中心情舒畅。

(三)意志过程

1. 意志的一般概念

意志是指人自觉地确定目的并支配其行动以实现预定目的的心理过程。人在反映客观现实的时候,不仅产生对客观对象的认识,也不仅对客观对象形成这样或那样的情绪体验,而且还有意识地对客观世界进行有目的的改造。这种最终表现为行动的、积极要求改变现实的心理过程就是意志。

2. 意志的特征

人的意志过程具有以下一些特征。

(1)能够自觉地确立目的。人类的活动是有意识、有目的和有计划的活动,这与其他动物(甚至某些高等动物)的活动是完全不同的。

(2) 自觉的能动性。人在繁杂的环境中主动地提出目的,同时主动地采取行动来改变环境以满足自己的需要。因此,意志集中地体现出人的心理活动的自觉能动性。

(3) 意志具有对行为的调节作用。意志对行为的调节,有发现和制止两个方面。前者在于推动人去从事达到预定目的所必需的行为,后者在于制止不符合预定目的的行为。

(4) 意志具有对心理调节的作用。意志不仅调节外部动作,还可以调节人的心理状态。当操作者排除外界干扰,把注意力集中于完成作业时,就存在着意志对注意、思维等认识活动的调节;当人在危急、险恶的情况下,克服内心的恐惧和慌乱,强使自己保持镇定时,就表现出意志对情绪状态的调节。

(5) 意志具有坚持的作用。意志对行为的调节并不总是轻而易举的,有时会遇到各种困难,因此,意志过程的实现往往与克服困难相联系。克服困难意味着对行动的预定目的的坚持。

3. 意志与认知、情感的关系

(1) 意志和认知的关系。离开认知过程,就不会有意志行为。人们在实现每一个具体意志行为的时候,为了确立目的和选择手段,通常要审度客观的情势,分析现实的条件,回顾以往的经验,设想未来的后果,拟订种种方案,编制行动计划,并对这一切进行反复的权衡和斟酌,这就必须依赖感知、记忆、想象、思维的过程,这些过程是构成意志活动的理智部分。

意志离不开认知,也给认知以巨大的影响。首先,人对外部世界的认知是有目的、有计划并需要克服各种困难的过程,如解决问题的思维活动,都离不开人的意志努力,即离不开意志过程;其次,人对客观世界的认识,是在变革事物的过程中完成的,而一切变革现实的实践活动都是有意志的行动,都必须受意志过程的支配和调节。因此,没有意志,也不会有深入的、完全的认知活动。

(2) 意志和情感的关系。当某种情感对人的一定行为起推动或支持作用时,情感可以成为意志的动力。如一个非常热爱他所从事的事业的人,会克服各种困难去做好自己的工作,而一个对所要达到的目标抱着漠然冷淡态度的人,不可能以坚强的意志去做好工作。

当人们在从事他所不愿做的事情时,情感也可能成为意志的阻力。"不乐意"的情感,对于这项活动而言,是一种消极的体验,它妨碍着意志行为的贯彻,造成意志行为的内部困难。由外部困难所引起的消极情感体验(如困惑、焦虑、彷徨以至痛苦等),也能动摇人的意志。认知、情感和意志是密切联系、彼此渗透的。发生在实际生活中的同一心理活动,通常既是认知的,又是情感的,也是意志的。任何意志过程总包含有认知成分和或多或少的情感成分。而认知和情感过程也包含有意志成分,实际上并不存在纯粹的、不与任何认知和情感过程相关联的意志过程。

4. 意志行为的结构

意志总是通过一系列具体行为表现出来。受意志支配和控制的行为是意志行为。研究意志行为,主要是分析行为的心理方面,即心理对行为的调节过程。意志行为的心理过程分为采取决定和执行决定的过程两个阶段。

(1) 采取决定阶段。这是意志行为的开始阶段,它决定意志行为的方向,规定未来意志行为的轨道。决定的采取并不是瞬时完成的,它是一个过程,有着丰富的心理内容,体现出人的意志品质。决定的采取包括行为目的的确定、行为手段的选择和行为动机的取舍等环节。行为目的是指人的行为所要达到的结果,行为手段是指达到目的的方式和方法,行为动机则反映着人为什么要达到这一目的。

采取决定,是在面临复杂的情境时做出抉择的过程。从动力方面看,要求这个过程进行得迅速而有效,才有利于下一步执行决定的顺利实现。对人的意志过程而言,这就是意志的果断性。果断表现在迅速而合理地采取决定的能力上;反之,如果在各种动机之间,在不同的目的、手段之间摇摆不定,迟迟做不出取舍,那是优柔寡断的表现;如果采取决定缺乏合理性,不经深思熟虑就贸然抉择,那是草率的表现。

(2)执行决定阶段。这是意志行为的完成阶段。在这个阶段里,人的主观目的转化为客观结果,观念的东西转化为实际行为,实现对客观世界的改造。决定一经采取之后,决定的执行便是意志行为实现的关键阶段。再好的决定,如果不付诸实施,就失去意义,也不再能构成意志行为。执行决定,常要求更大的意志努力。这是因为:①执行决定的行为要求巨大的智力或体力,并要忍受由行为或环境带来的种种不愉快的体验;②积极而有效的行为要求克服人的个性原有的消极品质;③执行决定过程中,与既定目的不符的各种动机还可能在思想上重新出现,引诱人的行为脱离预定的轨道;④行动中会出现意料之外的新情况、新问题,而主体又可能缺乏应付新情况、解决新问题的现成手段,从而造成人的行为的踌躇或徘徊;⑤在行为尚未完成之时,还可能产生新的动机、新的目的和手段,它们会在心理上同既定目的发生竞争,从而干扰行为的进程。

上述各项因素,都是妨碍意志力贯彻到底的困难,因此,执行决定需要付出很大的意志努力。执行决定是使行为按照预定方向和轨道坚持到底的过程。从动力方面看,这一过程要求不能半途而废,要求行为不偏离基本方向,反映在意志品质上,就是意志的坚忍性。意志坚忍的人,不论前进道路上如何艰难险阻,决不放弃对目标的追求;不论行动中如何枝节横生,总是坚持既定的方向,百折不挠。

任务三　人性假设理论

知识目标
■ 理解不同人性假设的内容
■ 掌握经济人假设、社会人假设

技能目标
■ 能够运用不同的人性假设及其管理理论

【任务引入】

王新在校期间成绩优异、表现突出,对政界有着浓厚的兴趣,并为自己的未来设计了一个宏伟蓝图。于是1990年研究生毕业后,王新毅然放弃了回自己父亲控股的某中型集团企业,考取了××市海关公务员。刚参加工作时,单位领导亲自督促后勤部门安排王新住进崭新的单身公寓,并配备了空调、冰箱等生活用品。单位给予王新的薪酬也是同等学历水平的人所羡慕的;每周工作35个小时,如果有时需要加班,额外时间将得到双倍工资,并报销饭费及出租车费用;第一年有一周的带薪假期,以后以每年增加 2 天的时间递增;公司每年至少安排一次员工培训,以提高员工素质;工作期满 3 年后,如果个人买车,公司将提供购车款的 50% 补贴,并报销 30% 的汽油费。在第一年的时间里,王新虚心向老同事学习,工作能力有了质的提高,多次受到领导的表扬,并在年终领取奖金时得到 5 000 元的额外补贴。王新自己感觉也很满意,觉得自己的事业计划正在逐步实现。

在接下来的一年里,尽管王新的工作做得非常出色,领导也多次表示可以给予他更大的发展空间,可就是没有得到提升。王新渐渐觉得工作中的收获与原来设想的有了一定程度的偏差,自己的价值没有得到充分的实现。于是工作中投入的精力在不知不觉中不断地减少。在一次偶然的单位聚会时,王新从单位一位老员工口中得知:"由于政界的一些特殊性,即使你工作的再出色,目前都不会给你更大的发展空间,单位的提升制度目前不会根据你的工作能力来决定是否提升你。"老同事的话让王新重新考虑了自己的人生计划和自己的抱负。王新在经过考虑之后,向领导提出能否让他承担一些更重要的工作,领导以他工作时间不长、还需继续锻炼为由,拒绝了王新的请求。王新在此后的工作中,不断地将现实情况和自己的人生计划相比较,经过深思熟虑之后递交了辞呈,在公司领导极力挽留并表示可以改善相应的福利制度情况下毅然离开了工作岗位。

【任务分析】

王新对人的看法是社会人假设,薪资福利待遇不是调动其积极性的决定因素,顺畅的升迁制度以及富有挑战性和责任感的工作才是关键。

在组织管理中,管理者可以运用集合起来的各种资源,只有人力资源是能动的、可以开发其他资源的资源。管理现代化的一个非常重要的问题,就是如何科学地管理人,以及充分调动人的生产、工作积极性的问题。而对人的科学管理,其理论和实践,都必然地要建立在对人的科学认识的基础之上。因此,管理心理学中人性假设的问题,是管理科学中的一个十分重要的基本理论问题。

人性假设理论,是管理科学学者根据自己对人性问题的探索研究的结果,对管理活动中"人"的本质特征所做的理论假定。这些理论假定,是进一步决定人们的管理思想、管理制度、管理方式和管理方法的根据。例如:西方以泰勒为代表人物的管理理论流派,做出了人是"经济人"的理论假设,认为人努力地劳动或工作,都是出于对经济利益、对金钱的追求。以此为根据,他们就大力提倡用 X 理论去进行管理。正如美国管理心理学家麦克雷戈在《企业中的人性方面》一书中指出的:每项管理的决策与措施,都是依据有关人性与其行为的假设。

一、"经济人"人性假设

由于对人性的基本看法,从根本上影响着人们的管理思想、管理制度,以及管理的方式、方法,所以,对人性问题的理论探讨,几乎是伴随着管理科学的产生和发展进行的。自 19 世纪末以来,随着管理科学的长足发展,西方先后出现了以下关于人性假设理论:19 世纪末到 20 世纪初,出现了以泰勒为代表人物的"经济人"的人性假设理论;20 世纪 30 年代出现了以梅奥为代表人物的"社会人"的人性假设理论;20 世纪 50 年代,出现了以马斯洛、阿基里斯等人为代表人物的"自动人"的人性假设理论;20 世纪 60 年代出现了以史克思为代表人物的"复杂人"的人性假设理论;20 世纪 70 年代,出现了以西蒙等人为代表人物的"决策人"的人性理论观点;20 世纪 80 年代,又逐渐形成了一种"文化人"的人性理论观点。

（一）"经济人"人性假设理论的含义

"经济人"也被称作"唯利人"或"实利人"。这种人性观产生于早期管理学阶段，当时，管理学学者开始从经济的角度寻求人工作的最主要的动机，不再把人看作完全被动的"工具人"。对于"经济人"的特征，美国组织心理学家史克恩在1965年做了如下概括：①人是由经济诱因来引发工作动机的，人谋求最大的经济效益；②在组织的控制下，人是被动地受组织的操纵、激发和控制而工作的；③人的情感是非理性的，必须善于干涉他所追求的私利；④组织必须设法控制个人的情感。

（二）X理论的基本内容

这里所说的X理论，是一种建立在"经济人"的人性理论假设基础上的管理理论，而不是一种人性理论。X理论阐述的是：假设人都是"经济人"，那么管理者应如何去进行相应的管理。X理论是麦克雷戈1965年对"经济人"人性假设指导下的管理工作进行理论概括后提出来的，其内容要点有：①大多数人天生是懒惰的，他们都尽量地逃避工作；②多数人是没有雄心壮志的，不愿意负任何责任，心甘情愿地受别人指挥；③多数人的个人目标与管理目标是相互矛盾的，必须采取强制的、惩罚的办法，才能迫使他们为达到组织目标而工作；④多数人干工作是为了满足自己的生理的和安全的需要，因此，只有金钱和其他物质利益才能激励他们努力工作；⑤人大致可分为两类，大多数人具有上述特性，属被管理者；少数人能够自己鼓励自己，能够克制感情冲动而成为管理者。

二、"社会人"人性假设

（一）"社会人"的人性假设理论的含义

"社会人"假设是由霍桑实验的主持者梅奥根据霍桑实验的材料提出来的。他在出版的《工业文明的人类问题》一书中总结了实验结果，并由此形成了"社会人"假设。"社会人"的人性假设理论认为，工人不是机械的、被动的动物，对工人的劳动积极性产生影响的也绝不只是工资、奖金等经济报酬，工人还有一系列社会的心理的需求，如工人对尊重、对良好的人际关系的需求等。因而，满足工人的社会性需求，往往更能激励工人的劳动积极性。这个理论的代表人物梅约教授还认为，人们在工作中得到的物质利益只是次要的，更重要的是人际关系，良好的人际关系是调动人的积极性的决定性因素。因此，梅约教授等人认为，管理中的人不是"经济人"，而是"社会人"。

（二）"社会人"的人性假设理论与霍桑实验

"社会人"的人性假设理论的形成和确立，与霍桑实验有着极密切的关系。根据霍桑实验，尤其是根据其实验后期的谈话实验的结果，梅约批评"经济人"的人性假设理论，确立"社会人"的人性假设理论。他在《工业文明中的问题》一书中，以霍桑实验的结果来批评"经济人"的人性理论及其管理思想。他写道：①传统管理把人假设为"经济人"，认为金钱是刺激积极性的唯一动力，而霍桑实验认为，人是"社会人"，影响人的生产积极性的因素，除物质条件外，还有社会、心理因素；②传统管理认为，生产效率主要取决于工作方法和工作条件，霍桑实验认为，生产率的提高或降低，主要取决于职工的士气，而士气则取决于家庭和社会生活，以及企业中人与人之间的关系；③传统管理只重视正式群体的问题，诸如组织机构、职权的划分、规章制度等，霍桑实验还注意到正式群体中存在着某种非正式群体，这种无形的组织有着一种特殊的规范，影响群体成员的行为；④霍桑实验还提出新型领导的必要性。领导者在了解人们合乎逻辑的行为的同时,还须了解不合乎逻辑的行为。要善于倾听和沟通职工的意见,使正式群体的经济需要与非正式群体的社会需要取得平衡。

(三)"社会人"的人性假设及其相应的管理理论

在"社会人"的人性假设理论影响下产生的管理思想及其管理措施,主要有以下四个特点。

(1)管理人员不能只注意完成生产任务,而应把注意的重点放在关心人、满足人的需要上。

(2)管理人员不能只注意指挥、监督、计划、控制和组织,而更应该重视职工之间的关系,培养和形成职工的归属感和整体感。

(3)在实行奖励时,提倡集体的奖励制度,而不主张个人奖励制度。

(4)管理人员的职能也应有所改变,他们不应只限于制订计划、组织工序、检验产品等,而应在职工与上级之间起联络人的作用。一方面,要倾听职工的需求和了解职工的思想感情,另一方面要向上级反映职工的呼声。

在"社会人"的人性假设理论影响下,西方管理心理学提出了"参与管理"的新型管理方式。"参与管理"是指在不同程度上让职工或下级参加决策的研究和讨论。美国的马洛在哈乌德公司的一项著名实验中,参与管理的典型——"斯凯计划"的巨大成功表明,参与管理是一种符合管理活动中职工心理规律的管理方式,其效果显著优于传统的"任务管理"。

三、"自我实现人"的人性假设

(一)"自我实现人"的人性假设理论的基本含义

"自我实现人"的人性假设理论,其代表人物是美国心理学家马斯洛。"自我实现人"的人性假设理论是建立在马斯洛的需要层次理论的基础之上的。马斯洛认为,人类需要的最高层次就是自我实现。所谓自我实现,是说人具有的发挥自己的潜力、表现自己才能的需要。只有人的才能充分表现出来,人的潜力充分发挥出来,人才感到最大的满足,即"每个人都必须成为自己所期望的那种人"。马洛的基本意思是说,人都有积极努力充分发挥自己的能力,有取得优良成绩(效)的内在心理基础和可能性,这种可能性能否变为现实主要看有没有适宜的外部环境条件。

(二)Y理论的基本内容

麦克雷戈总结和概括了马斯洛等人的"自我实现人"的人性假设理论,提出了一种与X理论相对立的理论——Y理论。这种理论认为:①一般人都是勤奋的,如果环境条件有利的话,人们工作起来就像游戏和休息一样自然;②控制和处罚不是实现组织目标的唯一方法,人们在执行工作任务中能够自我指导和自我控制;③在正常情况下,一般人不仅乐于接受任务,而且会主动地寻求责任;④人群中存在着广泛的高度的想象力、智谋和解决组织问题的创造性;⑤在现代工业的条件下,一般人的潜力只利用了一部分,人们中间蕴藏着极大的潜力。

(三)与Y理论相应的管理措施

与Y理论相应的管理措施是:①企业应创造使人发挥才能的工作环境,员工在为实现组织目标贡献力量时,也能实现自己的个人目标;②管理者的任务是创造能激励员工致力于组织目标,并为员工提供发挥想象力和创造力及自我管理的机会;③实行员工的自我控制、自我管理、参与决策、分享权力;④管理者应改变奖励方式,在实行外在奖励(包括工资、提升、良好的人际关系等)的同时,要特别注意内在奖励,使人在工作中得到知识、增长才干、充分发挥自己的潜力。只有内在的奖励才能满足人的自尊和自我实现的需要,从而极大地调动人的积极性。

四、"复杂人"的人性假设

(一)理论形成的历史背景

以上介绍的"经济人""社会人""自我实现人"的假设理论,都是从某一个侧面来认识被管理者的属性,虽然都具有其合理的一面,在管理发展的不同阶段也起到过一定的积极作用,但各自也都有比较大的局限性。随着管理心理学研究的不断深入,管理科学学者发现,人类的需要和动机并非那样简单,而是复杂多变的。人的需要在不同的情境、不同的年龄,其表现形式是有差别的。人的需要和潜力随着年龄的增长、知识的积累、地位的变化,以及人际关系的变化,也在不断地变化。"复杂人"的人性假设理论,就是在这些认识的基础上于20世纪60年代至70年代提出来的,这个理论的创始人是史克恩等人。

(二)"复杂人"人性理论的基本内容

"复杂人"人性理论的基本内容主要有以下几点:①人的需要是多种多样的,随着人的自身发展和社会生活条件的变化而发生变化,并且需要的层次也不断改组,因人而异;②人在同一时期内有各种需要和动机,它们发生相互作用,并结合成一个统一的整体,形成复杂的动机模式,例如,两个人都想得到高额奖金,其动机可能不一样,一个人可能是为了改善物质、文化生活,另一个人可能是把得到高额奖金看成是自己取得高技术成就的标志;③一个人在不同单位或同一单位的不同部门工作,会产生不同的需要,例如,一个人在工作单位可以表现出很不合群,而在业余时间和非正式群体中却可以满足交往的需要;④一个人是否感到心满意足,是否肯为组织尽力,取决于他本身的动机结构和他同组织之前的相互关系;⑤人可以依据自己的动机、能力和工作性质,来适应各种不同的管理方式,但是,没有一种万能的管理方式,适用于各种人。

(三)与"复杂人"假设相应的管理措施

与"复杂人"假设相应的管理措施包括:①管理者要有权变的观点,要根据组织所处的内外环境的变化确定管理的组织形式、领导方式;②管理者要善于发现员工需要、动机和能力差异,要依据人的不同情况,灵活采用不同的管理方式和奖励方式;③管理策略与措施要灵活多变,根据组织的不同情况,采取弹性、应变的领导方式提高管理效率,如果企业任务不明,工作混乱,应采取严格控制的管理措施使企业走上正轨,如果企业任务明确,分工合理,则可以更大程度地采取民主的、授权的管理方式,使员工充分发挥其主观能动性。

【知识与技能检测】

一、名词解释
1. 心理学
2. "社会人"假设
3. "经济人"假设

二、思考题
1. 简述马斯洛层次需求理论。
2. 简要分析四大人性理论。
3. 简述泰勒科学管理理论的主要内容。

三、案例分析

新上任的销售部王经理

上个月月底的一次公司办公会议上,公司李总经理宣布了一项人事任免决定:考虑到销售部陈兴经理月初出车祸受伤后,销售部工作受到了一定的影响,为了加强销售部工作,任命王军为销售部经理,免去他现任的公司办公室副主任职务,以便于他全力抓销售部工作。王经理上任后,一直在琢磨:怎样才能抓好销售部的工作呢?他认为销售部任务是否能完成全部都落在销售员身上,因此抓好销售员是个关键。王经理在他上任的第一次全体销售部员工大会上表示,他先要花一周时间做调查研究,在此期间一切仍按原来的程序工作。这一周内王经理做了三件事。一是查阅近5年的本公司销售统计资料,特别注意每个销售员每个月完成的销售量。他发现前几年销售员每个月完成的量在30～40台,可这两年每月完成量一直在25～30台之间。销售员的人数从原来的6个,增加到8个,现在是10个,但销售总量却没有大的增加。二是他走访了本市和邻近地区的同类厂,了解它们的销售情况,特别是销售员的工作情况,了解下来大体上好的厂家销售员的每月销售量达30～35台,差的只有10～20台。三是制订一个销售员的奖金、浮动工资与完成销售量挂钩的方案。王经理发现,以往销售员的奖金与完成的销售量有些挂钩,但拉开的差距不大,浮动工资基本是平均分摊。王经理准备在这方面要有所突破。

在第二次全体员工会议以后,王经理把10位销售员留下来继续开会,在会上他推出了一个奖金、浮动工资与完成销售量挂钩的试行方案。方案的要点有三:①每位销售员每月应完成的销售量定为38台;②完成这一指标得全奖,如完不成,则每完不成一台扣20%奖金,达不到34台,扣除全额奖金(值得一提的是全额的奖金金额约为工资的2/3);③连续3个月完成指标,第4个月向上浮动一级工资,连续一年完成指标再向上浮动一级工资,如享受浮动工资后,没完成指标,第2个月起取消浮动工资,如连续半年完不成指标,则下浮一级工资,连续一年完不成,再下浮半级工资。在对试行方案做解释时,王经理说,方案是在调查研究的基础上制订出来的,试行方案首先需要大家转变观念,要体现按劳分配原则。同时他告诉销售员,他实施奖金向销售员倾斜的原则,销售员的奖金额为一般工作人员的200%,但要拿到,则必须完成指标。同时他补充,完成销售量是以资金回笼到位为准。可想而知这方案一宣布,马上引起销售员的一片哗然。但王经理坚持实施这一方案,他口头上解释说:这是试行方案,可在实施中修改,但一定要试。心里却在想:就得要采取强硬措施,好好管一管,要不大家怎么肯拼命干。

讨论:王经理对人的看法属于哪种人性假设?王经理的方案是否能激励员工?为什么?你认为该如何改进?

项目三 个体心理与行为管理

【开篇案例】

一个世界500强的公司经理在回办公室取东西时,发现自己没有带钥匙,此时他的私人秘书已经下班,经理试图联系未果。于是经理难忍怒火地给他的秘书发了一封措辞严厉的谴责信。经理在邮件中写道:"我曾告诉过你,想东西、做事情时不要想当然,结果晚上你就把我锁在门外了,从现在起,无论是午餐时段还是晚上下班后,你跟你服务的每一名经理都确认无事后才能离开办公室,明白了吗?"可想而知啊,这样的一封邮件发出去,秘书会怎么回复呢?后来秘书给经理回复了邮件,她写道:"第一,我锁门是从安全角度考虑的,如果丢了东西这个责任谁来负?第二,你有钥匙自己没带,就不要说别人的不对。第三,已经到了下班时间,你无权干涉我的私人时间。第四,我从工作以来,就一直很尽责,加班也没有怨言,你还用这种语气,请注意一下。"

任务一 个体心理过程与行为管理

项 目 目 标

知识目标
- 了解知、情、意的基本知识
- 理解并掌握人际知觉偏差对管理的影响
- 理解海德的理论、凯利的三度理论、韦纳的成败归因论

技能目标
- 能够灵活运用组织中的印象管理
- 能掌握EQ技巧在管理中的运用

【任务引入】

人的知觉差异

蒂尔邦和西蒙曾进行过一项知觉研究,他们请23位企业经营人员阅读一份描述某钢厂的组织与活动的综合案例。在23名经营人员中,6人掌管销售工作,5人掌管生产工作,4人掌管财会工作,8人掌管总务工作。让每名管理者写出在这一案例中自己认为最重要的问题。掌管销售工作的人员中83%的人认为销售最重要,而其他人中只有29%持同样看法。这一结果与该研究的其他结果结合在一起,使研究者得出这样的结论:在环境中,知觉更多地倾向于受到个体基础(即态度、兴趣和背景)的影响,容易产生知觉失真。

【任务分析】

现代企业强调的是以人为本的管理,作为企业的管理者要想成为有效的管理者,必须了解个体的心理过程。每个人从外界获取信息都存在不同的反应,因此心理过程包括认知过程、情感过程和意志过程。

一、感知过程与管理

（一）感觉与知觉过程的概述

1. 感觉与知觉的概念

感觉是个体对于作用于感觉器官的客观事物个别属性的反映。其主要包括内部感觉和外部感觉。外部感觉是个体对外部刺激的觉察,主要包括视觉、听觉、嗅觉、味觉、肤觉,其中视觉和听觉是最重要的感觉。内部感觉是个体对内部刺激的觉察,主要包括机体觉、平衡觉和运动觉。一般分析人的外界事物的感觉,是外部感觉。

知觉是人脑对直接作用于感觉器官的客观事物的整体反应,是比感觉复杂的心理过程。人的知觉系统不仅要加工由外部输入的信息,而且要加工在头脑中已经存储的信息,把感觉得到的信息进行加工处理综合形成人对某一事物的认识及评价。

感觉和知觉是事物直接作用于感觉器官产生的,同属于对现实的感性认识形式。知觉是在感觉的基础上产生的,是对感觉信息的综合与解释。感觉和知觉又是两个本质不同的概念,它们的区别在于:感觉和知觉是两种不同的心理过程。感觉是介于心理和生理之间的活动,它的产生主要通过感觉器官的生理活动过程,以及客观刺激的物理特性,相同的客观刺激会引起相同的感觉。而知觉则是纯粹的心理活动,它的产生是在感觉的基础上对物体的各种属性加以综合和解释的心理活动过程,处处表现出人主观因素的参与。

由感觉到知觉,其间要经历一个主观选择的过程。从感觉到各种属性中选取一部分属性加以综合和解释,这在很大程度上依赖于一个人的过去经验,并受个人当时的兴趣、需要、动机和情绪的影响。同时,人的态度和需要也会使知觉具有一定的倾向性。从感觉和知觉的生理机制来看,感觉是单一分析器活动的结果,而知觉则是多种分析器协同活动的结果。

【知识拓展】

1954年,加拿大的心理学家首先进行了"感觉剥夺"实验:实验中给被试者戴上半透明的护目镜,使其难以产生视觉;用空气调节器发出的单调声音限制其听觉;手臂戴上纸筒套袖和手套,腿脚用夹板固定,限制其触觉。被试者单独待在实验室里,几小时后开始感到恐慌,进而产生幻觉……在实验室连续待了三四天后,被试者会产生许多病理心理现象:出现错觉与幻觉,注意力涣散,思维迟钝,情绪紧张、焦虑、恐惧等,实验后需数日方能恢复正常。这个实验表明:大脑的发育,人的成长成熟是建立在与外界环境广泛接触基础之上的,只有通过社会化的接触,更多地感受到和外界的联系,人才可能更多地拥有力量,更好地发展。

2. 影响知觉的因素

影响知觉准确性的因素可以大致归为三方面:知觉者自身的因素、知觉对象的特征、知觉环境的特点。

（1）知觉者的主观因素。知觉者主观因素的不同会导致知觉的个体差异,即对同一事物,不同的人知觉不同。这些因素主要有这几种：①兴趣和爱好。人在兴趣和爱好方面的个体差异会影响知觉的选择性。通常人们最感兴趣的事物最容易被知觉到，并能把握住更多的细节。自己不感兴趣的事物往往被排除掉。比如：一个书法爱好者和一个绘画爱好者一起去字画店，绘画爱好者往往首先看有没有新画册，而书法爱好者则会在书法集的柜台前流连忘返，对别人关注的新书，他们则可能根本没有注意到。此外，兴趣和爱好相近的人，也往往有相近的知觉，容易沟通，从而形成非正式群体。②需要和动机。人们需要和动机的不同也在很大程度上决定了人们的知觉选择。一般说来，凡是能够满足人的某种需要、合乎其动机的事物，容易成为知觉的对象和注意的中心；反之，则不易被人知觉到。例如，一个干渴难耐的人，将注意力集中于前面的水和饮料，而对眼前的其他事物视而不见、听而不闻。③知识和经验。个体具有的知识和经验对于知觉的选择性影响也很大。例如，对同一台戏曲节目，外行人和内行人的知觉就有区别，所谓"外行看热闹，内行看门道"讲的就是这个道理。巴克拜做了一项实验：以美国人和墨西哥人为被试者，立体镜一面展示的是斗牛场面，一面展示的是美国小孩玩耍的情境，实验预期是墨西哥人看到斗牛，美国人看到小孩玩，然而实际上，被试者要不就是什么也看不清楚，要么就是同时认知两种事物。④个性特征。个性也是影响知觉选择性的因素。比如，不同气质类型的人在知觉的深度和广度上存在明显的差异。一般来讲，多血质的人知觉速度快、范围广，但不细致；黏液质的人知觉速度慢、范围窄，但比较深入细致。

此外，个人的价值观、对未来的预期、身体状况、自身条件等因素也会影响知觉的选择性。由主观因素造成的个体知觉差异性，使人的知觉世界各有千秋。虽然知觉反映了客体的本质属性，但在具体的反映形式上和结果上，却体现着个人风格，形成了选择性知觉。

（2）知觉对象的特征。①接近律。在时间、空间上接近的对象，有被知觉为同类的倾向。例如，一个车间的两个工人同时要求辞职，人们很容易觉得他们是商量好的，其实可能仅仅是巧合。②相似律，即具有相似性的对象易被知觉为一组。③闭锁律。人们能够把分散而有一定联系的知觉对象的反映综合起来，形成一个整体。这是知觉整体对象的形式和能力之一。事实上，一组分散的知觉对象包围一个空间，同样容易被人知觉为一个单元。④连续律。在空间、时间上有连续性的对象，容易被知觉为一个整体。例如，在电影院售票处，人们往往把排队购票者知觉为一个整体，而对其他散乱的人则没有明晰的知觉。其次，知觉对象的颜色、形状、大小、声音、强度、高低、运动状态、新奇性和重复次数等因素，都会影响知觉的结果。

（3）知觉的情境因素。知觉的情景因素通过影响人的感受性而改变知觉的效果，所谓感受性就是人的感觉灵敏度，人对外界刺激物的感觉能力。人的感受性在环境作用下发生的变化，表现为下列现象。

①适应。由于刺激对感觉器官的持续作用而引起感受性变化的现象叫适应。它可以表现为感受性的提高或降低。例如，白天进入熄灯的电影院，开始觉得一片漆黑，慢慢地会辨别出周围物体的轮廓了，这是视觉的适应现象。

②对比。同一感觉器官接受不同的刺激而产生感受，发生变化的现象称为对比。例如，吃了糖以后接着吃广柑，觉得广柑很酸，这种情况为先后对比。

③敏感化。在某些因素的影响下，感受性暂时提高的现象称为敏感化。它与适应不同，适应会使感受性提高或降低；敏感化则都是感受性的提高，由不同于适应的原因引起。例如，感觉的相互作用、人的心理活动的变化、兴奋性药物刺激等都能提高敏感性，加深人对某一事物、活动的知觉。

④感受性降低。感受性降低与适应引起的感受性变化不同，它是由其他因素引起的。如

感觉的相互作用、人的生物因素和心理因素、不良嗜好的作用以及某些药物的刺激等都会引起感受性降低。

综上所述，人的知觉是知觉主体、知觉对象、外界环境因素相互作用、相互影响的结果，是一个主观反映客观的过程，它一般包括观察感觉；理解选择、组织、解释和反应等环节。

3. 知觉的特点

（1）选择性：人们在知觉客观世界的时候，总是有选择性地把少数事物当成知觉的对象，而把其他事物当成知觉的背景，以便更清晰地感知事物。例如，在课堂上，老师的声音成为学生知觉的对象，而其他的声音会成为知觉的背景。从这个意义上来说，知觉过程就是从背景中分离出对象的过程。知觉对象的选择也与很多因素有关，与知觉者的经验、兴趣、爱好、职业等都有关系。下面是两张经典的双关图，如图 3-1 与图 3-2 所示。

图 3-1　双面花瓶

图 3-2　少女与巫婆

【知识拓展】

鸡尾酒会效应

鸡尾酒会效应是指人的一种听力选择能力，在这种情况下，注意力集中在某一个人的谈话之中而忽略背景中其他的对话或噪音。该效应揭示了人类听觉系统中令人惊奇的能力，使人可以在噪声中谈话。

鸡尾酒会效应可在两种情况下出现：当人将注意力集中在某个声音上，或当人的听觉器官突然受到某种刺激的时候。举例来说，当一个人和朋友在一个鸡尾酒会或某个喧闹场所谈话时，尽管周边的噪音很大，他还是可以听到朋友所说的内容。同时，在远处突然有人叫他的名字时，他会马上注意到。又比如，在周围交谈的语言都不是母语时，人们可以注意到较远处以母语说出的话语。人们所注意的声源所发的音量，感觉上会是其他同等音量声源的三倍。将不同的对话用麦克风录下来相比较，就可以发现很大的差别。

鸡尾酒会效应是图形-背景现象的听觉版本，如图 3-3 所示。这里的"图形"是人们所注意或引起人们注意的声音，"背景"是其他的声音。

图 3-3　图形-背景现象的听觉版本

（2）理解性。不同经验的人对着同一个事物，知觉也会有所不同。对着一个 X 光片，不懂医学知识的人,是看不出其中问题的,而医生就能从中看出身体出现了哪些病变。比如听课学习,没有受过社会教育的人是不会学习的。"狼孩"根据过去已有的经验会认为人是不应该直立行走。知觉的理解性与语言指导有很密切的关系,能使人的知觉过程更迅速,映像更完整。例如导游介绍山像什么,游客就会觉得它像什么。当仅凭过去的经验无法知觉的时候,只要一些提示,就能很快知觉到。例如赵本山的小品卖拐吧,越说腿瘸了,范伟越觉得瘸,而且不自觉地就腿瘸。

(3) 整体性。在知觉活动中,人们对整体的知觉要优先于对个别成分的知觉。例如,一辆疾驰的汽车,人们首先看到的是整体,然后才是细节,知觉的整体性和理解性通常无法区分开。

(4) 恒常性与大小。人对于熟悉的人,无论他离得远或近,对他个子的高、矮的知觉总是一样的。影响知觉恒常性的因素主要是理解的作用,当知觉对象超出了个体通常经验的范围后,知觉的恒常性就会被破坏,个体经验越丰富,越能有效地适应环境。

4. 错觉

知觉的误差就是错觉,错觉是指人们对外界事物不正确的感觉或知觉。这种误差并不是坏事,生产经营者若巧妙地利用人们的错觉,有时能收到良好的效益。比如面积不大的商店,可以在商店两面的墙上镶上巨大的镜子,使顾客进入时感觉商店的面积很大。在下面这幅未经改动的照片(见图 3-4)中,伯德约翰逊夫人的头属于哪个身体?

据分析,造成错觉的原因可能是由于大脑皮层的响应部位首先产生较强兴奋,从而引起附近部位的抑制。下面是心理研究中常见的八种错觉图片,如图 3-5 所示。

图 3-4 伯德约翰逊夫人的照片

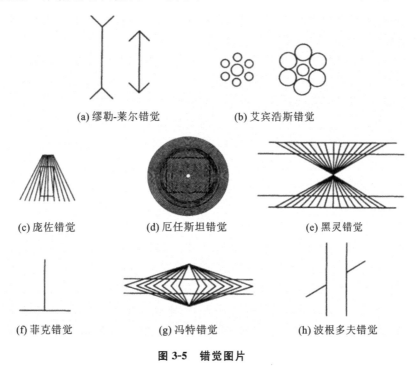

图 3-5 错觉图片

(二) 社会知觉

社会知觉,还反映为"知觉防卫",即人们对阻碍自己发展的信息或和自己的个性成定型的知觉不一致的信息,有时会故意视而不见或将输入的信息加以歪曲。由于认知主体、认知客体与环境因素的作用,社会认知往往会发生这样或那样的偏差。

1. 首因效应

首因是指一个人在同他人初次接触时所形成的最初印象。首因效应指的是在社会认知过程中,最先的印象对人的认知具有极其重要的影响。第一印象往往是通过对别人外部特征的知觉,进而取得对他们的动机、感情、意图等方面的认识,最终形成关于这个人的印象。这些外部特征包括人的面部表情、身体姿态、眼神、仪表等。如某人在初次会面时给人留下良好的印象,这种印象就会在很长一段时间内左右人们对他以后的一系列心理与行为特征的理解。由于首因效应的存在,使得人们对他人的知觉往往表现出这样的倾向,即当人们只获取了有关他人的少量信息时,就力图对他人的另外一些特征进行推理、判断,以期形成有关他人的统一、一致的印象。

对某人的第一印象一旦形成,就会影响到人们对他以后一系列行为的解释。第一印象既有积极的作用,也有消极的作用。第一印象在实际生活中有重要的积极意义。一位新上任的管理人员若给他的下属留下较为满意的印象,这就能为日后彼此间接触交往,搞好人际关系和进行有效管理打下良好的基础,良好的第一印象也有助于建立管理人员的威信。一般来说,"新官上任三把火",这就是新的领导要特别重视第一印象,要想方设法给下属留一个好印象,为今后工作的顺利开展创造有利条件。第一印象比较持久,但在形成对他人的正确印象的能力方面有下述局限性。

(1) 第一印象的形成会不同程度地受到周围不同环境或事物的影响,而很少会单纯地根据人们的观察去直接形成印象。例如,在一个豪华餐厅中遇到一个人,与在一个普通饭馆里遇到一个人,这两种环境下形成的第一印象会有很大的差别。第一印象是根据被观察对象的一个有限的行为样组形成的,因而是不全面的,带有一定的片面性。

(2) 第一印象是高度个性化的反应,从而有可能歪曲被观察对象的印象。第一印象仅从偶然的交谈中得出,而不去全面考察被观察对象的个性、智力等,因而可能形成片面形象。第一印象会造成认知上的惰性,形成对被知觉对象的固定看法。

(3) 第一印象在实际生活中会造成"先入为主的效应",这会给管理人员带来认识上的片面性。这种先入为主的第一印象是好的时候,就容易"看不到"别人的缺点;反之,第一印象是坏的时候,就容易"看不到"别人的优点。作为一个管理者既不能忽视第一印象的积极作用,同时也要克服第一印象的消极影响,要从全面、客观、变化发展中考察被知觉对象,最终获得正确的人际知觉。

2. 近因效应

近因即最近的印象,近因效应指最近的印象对人的认知具有重要的影响。印象形成中的近因效应,最早是由卢钦斯1957年在《降低第一印象影响的实验尝试》一文中提出的。在该文中,他以另一种方式重复了前面提到的关于首因效应的经典实验。具体的做法是,在让被试者阅读有关詹姆性格的两段描写文字之间,有一时间间隔,即先阅读一段后,让被试者做数学题或听历史故事,再读第二段。实验结果与前述实验正好相反,这时对被试者进行詹姆性格的评价起决定作用的已不是先阅读的那段材料,而恰恰是后阅读的那段材料。

首因效应和近因效应是考核中最常见的社会认知偏差,对于管理均有重要影响。例如,在对员工进行绩效考核时,由于直接或间接的第一印象对人的影响非常深刻,使考核者只关注被考核者的最初印象,对其后来的表现视而不见,或只凭在第一印象中获取的少量信息,就力图对被考核者的其他特征和表现加以推测与判断。这种认知偏差,多见于人才聘用或引进之时对新进人员的考核中,这是首因效应所产生的效果。

近因效应与首因效应有截然相反的时间效应偏差,它指最近的印象对人的认知所产生的重要影响。考核评定人员对考核对象的近期表现关注较多,而忽视了他们以往的表现。如果某人最近一段时间工作表现突出,考核的意见就比较好;反之,考核意见就差。一般来说,在考核不太熟悉的人时,首因效应起较大的作用,而考核身边的人或熟悉的人时,近因效应则会起更大作用。

在管理中应该把首因效应和近因效应结合起来对人、对事进行感知。其一,要预防两种效应的消极影响,既不能"先入为主",也不能不看过去,只看现在,应该以联系发展的态度感知事物,把对人、对事的每一次感知,都当做认知事物过程中的一个阶段,避免形而上学的片面性;其二,要在一定条件下,发挥两种效应的积极作用,讲话、办事、接触人、做具体工作要善始善终,不能虎头蛇尾。

3. 晕轮效应

当认知者对一个人的某种特征形成或好或坏的印象后,认知者还倾向于据此推论该人其他方面的特征,这就是晕轮效应。晕轮效应是一种以偏概全的评价倾向,即在社会现象被认知时,人们常从对方所具有的某个特征而泛化到其他一系列的有关特征,也就是从所认知到的特征泛化推及至未被认知的特征,从局部信息推及判断而形成一个完整的印象。例如根据一个人的个别品质做出对其全面的评价。

好恶评价是印象形成中最重要的方面,在知觉他人时,人们往往根据少量的信息将人分为好、坏两种,如果认为某人"好",则被一种"好的光环"所笼罩,赋予其一切好的品质;如果认为某人"坏",就被一种"坏的光环"笼罩住,认为这个人所有的品质都很坏。后者是消极品质的晕轮效应,也称扫帚星效应。人的社会知觉往往受到个人的"内隐人格理论"的影响,他们常常从个人具有的一种品质去推断他的另一种品质。尤其当存在"核心品质"时,人们更具有这种推论倾向,这使得在社会知觉中人们对他人的评价往往具有很高的一致性,即认为好者十全十美、坏者一无是处。

在考核中由于晕轮效应的作用,一个人某方面的优缺点常常可以形成光环扩张到其他方面,而这些优缺点一旦被夸大,其他方面的优缺点就会隐退到光环的背后被遮挡住了。晕轮效应主要出现于干部的选拔和职工的年度考核中,其具体表现为以下两点。

(1) 管理人员可能选用一种品质作为基础来判断员工其他方面的表现。例如,如果某员工全年无一次旷工、迟到行为,那么其主管很可能由此会认为该员工的生产率也高,工作质量也好,工作勤勉。

(2) 管理人员评价员工时往往把某些品质联系起来。例如:可能认为进取心强的人必然精力充沛;能控制别人,必有成就;待人友好的人,必然是热情的、慷慨的,且富有幽默感。

【知识拓展】

阿希的实验

S.E.阿希是最早进行有关首因效应对认知的影响的社会心理学家。1946年,他以7种描述个人人格特征的词为刺激物,以大学生为被试者研究了有关人格印象的形成过程。这7种人格修饰语为"精干、坚信、健谈、冷酷/热情、机智、进取、有说服力"。

实验分 A、B 两组进行,除第四个人格修饰语不同外(A 组为冷酷、B 组为热情),给予两组被试者的刺激语没有区别,提示的方式、时间间隔、重复次数也一概相同。实验结果发现,两组被试者都很快根据 7 种人格修饰语描述了该人的人格形象,但两组的印象大相径庭。不仅 A 组被试者说该人是个"冷型"的人,B 组被试者说该人是个"热型"的人,而且两组被试都咬定,在这 7 个修饰语中,最关键的是"冷酷/热情"。而阿希将这个词抽出后,用另 6 个词进行的实验表明,两组被试者此时形成的印象转变为中性的了,已不再具有前述褒贬性质。

据此,阿希得出这样两条结论:其一,印象形成是所有人格要素综合作用的结果;其二,在这些人格要素中有一种是主导印象形成的主要因素,最早出现的中心词(如"冷酷/热情")决定了第一印象。

4. 刻板印象

刻板印象是指社会上对于某一类事或人产生的一种比较固定、概括和笼统的看法。人们把在头脑中形成的对某类知觉对象感知到的形象固定下来,并对以后有关该类对象的知觉产生强烈影响。比如:中国人勤劳勇敢,美国人敢于冒险;山东人豪放,上海人精明;已婚员工比未婚员工更稳定;学习、工作就要认真努力,休息、娱乐就要轻松愉快,等等,这都是刻板印象的例子。

刻板印象是人们在认识他人时经常出现的一种相当普遍的现象。刻板印象一经形成就很难改变,因此,在日常生活中一定要考虑到刻板印象的影响。例如,市场调查公司在招聘入户调查的访员时,一般都会选择女性,而不会选择男性,因为在人们心目中,女性一般来说比较善良、攻击性较小、力量也比较单薄,因而入户访问对主人的威胁较小;而男性,尤其是身强力壮的男性如果要求登门访问,则很容易被拒绝,因为他们更容易使人联想到一系列与暴力、攻击有关的事物,使人们增强防卫心理。但是,刻板印象毕竟只是一种笼统的看法,并不能代替活生生的个体,因而以偏概全的错误总是在所难免。如果不明白这一点,在与人交往时,唯刻板印象是瞻,宁可相信作为"尺寸"的刻板印象,也不相信自己的切身经验,就会出现错误而导致人际交往的失败。

5. 投射效应

古代一位喜欢吃芹菜的人,总以为别人也像他一样喜欢吃芹菜。于是一到公众场合就向别人热情推荐芹菜,成为一个众所周知的笑话。但是生活中每个人都免不了犯类似这样的错误,这种"以己度人"的现象心理学上称之为投射效应,即在人际认知过程中,人们常常假设他人与自己具有相同的属性、爱好或倾向等,常常认为别人理所当然地知道自己心中的想法。

投射效应常使人们对他人的知觉产生失真现象。人们倾向于按照自己是什么样的人来知觉他人,而不是按照被观察者的真实情况进行知觉。心理学家罗斯做过这样的实验来研究投射效应,在 80 名参加实验的大学生中征求意见,问他们是否愿意背着一块大牌子在校园里走动,结果 48 名大学生同意背牌子在校园内走动,并且认为大部分学生都会乐意背,而拒绝背牌的学生则普遍认为,只有少数学生愿意背。由此可见,这些学生将自己的态度投射到了其他学生身上。

投射效应的表现形式是多种多样的,主要有两种:一是感情投射,即认为别人的好恶与自己相同,把他人的特性硬纳入自己既定的框框中,按照自己的思维方式加以理解。比如,自己喜欢某一事物,跟他人谈论的话题总是离不开这件事,不管别人是不是感兴趣、能不能听进去,引不起别人共鸣,就认为是别人不给自己面子,或不理解自己。二是认知缺乏客观性,比如,有的人对自己喜欢的人或事越来越喜欢,越看越觉得优点多,对自己不喜欢的人或事越来越讨厌,越看越觉得缺点多,因而表现出过分地赞扬自己喜欢的人或事,且过分地指责甚至中伤自己所厌恶的人或事。这种认为自己喜欢的人或事是美好的,自己讨厌的人或事是丑恶的,并且把自己的感情投射到这些人或事上进行美化或丑化的心理倾向,让个体失去了人际沟通中认知的客观性,从而导致主观臆断并陷入偏见的泥潭。

投射效应是一种严重的认知心理偏差,辩证地、一分为二地去对待别人和对待自己,是克服投射效应的良方。

（三）组织中的印象管理

1. 印象形成

印象是个体(认知主体)头脑中有关认知客体的形象。个体接触新的社会情境时,总是按照以往经验,将情境中的人或事进行归类,明确它对自己的意义,使自己的行为获得明确定向,这一过程称为印象形成。

2. 印象管理及策略

印象管理,亦称印象整饰,即个体进行自我形象的控制,通过一定的方法去影响别人对自己的印象,使他人对自己的印象符合个体期待。印象管理是个体适应社会生活的一种方式。个体要为他人、公众与社会所接受,其行为表现必须符合社会对他的角色期待。

印象管理与印象形成的区别是:印象形成对认知者来说是信息输入,是形成对他人的印象;而印象管理是信息输出,是对他人的印象形成过程施加影响。戈夫曼在其《日常生活中的自我呈现》一书中提出的戏剧论又称为印象管理。戈夫曼认为社会交往就像戏剧舞台,每个人都在扮演某个角色、演出一定的节目,每个人都有一套保全面子或挽回面子的策略,即面子功夫,它就是印象管理的策略。在西方的政界许多高层领导都非常重视印象管理。撒切尔夫人20世纪70年代在英国政坛初露头角时,声音又细又尖毫不动人,后经形象专家指点,她开始以雄浑有力的音色在国会"舌战群儒",最终成为有"铁娘子"之称的女首相。在美国总统竞选中,有专人为总统候选人精心设计形象,搭配衣着、领带,设计发型,整饰面容、面色等,为的是给选民留下精神焕发、可以信赖的领导者的鲜明印象。

所谓印象管理策略,就是人们如何在他人心目中塑造一个自己所希望的形象的策略。或者说,当人们观察某个人时,他应该如何表现自己。当下正处于信息时代,人与人的交往离不开信息的互动,因此使用和控制信息在生活中具有相当重要的作用。印象管理是控制或管理信息,以影响他人对自己印象的有目标指向的行为,是影响他人如何看待自己的手段,每个个体都试图控制他人对自己的印象。印象管理并不是一种欺骗性行为,而是个体已经形成的一种处事风格,并且在个体进行印象管理活动时可能他自己并没有意识到。从20世纪50年代开始,印象管理现象开始受到社会心理学家的关注,在短短半个世纪中,有关印象管理的研究在社会学、组织学、管理学、沟通学和心理学领域中得到迅速的发展,尤其是自20世纪90年代以来,实证的社会心理学家以人与情境之间的联结为切入点,试图揭示人类互动的本质并把这一概念应用到广泛的社会领域。

个人要给别人什么样的印象终究取决于他在特定的情境中如何表现自己。人们正是综合个体在衣着、言谈、行为举止等语言和形体的信息对该个体形成判断,因此自我表现是印象管理的重要途径。

戈夫曼提出的印象管理策略主要有以下四种。

一是理想化表演,也就是说,表演者要掩饰那些与社会公认的价值、规范、标准不一致的行动,而努力表现出与社会公认的价值、规范、标准相一致的行动。因此,理想化表演本身就意味着一定程度的掩饰。表演者会掩饰或部分掩饰与他自己理想的形象不一致的活动、事实和动机。所有的社会事件和社会行动,都有这种故意演戏、显示理想化形象的成分。为了在他人心目中塑造一个理想化的形象,人们在扮演某种角色时还应该重视对环境和位置的选择,选择一种有利于角色表演的背景,比如大公司的总经理应该选择在大办公室的大办公桌上办公,应该有专门的地方接待自己的主要客户等。

二是误解表演,也就是使别人产生错觉,得到假印象的表演。例如,一个人实际上比较富有却装穷,旧时中国农村的土财主就往往装穷,这是一种典型的误解表演。一些人之所以会做出误解表演,无非是两种目的:一种是为了获得利益,比如为了获得社会尊重或社会地位;另一种是为了满足某种虚荣心,比如买假的名牌包包冒充真的来炫耀。在日常生活中,人们经常会努力地使别人对某一项具体活动产生误解,这种欺骗有时是善意的,有时则是恶意的。

三是神秘化表演,也就是与别人保持一定的距离,从而使别人产生一种崇敬心理。戈夫曼发现,对一个人越熟悉,就越容易轻视他。西方一些国家的军队中,军官同士兵不在同一个餐厅就餐,就是为了防止相互之间过于熟悉,以至于作战时士兵可能不服从军官的命令。

四是补救表演。表演过程中的无意动作、失礼、当众吵闹等意外情况的发生,会导致表演的不协调,出现这种情况就需要补救表演。补救表演包括表演者所使用的补救自己表演的预防性措施,比如剧组忠诚、剧组素养和戏剧规则等,也包括观众或局外人用以帮助表演者补救其表演的保护性措施,如避免进入后台、对表演者的疏忽或视而不见、对新手的宽容等。

除此之外,研究者还提出了如下一些印象管理策略。

1. "登门槛"效应

"登门槛"效应是指,当个体接受了一个小的要求后,为保持形象的一致,他有可能接受一项重大、更不合理的要求,这叫做"登门槛"效应,又称得寸进尺效应。心理学家认为,在一般情况下,人们都不愿接受较高较难的要求,因为它费时费力又难以成功,相反,人们却乐于接受较小的、较易完成的要求,在实现了较小的要求后,人们才慢慢地愿意接受较大的要求,这就是"登门槛"效应对人的影响。

【知识拓展】

社会心理学家弗里德曼在20世纪60年代做了一个非常经典的实验。该实验的第一步,是先到各家各户向家庭主妇们提出一个小的要求,请她们支持"安全委员会"的工作,在一份呼吁安全驾驶的请愿书上签名。该实验的第二步是在两周以后,由原来的两个大学生实验者重新找到这些主妇,问能否在她们的前院立一块不太美观的大告示牌,上面写着"谨慎驾驶"。实验的结果表明,先前在请愿书上签过名的大部分人(55%以上)都会同意立告示牌,而没有签过名的主妇,只有不足17%的人接受了这一要求。这个实验验证了社会心理学"登门槛"效应的存在。

"登门槛"效应在员工管理方面的应用表现为:在要求别人或者下属做某件较难的事情而又担心他不愿意做时,可以先向他提出做一件类似的较小的事情。同样,对于一个新人,上级不要一下子对他们提出过高的要求,建议先提出一个只要比过去稍有进步的小要求,当他们达到这个要求后,再通过鼓励,逐步向其提出更高的要求,这样员工容易接受,预期目标也容易实现。

2. "门面"效应

如果对某人提出一个很大而又被拒绝接受的要求,接着向他提出一个小一点的要求,那么他接受这个小一点的要求的可能性比直接向他提出这个要求而被接受的可能性大得多,这种现象被称为"门面"效应。

"门面"效应就是利用人们的补偿心理,正如"登门槛"效应里所说的那样,人们往往都希望扮演慷慨大方的角色,所以拒绝别人也是一件难事。拒绝,一般会让人们无法扮演慷慨大方的角色,也会让人们产生负疚的心理,人们通常希望再做一件小的、容易完成的事来平衡心里的内疚,使其能够继续扮演慷慨大方的角色。女人的同情心强,容易产生负疚的心理,"门面"效应对女士通常更有效。

当然,"登门槛"效应与"门面"效应的具体实施效果,还会因具体实施人员的素质、能力等方面因素而有所不同,或者差异很大甚至会截然相反。再好的理论或方法,如果没有高素质的主体去实施的话,也难成其妙。

【活动】

塔旧里的研究

10人一组,小组成员里各成员自由交往,相互自由谈话,畅所欲言,增进了解之后再进行问卷调查。问卷调查的问题有①这个小组里你喜欢谁?②你认为这个小组里谁最喜欢你?③如果选小组长,你选谁?④你估计谁会当选?是被哪些人选出来的?

如果两人正好相互喜欢,说明这两人对于自己和对方关系的认识是正确的。若选出的人与自己估计的一致,说明自己对人与人之间关系的认识是准确的。人们喜欢那些能给自己带来好消息,能使自己进步的人。

(四)归因

1. 归因的概念

所谓归因,是指人们解释自己或他人行为原因的过程。归因在社会知觉中具有非常重要的作用。其作用表现在两个方面:第一,归因会影响到人们对他人根本特征或特质的判断;第二,归因会影响人们对自己行为的评价和预测,从而进一步影响人们对环境或他人行为的控制。现将归因进行分类,如表3-1所示。

表3-1 归因的分类

分类标准		归因解释	归因因素
按原因的来源分类	内在归因	把原因主要归于行为者本身的内在因素	性格、能力、态度、动机、努力、情绪、心境等
	外在归因	把原因主要归于社会环境方面的因素	环境、角色限制、奖惩、运气和机遇、工作性质和任务难度等
按原因的稳定性分类	稳定性归因	把原因主要归于相对不变的因素	能力、气质、性格、工作难度、职业角色等
	非稳定性归因	把原因主要归于相对易变的因素	情绪、态度、努力、运气、天气等

2. 归因的理论

1）海德的理论

归因理论最早是由美国心理学家海德提出来的。他认为，人们都有一种理解、预测和控制周围环境的需要。为了满足这种需要，人们对已经发生的行为和事件进行解释，追溯其原因，预测其未来行为。他把行为后果归为两个因素：个人因素（个人能力、动机等）和环境要素（事情难度、运气等），海德的理论开启了归因理论发展的基础。

2）凯利的三度理论

美国社会心理学家凯利1967年提出三维归因理论，也称为三度理论（见表3-2），对海德的归因理论进行又一次扩充和发展。凯利认为，人们在归因的过程中总是涉及三个方面的因素：客观刺激物（存在）、行动者（人）、所处关系或情境。这三个方面构成一个协变的立体框架，所以称为三度理论。三度理论遵循的总原则是协变性原则。

表3-2 凯利的三度理论

变量	变量解释	案例
区别性	针对客观刺激物，即行动者是否对同类其他刺激做出相同的反应。	一名今天迟到的员工是否经常表现得自由散漫、违反规章纪律。如果行为的区分性低，则观察者可能会对行为作内部归因；如果行为的区分性高，则活动原因可能会被归于外部。
一贯性	针对情景，即行动者是否在任何情境和任何时候对同一刺激做相同的反应。	如果一名员工并不总是上班迟到但今天迟到了，这之前她有7个月从未迟到过，则表明这次迟到是一个特例，迟到行为的一贯性较低；而如果她每周都迟到两三次，则说明迟到行为的一贯性高。行为的一贯性越高，观察者越倾向于对其作内部归因。
一致性	针对人，即其他人对同一刺激是否也做出与行动者相同的反应。	所有走相同路线上班的员工都迟到了，则迟到行为的一致性就高。从归因的观点看，如果一致性高，人们对迟到行为进行外部归因。如果走相同路线的其他员工都准时到达了，则应认为该员工的迟到行为的原因来自内部。

对上述三个因素的任何一个因素的归因都取决于行为的三个变量：区别性、一贯性、一致性。例如，对于某个工作任务完成不好的原因，人们可以做出内部的归因，如没有能力或不努力，也可以做出外部的归因，如任务太难或同事的压力等阻碍了绩效的发挥。如果有高一致性、低一贯性和高区别性，就可能会归为外部或情境原因。而如果有低一致性、高一贯性和低区别性，那么就可能将行为归为内部或个人的原因。

3）韦纳的成败归因论

美国心理学家韦纳提出了人对成功和失败的归因模式。他认为人对成功和失败可归于四种可能原因：能力、努力、运气（机遇）、工作难度，如表3-3所示。这四种原因又可按内外因、稳定性和可控性三个维度划分，其中能力是内在原因、稳定性原因、不可控原因，努力是内在原因、非稳定性原因、可控原因，工作难度是外在原因、稳定性原因、可控原因，运气是外在原因、非稳定性原因、不可控原因。个体把自己的成功和失败归于何种原因，对其今后工作积极性有很大影响。研究发现：①对成功做出内部或稳定性归因，会使人们对未来抱有更高的期望，并为未来设置更高的绩效目标，可提高工作积极性。②把成功归结为外部或不稳定性因素，如机遇和努力，可能提高也可能降低工作积极性。③对失败做出外部归因，如坏运气，会减少负面结果带来的气愤和敌意。④把失败归结为稳定性因素，如任务难和能力差，会降低工作积极性。⑤把成功和失败归结为可控因素，如努力和工作难度，可提高积极性，把成功和失败归结

表 3-3　韦纳的成败归因论

控 制 点	稳 定 性	
	稳　定	不　稳　定
内部	能力（不可控）	努力（可控）
成功 失败	我很聪明 我太笨	我很努力 我不够努力
外部	任务难度（不可控）	运气（不可控）
成功 失败	问题很简单 问题太难	我很走运 我运气不佳

为不可控因素,如能力和运气,会降低积极性。

归因理论认为,人是理性的,人们总是试图识别和理解他们所处环境的因果结构,以便能够采取正确的行动来控制环境。在现实生活中,人如果缺乏对世界的理解、预测和控制感,就会感到无所适从。人们总是无时无刻不在进行归因活动,归因是人们社会知觉的一部分进一步考查归因的过程,将有助于大家理解归因与行为的可能关系。

3. 归因偏差

人们在进行归因时,并不总是既合乎逻辑,又合乎情理的,而是常常会出现一些偏差,主要的偏差有以下两种。①基本归因偏差,指人们在解释他人行为时往往忽视情境的巨大影响,往往将其他人的行为归因为个人因素（如智力、能力、动机、态度或人格）,即使这个人的行为方式很明显地受到情境的影响时也如此,然而,在解释自己的行为时,人们则倾向于强调情境的作用,往往做出情境归因（如任务难度、其他人的作用、运气等）。②自利性偏差,指人们倾向于做出有利于自己的归因。当人们被告知成功时,往往会做出内部归因,而当被告知失败时,则会做出外部归因。

4. 归因理论在管理中的应用

运用归因理论,做好思想政治工作。归因是发现问题、分析问题、找到解决问题方法的基本途径,也是分析人行为思想根源的基本方法。管理者和被管理者都经常使用归因的方法。一系列的归因组合与联结构成了人们对事物的一定认识和思想倾向。思想政治工作主要是解决人的认识问题的。正确认识离不开正确归因,归因理论说明了归因的普遍规律、归因偏差及其产生的原因和解决的办法。做人的思想工作,就必须对人的心理和行为进行归因分析,并研究人归因的过程和特点,这样才能对症下药,使思想政治工作具有针对性和实效性。

运用归因理论,搞好干部考核与选拔。归因理论可用于干部考核、选拔和使用,使之有科学依据和客观标准,避免主观臆断和个人好恶。对干部进行考核、选拔和使用时,必然要对干部的行为表现、工作成就进行归因,要从内外因、稳定因、非稳定因等方面进行归结。稳定内因包括事业心、才能、思想水平和工作作风等,不稳定内因包括努力、情绪、认识等,稳定外因包括工作环境、工作职责、群众威信等,不稳定外因包括运气、机遇等。如果一个干部的成功是由于事业心强、有才能、思想水平高、工作作风过硬和群众威信好,这样的干部就可以留用和提拔。如果一个干部的成功是由于一时努力和机遇等,这样的干部就应该进一步考察和培养。干部考核选拔,应以内因和稳定内因为主,特别要考核稳定内因。

运用归因理论,调动职工积极性。归因不仅存在普遍规律,而且存在个别差异。人的年龄、性别、职业和个性不同、知识经验不同,有不同的归因倾向。不同归因倾向反映人们不同的情感、认识、期望、态度和努力水平。不同归因倾向和结果,尤其是领导者归因,在很大程度上影响着人们的心理变化和积极性发挥,因此领导者应重视并引导职工进行合理归因,并对职工实际表现做合情合理的归因,这样才能充分调动职工积极性。

运用归因理论,搞好管理决策。决策过程实际上是一个发现问题、分析问题、寻找办法解决问题的过程。进行决策,不仅要分析历史和现状,还要预测未来,而这一切都离不开归因。只有通过科学归因,才能准确界定问题,找出问题症结,才能准确把握事物未来的发展变化,预见到决策实施的社会经济效果,使决策建立在科学基础上,符合实际需要,收到良好效果。

二、情绪情感过程与管理

(一)情绪情感

情绪情感是人类心理生活的重要组成部分。它渗透到人类生活的所有方面,并对人的实践和认识活动产生深刻影响。积极的情绪情感是推动人们追求真理,探索新事物的强大动力,也是推动人们积极工作的巨大推动力。

1. 情绪情感的概念

情绪情感是关于客观事物是否符合人的需要、愿望与观点的主观体验。人在认识和改造客观世界过程中,对客观事物和外界刺激并不是无动于衷的,总是自觉或不自觉地抱有一定态度,或赞成或反对,或喜欢或厌恶,或肯定或否定,或亲近或疏远,总会产生一定内心体验,有的感到喜悦,有的感到悲伤,有的感到忧愁,有的感到愤怒,有的感到恐惧,这些都是人们对事物或现象产生的不同情绪和情感。

情绪和情感从表面上看只是一些面部和身体变化,其实它们是由三部分构成的:主观体验(愤怒、悲伤、快乐等),生理唤醒(心跳、头痛、出汗等),外部表现(退缩、攻击、逃走等)。

【知识拓展】

达尔文在其名著《人与动物的表情》(1872)一书中认为,人与动物的表情,均系进化而来的遗传性行为,是动物在适应环境中自然保留下来的;发怒时咬牙切齿,是因为露出牙齿可以吓唬敌人;害怕时缩成一团是为了隐蔽自己,不让敌人发现。

2. 情绪情感的类型

(1)从情绪的内容来分,可分为基本情绪和复合情绪。基本情绪是人和动物共有的,不学就会的。每一种基本情绪都有其独立的神经生理机制、内部体验、外部表现和不同的适应功能。基本情绪的基本形式有快乐、愤怒、悲哀和恐惧等。

复合情绪是由基本情绪的不同组合派生出来的,具有社会性。如:由愤怒、厌恶和轻蔑组合起来的复合情绪可叫做敌意;由恐惧、内疚、痛苦和愤怒组合起来的复合情绪可叫做焦虑,等等。

(2)从情绪的状态来分,可分为心境、激情和应激性。按情绪状态来分,就是按情绪发生的速度、强度和持续时间的长短的不同来划分的。

①心境是比较微弱而又持久的一种情绪状态,通俗地说就是平时讲的心情。心境具有弥散性,它不是指关于某一事物的特定的体验,而是以同样的态度体验对待一切事物。当心情愉悦时,喜笑颜开,看什么都是美好的;当心情不佳时,神色沮丧,看什么都心烦。心境产生的原因是多种多样的。生活中的顺境和逆境、工作中的成功与失败、人们之间的关系是否融洽、个人的健康状况、自然环境的变化等,都可能成为引起某种心境的原因。心境对人的生活、工作和健康都会产生重要的影响:积极乐观的心境会提高人的活动效率,增强克服困难的信心,有益于健康;消极悲观的心境会降低人活动的效率,使人消沉,长期消极悲观的心境会有损于健康。

②激情是一种强烈的、爆发性的、为时短促的情绪状态。这种情绪状态通常是由对个人有重大意义的事件引起的。重大的成功之后的狂喜、惨遭失败之后的绝望、亲人突然死亡引起的极度悲愤等,都是激情状态。激情爆发时大都有鲜明的生理反应和外部表现。如狂喜时手舞足蹈,愤怒时暴跳如雷,悲痛时哭得死去活来,恐怖时四肢颤抖、面色苍白等。在激情状态下,人的认知范围变得狭窄,分析能力和自我控制能力降低,因而在激情状态下人的行为可能失控,甚至会发生鲁莽的行为。

③应激,是在出现意外事件和遇到危险情景的情况下所出现的高度紧张的情绪状态。人在应激状态下,会引起机体的一系列生物性反应,如肌肉紧张度、血压、心率、呼吸以及腺体活动等都会发生明显的变化。这些变化有助于适应急剧变化的环境刺激,维护机体功能的完整性。出现应激状态时,有的人急中生智,当机立断,集中全部精力去应付突变,从而化险为夷;有些人则张皇失措,目瞪口呆,手足无措;有些人多余动作增多,出现一些盲目重复的无效活动,这与人面临的情境及人对情境的认知评价和应对能力有关。

（3）情感的种类包括道德感、理智感、美感。情感是同人的社会性需要相联系的主观体验,是人类所特有的心理现象之一。人类高级的社会性情感主要有道德感、理智感和美感。

①道德感是根据一定的道德标准在评价人的思想、意图和行为时所产生的主观体验,是个人根据社会道德准则评价自己或别人行为时所产生的情感,是一种高级形式的社会情感。道德属于社会历史范畴,不同时代、不同民族、不同阶级有着不同的道德评价标准。

②理智感是在智力活动过程中,认识和评价事物时所产生的情绪体验。例如:人们在探索未知的事件时所表现出的求知欲望、认识的兴趣和好奇心;在解决问题过程中出现的迟疑、惊讶、焦躁;问题解决后的喜悦、快慰;在评价事物时坚持自己见解的热情;为真理献身时感到的幸福与自豪;由于违背和歪曲了事实真相而感到羞愧等,都属于理智感。

③美感是根据一定的审美标准评价事物时所产生的情感体验。人的审美标准既反映事物的客观属性,又受个人的思想观点和价值观念的影响,因此,在不同文化背景下,不同民族、不同阶级的人对事物美的评价既有共同的方面,也有不同的地方。

3. 情绪情感的外部表现

情绪情感的外部表现,称为表情。表情是由于情绪情感产生时所引起的机体内部和外部变化而实现的。表情也因此成为人们判断他人脑内是否产生了一定情绪和情感状态的客观标志之一。外部表情一般分为面部表情、体态表情和言语表情这三种表情形式。

（1）面部表情。面部表情是人类表达情绪的最主要的一种表情,也是人类三种表情形式里最重要、最丰富的一种。人脸能做出大约25万种不同的表情。面部表情以面部的眼部肌肉、颜面肌肉和嘴部肌肉的活动变化为主。人的眼神是最善于传情的,嘴部肌肉的变化也是表达情绪情感的重要线索。

【知识拓展】

美国心理学家伊扎德将人的面部分为额眉-鼻根区、眼-鼻颊区、口唇-下巴区三个区域,这三个区域的活动构成了人类不同的面部表情,表达着相应的情绪。在现实中,将上述三区各区肌肉的细微活动综合起来就可了解人的不同情绪。比如:人在愉快时,额眉-鼻根区放松,眉毛下降;眼-鼻区眼睛眯小,面颊上提,鼻面扩张;口唇-下巴区嘴角后收、上翘。这三部分的肌肉运动组合起来就形成了一个笑的面部表情。在表现不同情绪的面部表情中,起主导作用的肌肉各有不同。如笑时嘴角上翘,惊奇时眼睛和嘴张大,悲哀时双眉和嘴角下垂。另外,在人的面部表情中,唇、眼、眉、鼻、嘴等以及它们之间的关系都具有重要作用。如:高兴时,嘴角后伸、上唇提升、两眼发光,所谓笑容满面;愁苦时,眉头紧皱、眼睑下垂,由于双颊双唇下垂整个面孔变得狭长、头部低垂,呼吸缓慢微弱并不时发出叹息声,即所谓垂头丧气;恐怖时,张嘴、冒汗、双唇颤动、面色苍白,是所谓大惊失色,等等。

在面部表情中,应该特别指出眼睛的作用。眼睛被认为是感情最灵敏的表现者,素有"心灵之窗"的美称。许多感情如悲伤、恐惧、爱等主要是通过眼睛来表现的。有一种见解认为,你越喜欢的人,你就越喜欢用眼睛与他接触,而对不喜欢的人用眼睛接触的时间就少得多。几乎在一切交往活动中,目光接触都传递着这样或那样的感情信息。长时间的目光接触表示爱、关切,而避免或中断目光接触则表示缺乏兴趣。人类不但在面部表情的性质上具有高度的一致性,而且在对面部表情意义的理解方面,也具有惊人的相似性。有实验研究表明,向不同民族的被试者提供一些标准的面部表情照片,要求被试者说明照片表现的是什么情绪。被试者判断的一致性证明了达尔文所提出的表情的人类性。

(2) 体态表情。体态表情是人们用全身姿态和四肢活动变化来表达情绪情感。如鼓掌表示兴奋,顿足代表生气,搓手表示紧张焦虑,垂头代表沮丧,摊手表示无奈,捶胸代表痛苦。当事人以此等肢体活动表达情绪,别人也可由之辨识出当事人用其肢体所表达的心境。体态表情不仅有个别差异,而且由于受到文化和传统习惯的影响还存在民族或团体的差异。各种身体姿势及其意义如图3-6所示。

图3-6 各种身体姿势及意义

(3) 言语表情。言语表情是人们通过说话时的语音、语调、节奏、速度等变化来表达情绪情感。例如:悲哀时语调低沉,节奏缓慢;高兴时语调高昂,节奏轻快;紧张时声音尖锐、急促;恼怒时态度凶狠,言语生硬。紧张兴奋时,声音尖锐、急促,声嘶力竭;悲痛、惋惜时语调缓慢、低沉;说谎时,平均音调比说真话时高一些等。

总而言之,在语言交流之外,人们还可以通过面部表情、体态表情、言语表情这些非言语交流形式来表达个人的思想和感情。

(二) 情绪智力

【案例分析】

果汁软糖实验

20世纪60年代,果汁软糖实验由斯坦福大学心理学研究专家迈克尔·米舍尔所做,它证明了自律对一个人的成功起到了何等重要的作用。该实验中,研究人员把一些4岁左右的孩子带到一间陈设简陋的房子,然后给他们每人一颗非常好吃的软糖,同时告诉他们,如果马上吃软糖只能吃1颗;如果20分钟后再吃,将奖励1颗软糖,也就是说,总共可以吃到两颗软糖。结果有的孩子迫不及待地把糖吃了;有的孩子虽然犹豫了一会儿,但还是忍不住吃了;还有的孩子通过唱歌、做游戏甚至假装睡觉坚持到20分钟后。

这次实验过后,心理学家继续跟踪研究参加这个实验的孩子们,一直到他们高中毕业,追踪研究时间长达14年。发现到中学时,这些孩子表现出明显的差异:那些能等待并最后吃到两颗软糖的孩子,具有较强的适应能力和进取精神,到了青少年时期仍能等待机遇而不急于求成,他们具有一种为了更大的、更远的目标而暂时牺牲眼前利益的能力,即自控能力,而且他们表现得比较自信、合群、勇敢、独立;而那些急不可待只吃了一颗软糖的孩子,到了青少年时期表现得比较固执、虚荣或优柔寡断,往往会屈从于压力而逃避挑战,当欲望来的时候他们无法控制自己,一定要马上满足欲望,否则就无法平静下心来继续做别的事情。

通过果汁软糖实验,发现情绪智力即情商对人的成功与失败有着密切的关系。很多学者用不同的研究验证了"一个人的成功与否,20%取决于智商,80%取决于情商"。情绪智力是近年来对商业企业最有影响的思想之一,现在被越来越多地应用在企业管理学上。

1. 情绪智力的概念

情绪智力(emotional intelligence,简称 EI)的概念是由美国耶鲁大学的萨洛维和玛依尔提出的,是指"个体监控自己及他人的情绪情感,并识别、利用这些信息指导自己的思想和行为的能力"。后来被誉为"情商之父"的丹尼尔·戈尔曼出版了《情商:为什么情商比智商更重要》一书,把情绪智力定义为:觉察自己和他人的感受、进行自我激励、有效地管理自己以及他人关系中的情绪智力。情绪商数(emotional quotient,简称 EQ)代表的是一个人的情绪智力,指一个人自我情绪管理以及管理他人情绪的能力指数。

2. 情绪智力的内容

戈尔曼博士认为情绪智力可以概括为五种能力。

(1) 认识自身情绪的能力。认识自身情绪,就是能认识自己的感觉、情绪、情感、动机、性格、欲望和基本的价值取向等,并以此作为行动的依据。

(2) 妥善管理自身情绪的能力。妥善管理自身情绪,是指对自己的快乐、愤怒、恐惧、爱、惊讶、厌恶、悲伤、焦虑等体验能够自我认识、自我协调。比如，自我安慰，主动摆脱焦虑、不安的情绪。有人发现，当自己情绪不佳时，可用以下方法帮助调整情绪：正确查明使自己心烦的问题是什么；找出问题的原因；进行一些建设性活动。

（3）自我激励。自我激励，指面对自己欲实现的目标，随时进行自我鞭策、自我说服，始终保持高度热忱、专注和自制。如此可以使自己有很高的办事效率。

（4）认识他人的情绪。认识他人的情绪，指对他人的各种感受，能设身处地地、快速地进行直觉判断。了解他人的情绪、性情、动机、欲望等，并能做出适度的反应。在人际交往中，常从对方的语言及其语调、语气和表情、手势、姿势等来做判断。常常真正透露情绪情感的就是这些表达方式，故捕捉人的真实性情绪情感的常是这些关键信息，而不是对方说的什么。

（5）人际关系的管理。人际关系的管理，这是指管理他人情绪的艺术。一个人的人缘、人际和谐程度都和这项能力有关。深谙人际关系者，容易认识人而且善解人意，善于从别人的表情来判读其内心感受，善于体察其动机想法。这种能力的具备，易使其与任何人相处都愉悦自在，这种人能充任集体感情的代言人，引导群体走向共同目标。

在企业管理中，人际关系的管理指的是领导和管理能力，包括想象力、影响力、育人、沟通、催化变革、建立人际网络、管理冲突、团队精神和合作意识。善于建立和管理人际网络，找到共同点和建立沟通、社交技能、团队管理能力，维系融洽的人际关系。心理学家认为，这些情绪特征是生活的动力，可以让智商发挥更大的效应。

情商还是影响个人健康、情感、人际关系的重要因素。对于情商，西方的研究已经很充分，情商对建立成功领导力和信任度所起的作用达到93%，智商仅占7%。十年前情商大师丹尼尔·戈尔曼就发现，情商是成为一个领导人的必要条件。它被用来说明一个人除智商外的更重要的成功因素，反映个体的社会适应性，情商与智商同样重要，是个人走向成功的一个要素。

【案例分析】

乐观测试

20世纪80年代中期，美国某保险公司某年雇用了5 000名推销员并对他们进行了培训，每名推销员的培训费高达30 000美元。雇用后第一年有一半人辞职，4年后这批人只剩下1/5。原因是：在推销人寿保险的过程中，推销员得一次又一次面对被人拒之门外的窘境。为了确定是不是那些比较善于对付挫折，将每一次拒绝都当做挑战而不是挫折的人就可能成为成功的推销员，该公司向宾夕法尼亚大学的心理学家马丁·塞里格曼讨教，并请他来检验他自己关于"在人的成功中乐观的重要性"的理论。

这一理论认为，当乐观主义者失败时，他们会将失败归结于某些他们可改变的事情，而不是某些固定的、他们无法克服的弱点，因此，他们会努力去克服困难，改变现状，争取成功。塞里格曼对15 000名参加过两次测试的新员工进行了跟踪研究，这两次测试一次是该公司常规的甄别测试，另一次是塞里格曼自己设计的用于测试被测者乐观程度的测试。这些人中有一组人没有通过甄别测试但在乐观测试中取得"超级乐观主义者"成绩，跟踪研究表明，这一组人在所有人中工作任务完成得最好，第一年，他们的推销额比"一般悲观主义者"高出21%，第二年高出57%。从此以后，通过塞里格曼的"乐观测试"便成为被录用为该公司推销员的一个条件。

任务二　个性心理倾向与行为管理

知识目标
- 理解奥尔波特、罗克奇及格雷夫斯对价值观的研究
- 掌握态度的平衡理论和认知失调理论及其在生活中的应用
- 了解工作满意度的影响因素

技能目标
- 能够实际运用态度改变的理论

【任务引入】

砌墙工人的命运

有个人经过一个建筑工地,问那里的建筑工人们在干什么？三个工人有三个不同的回答。第一个工人没好气地嘀咕:"我正在砌一堵墙。"第二个工人抬头笑了笑回答:"我正在盖一座大楼。"第三个工人边干活边哼着小曲,他满脸笑容地回答:"我正在建造一座新城市。"十年以后,第一个工人依然在砌墙,第二个工人成了建筑工地的管理者,第三个工人则成了这个城市的领导者。

【任务分析】

一个人的价值观和态度在很大程度上决定一切。人们经常说,"思想有多远,我们就能走多远"。价值观是一个人对事物认识的综合态度,这个综合态度影响到个人对事物的看法和所产生的行为。在同一条起跑线上,态度决定一切。人们对自己所做的工作认识不同,追求不同,命运也不同。目光远大、有理想、有自己的人生奋斗目标的人,不会只看到眼前的困境而碌碌无为。

对企业来讲,员工的价值观与态度决定了他在多大程度上认同企业的文化,是否愿意与企业共同成长与发展,是否愿意为企业付出。企业应该了解员工的价值观和态度(包括工作满意度),提升员工对企业的认同感与满意度,达到提高工作效率的目的。

价值观、态度、满意度在心理学里面属于个性心理倾向,在本章项目三中主要介绍这三个内容,对个性心理倾向中的需要、动机等内容,在本章项目五中再做阐释。

一、价值观

（一）价值观的定义

价值观代表一系列基本信念,即从个人或社会的角度来看,某种具体的行为类型或存在状态比与之相反的行为类型或存在状态更可取。这个定义包含判断的成分,这些成分反映了一

个人关于正确和错误、好与坏、可取和不可取的观念。

管理心理学中将价值观定义为:在多种工作情景中指导人们行动和决策判断的总体信念。人的价值观直接影响着工作态度和行为,它是了解员工的态度和动机的基础,并影响一个人的态度和行为。诺贝尔经济学奖获得者、著名心理学家西蒙认为,决策判断有两种前提:价值前提和事实前提。在这一著名论断中,价值前提置于事实前提之前,充分说明了价值观的重要性。

价值观一部分是遗传,其余部分受下列因素的影响:民族文化、父母行为、教师、朋友以及其他相似的环境因素。价值观是相对稳定和持久的。

(二)价值观的类型

1. 奥尔波特的价值观分类

奥尔波特和他的助手将将价值观分为经济型、理论型、审美型、社会型、政治型和宗教型六种,如表 3-4 所示,这种分类是该领域中最早的尝试之一。

表 3-4 奥尔波特的六种价值观

类 型	价值观特点	代 表 人 物
经济型	强调有效和实用	实业家、商人
理论型	重视以批判和理性的方法寻求真理	爱因斯坦、牛顿
审美型	重视外形与和谐匀称的价值	艺术家
社会型	强调对人的热爱	社会活动家
政治型	重视拥有权力和影响力	官员
宗教型	关心对宇宙整体的理解和体验的融合	牧师

当然,没有一个人是绝对属于某一种类型的,一个人并不是只具有一种类型的价值观。实际上,六种类型在不同人身上有着不同的配置。奥尔波特等人发现:不同职业的人对这六种价值观的重视程度不同,从而形成不同的优先顺序,反映了人们不同的价值体系。

表 3-5 不同职业的六种价值观排序

排 序	牧 师	采购代理商	工业工程师
1	宗教型	经济型	理论型
2	社会型	理论型	政治型
3	审美型	政治型	经济型
4	政治型	宗教型	审美型
5	理论型	审美型	宗教型
6	经济型	社会型	社会型

表 3-5 表明了从事牧师这一职业的人们宗教型价值观处于主导地位,他们最不看重的就是金钱。采购代理商则是经济至上,社会型价值观较低。工业工程师等研究型职业以理论为主导价值观,社会公共事务意识较低。

2. 罗克奇的价值观调查

罗克奇把价值观分为两大类:终极价值和工具价值。他指出,终极价值观是一种期望存在的终极状态,是一个人希望通过一生而实现的目标。工具价值观是指偏爱的行为方式或实现终极价值观的手段。

罗克奇在其名著《人类价值的本质》中,提出了终极价值的18个成分和工具价值的18个成分,如表3-6所示。

表3-6 罗克奇价值观调查问卷

终极价值观(terminal values)	工具价值观(instrumental values)
舒适的生活(富足的生活)	雄心勃勃(辛勤工作、奋发向上)
振奋的生活(刺激的、积极的生活)	心胸开阔(开放)
成就感(持续的贡献)	能干(有能力、有效率)
和平的世界(没有冲突和战争)	欢乐(轻松愉快)
美丽的世界(艺术与自然的美)	清洁(卫生、整洁)
平等(兄弟情谊、机会均等)	勇敢(坚持自己的信仰)
家庭安全(照顾自己所爱的人)	宽容(谅解他人)
自由(独立、自主选择)	助人为乐(为他人的福利工作)
幸福(满足)	正直(真挚、诚实)
内在和谐(没有内心冲突)	富于想象(大胆、创造性)
成熟的爱(性和精神上的亲密)	独立(自力更生、自给自足)
国家的安全(免遭攻击)	智慧(有知识、善思考)
快乐(快乐的、闲暇的生活)	符合逻辑(理性的)
救世(救世的、永恒的生活)	博爱(温情的、温柔的)
自尊(自重)	顺从(有责任感、尊重)
社会承认(尊重、赞赏)	礼貌(有礼的、性情好)
真挚的友谊(亲密关系)	负责(可靠的)
睿智(对生活有成熟的理解)	自我控制(自律的、约束的)

研究证实,相同职业或类别的人倾向于拥有相同的价值观。如果把罗克奇的价值观层次因素看成表层的工具价值观和深层的价值观,则前者是为了达到工作目标所采取的手段,后者表明了一种工作利益倾向。

3. 格雷夫斯的价值观类型

行为科学家格雷夫斯为了把错综复杂的价值观进行归类,曾对企业组织内各式人物做了大量调查,就他们的价值观和生活作风进行分析,最后概括出以下七个等级,即反应型、部落型、自我中心型、坚持己见型、玩弄权术型、社交中心型、存在主义型,如表3-7所示。

表3-7 格雷夫斯的价值观类型

级　别	类　型	特　点
第一级	反应型	只对自己基本的生理需要做出反应
第二级	部落型	喜欢按部就班地工作,服从于传统习惯和权势
第三级	自我中心型	个体表现为信仰冷酷的个人主义,精力充沛
第四级	坚持己见型	对不同意见、观点难以接受,要求他人认同自身观点
第五级	玩弄权术型	个体重视现实,爱好交际,玩弄权术
第六级	社交中心型	重视工作集体的和谐、友好的监督
第七级	存在主义型	重视挑战性和成长的机会

这个等级分类发表以后管理学家迈尔斯等人在1974年就美国企业的现状进行了对照研究。他们认为，一般企业人员的价值观分布于第二级和第七级之间。就管理人员来说，过去大多属于第四级和第五级，现在情况在变化，这两个等级的人渐渐被第六级、第七级的人取代。

二、态度

（一）态度的定义

态度是关于客观事物、人和事件的评价性陈述，即要么喜欢要么不喜欢，它反映了一个人对某些事物的感受。态度有三个组成成分：认知成分、情感成分和行为成分。

认知成分反映了对某人或者某事持有的信念和看法，比如"老板很有魄力、比较随和"。它是态度中的核心部分，为情感成分奠定了基础。情感是态度的情绪或感情部分，比如"我喜欢老板"。情感导致行为结果。行为成分指对某人或某事以一定方式行动的倾向，比如"我愿意和老板一起讨论问题，他能教我许多东西"。把态度看成由认知、情感、行为三部分组成，有助于理解它的复杂性，同时可以了解态度与行为之间的潜在联系。

（二）态度的形成

人的态度不是生来就有的，是从父母、教师、同辈群体那里获得的。在组织中，态度很重要，因为它会影响工作行为。社会心理学家凯尔曼曾说过："态度是在长期的生活环境、教育和社会实践中逐渐形成的，是一个从无到有，从简单到复杂，从不稳定到稳定的过程。"凯尔曼认为态度形成和态度转变的过程经过了服从、认同和内化三个阶段。

1. 服从阶段

服从阶段指个人为了获得奖酬或避免惩罚，按照社会的需要，群体的规范或别人的意志而采取的表面服从行为。这一阶段人的态度和行为的特点是：①态度受外部压力的影响，或受外力的诱惑；②表面顺从，但内心并不相信；③服从行为往往是表面的，有人监督就规规矩矩地"绝对"服从，而无人监督就违反纪律；④从被迫服从到逐渐形成习惯，就会转化为自觉的服从。

2. 同化阶段

同化阶段是指个体自觉自愿地接受别人的观点、信念、态度与行为的影响，使自己的态度和行为逐渐和他人或团体的态度相接近的过程。

3. 内化阶段

内化阶段是把情感认同的态度与自己内心的价值观融为一体，内心真正接受了新观点、新情感，彻底形成了新态度。

（三）态度转变的理论

态度转变的理论很多，下面只主要介绍比较著名的平衡理论和认知失调理论。

1. 海德的平衡理论

心理学家海德于1958年提出了态度转变的平衡理论。海德认为，人们的认知对象包括世界上各种人、事、物、概念等，这些对象有的互不相关、有的互相联结。海德将构成一体的两个对象之间的关系，称为单元关系，对于每个人认知对象的感情和评价（喜恶、赞成、反对）称为情绪。海德认为个体对单元内两个对象的态度一般是趋向一致的。海德认为，P（主体的人）、O（客体的人）、X（客体的事物）三者之间的关系存在着两种情况：一种是平衡状态，另一种是不平衡状态。

海德从日常心理学出发，通过一系列的推论对人与人之间社会认知的相互关系提出O—

P—X 图式:图式中,P 为主体,表示某人,O 为对象中的人,X 为 P 和 O 所共同认知的一个客体,它可以是一种现象、一件东西、一种观点等。根据 P、O、X 三者之间的感情关系,推论出八种模式,如图 3-7 所示。

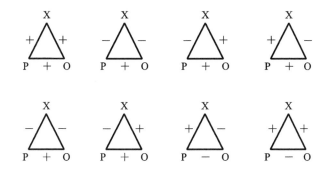

P——某人; O——有关系的另一人; X——有关系的某事物或观点

图 3-7 海德 P-O-X 平衡图

海德认为 P、O、X 三者之间的关系符号(+或-)相乘结果是正号时,三者处于平衡状态;相乘结果是负号时,则三者不平衡,不平衡就会产生焦虑情绪,驱使其恢复平衡状态。

实验证明,人们认为平衡关系比不平衡关系更令人愉快,不平衡状态比平衡状态更易改变。而且,改变更多的是 P、O 关系,P、O 各自对 X 的看法较难改变。

2. 费斯廷格的认知失调理论

心理学家费斯廷格 1957 年提出的认知失调理论认为,人的认知结构包括很多认知元素,如知识、观念、观点、信仰等。以这些认知元素为基础的两个单位之间可以分为协调关系、不协调关系、不相关关系三种,例如:认知元素 A 认为下星期要审查项目方案,应抓紧准备好可行性分析报告。认知元素 B 认为我想通宵工作,准备好可行性分析报告。认知元素 C 认为我感到疲倦,想休息。认知元素 D 认为明天可能要来台风,下大雨。以上认知元素 A 和 B 处于协调状态,两者的认识是一致的;认知元素 A 和 C 处于不协调状态,两者的认识是冲突的;认知元素 D 与 A 处于不相关状态。

费斯廷格认为,认知元素之间的矛盾和失调会造成心理上的不愉快和紧张,人们就会产生一种内驱力,驱使自己采取某种行动以减轻或消除这种不协调。认知元素之间的不协调强度越大,则人们想要减弱或消除不协调的动机越强烈。例如:上例中的认知元素 A 和 C,如果为了准备下星期的审查,明天就要讨论可行性分析报告,那么就会迫使他很快地做出选择,转变态度。如果还要过几天再讨论,两者矛盾不大,解决不协调认知元素的动机强度就不那么强烈。

费斯廷格认为,减轻或消除认知元素之间的不协调心理可根据具体情况,选择采取下列方法。

(1) 改变不协调双方中的任何一个认知元素,使双方趋于协调。以上例中的认知元素 A、C 为例,此人可以不休息,坚持工作;也可以设法推迟审查时间,从而协调认知元素之间的矛盾。

(2) 增加新的认知元素,以缓和双方的矛盾。如认知元素 A 无法改变,不能延期,则此人可以喝咖啡,用冷水洗头等方法振奋精神,使不协调的强度降低。

【知识拓展】

真实的谎言

费斯廷格等人曾以大学生为被试者做了一项著名实验。他们先让所有被试者参加1个小时单调枯燥的活动,而后把被试者分成三组。第一组、第二组被试者完成任务后被要求对门外的一位女性撒谎,说刚才的活动非常有趣、愉快。其中第一组被试者说谎后得到了1美元奖励,第二组被试者说谎后得到了20美元奖励。第三组被试者没被要求说谎。最后这三组被试者要求真实回答在多大程度上喜欢该项活动。结果发现,第二组、第三组被试者大多认为活动枯燥无味,而第一组被试者大多认为活动生动有趣。

研究者分析说,第三组被试者没有说过谎,因而回答真实可信。第一组、第二组被试者均经历了活动单调的认知与撒谎行为的知觉失调。对于第二组来说,由于说谎得到了高报酬,认为说谎值得而活动的确是单调乏味的。对于第一组来说,由于认为不值得为1美元撒谎,于是改变了自己对活动的认知,认为活动不单调乏味。

(四)态度改变的具体方法

根据前面的理论所揭示的态度改变规律,提出态度改变的具体方法有以下几点。

1. 通过改变认知因素来改变态度

在构成态度的三因素中,认知因素是从根本上影响情感因素和意向因素的最基本的因素。认知的改变是使态度改变的一个极为重要的条件,改变态度中认知因素的基本手段是宣传和说服。沟通者的特点、沟通方式、接受者的特点和情景因素通常会影响沟通和说服的效果。

(1)沟通者的特点。心理学家伯洛在研究了宣传说服者的威信与态度之间的关系后指出,其中有三个因素对宣传者的威信有重要影响。一是宣传者的态度是否公正、友好、诚恳等,这是可靠性因素;二是宣传者有无经验,有无技术,知识是否丰富,这些是专业性因素;三是宣传时语调坚定与软弱、勇敢与胆小、主动与被动,精力是否充沛等,这些是表达方式因素。伯洛认为,可靠性因素与专业性因素对宣传说服者的威信影响更大。

(2)沟通方式。沟通本身的方式也制约着沟通的效果。现在研究较多的变量有以下几种。①强调不改变态度而产生的后果的可怕性,这叫恐惧唤醒。②单面沟通或双面沟通。信息沟通时是只讲自己的观点好还是同时介绍反对意见好呢?社会心理学家霍夫兰德发现,当接受者原有的态度与沟通者的观点一致时,单向沟通效果好;反之,双向沟通好。当接受者对所说问题缺乏信息或意见时,单面沟通效果好;反之,双面沟通好。③观点新颖和观点重复。一般而言,新颖的观点容易给人较深的印象,要注意的是观点的重复必不可少,因为大部分情况下,人们不太可能第一次就被新观点说服,可是重复次数过多,会使人产生逆反心理。

(3)接受者的特点。接受者原有态度与信息沟通的差异制约着说服的效果。研究发现,中等差异引起的态度变化大。此外,接受者态度的特点也影响沟通的效果。如从小形成的、根据亲身经历形成的、高度承诺的态度不易改变。独立性强的人、智商高的人、自信心强的人不易被改变态度,反之,则容易被改变态度。

(4)情景因素。影响态度改变的沟通情景因素有强化、预先警告和分心等。加尼斯和吉尔摩发现,欢快、愉悦的气氛会对被试者态度的改变起强化作用。预先警告则会使人产生防御心理,从而影响态度的改变。在沟通时如果有情景因素使接受者分心,无关刺激的干扰导致接受者的注意力分散，也会影响沟通的效果。

2. 在活动中，从改变行为入手来改变人的态度

由参与改变理论可知参与活动可改变认知，知行相互影响。因为与行为紧密相连的意向因素是构成态度的重要因素。在态度改变中，有时宣传说服作用不大，但若引导或迫使其参加有关活动，往往能收到很好的效果。例如：一些干部对企业中实行优化组合持观望或反对态度。但当组织做出决定后，安排他参加这项改革的具体工作，就非常有利于他改变原态度。因为，一方面在工作中，具体的事实会改变他原态度中的认知因素；另一方面，当他的内在态度与外显行为处于不一致状态时，他的心理上会感到不平衡，并力求改变这种不平衡，因而从改变行为就可改变人的态度。

3. 运用集体的力量，促进个体态度的改变

个体的态度比较容易受他所归属的集体的影响。一个人所在的群体通过规范、压力等机制约束着他的一言一行，为了在群体中不被孤立或者说适应这一群体，就会迫使其行为和态度符合群体成员的期望。集体的性质、规范、舆论和人际关系等，对人抛弃旧态度，形成新态度都是有重要影响的。例如，一个轻视纪律、不爱助人的人，进入一个人人遵守纪律、助人为乐的集体，他就显得不协调，容易被孤立，为了适应环境，个体就可能改变自己的行为和态度。由此可见，运用集体的力量可以改变一个人的态度。

三、工作满意度

（一）对工作满意度的基本认识

工作满意度指某个人在组织内进行工作的过程中，对工作本身及其有关方面（包括工作环境、工作状态、工作方式、工作压力、挑战性、工作中的人际关系等）有感受的心理状态。它是一种主观的心理感受，是指人们对其工作的一种情感上的反应。

一个人的工作满意度水平高，对工作就可能持积极的态度。当人们谈论雇员的态度时，更多的是指工作满意度。大量的实证研究表明工作满意度对员工的工作积极性和工作绩效有一定的影响，如对工作投入、员工绩效、离职、缺勤以及压力等的影响。

1. 工作满意度与员工状态

当员工对他们的工作表示满意时，会有良好的工作状态，这样有助于员工表现出建设性行为，如工作投入等；如果员工对他们的工作长期且强烈的不满意，那么就会产生消极的工作态度，工作无法投入，且会降低对组织的忠诚度。

2. 工作满意度与员工绩效

关于工作满意度和工作绩效之间的关系一直存在争论，赫茨伯格认为，工作满意度可导致工作绩效的提高，而有人持反对意见，认为高绩效是导致工作满意的原因。有人对74项相关研究进行了总结，并对一万多名员工进行了调查，结果发现满意度与工作绩效之间存在正相关关系。另外，美国最近有一项研究调查了298所学校的13 808名教师，发现员工满意度与组织绩效之间存在显著的正相关。因此，在管理过程中，可以通过提高员工的满意度提高工作绩效。

3. 工作满意度与离职

在发达经济国家，一个显著的特征是员工的离职率很高。如美国每年大约有1/10的员工变动工作，其中1/3的员工变动工作还不止一次（吴国存，1999）。劳动力的流动对于劳动者个人和对于整个国家经济来说都是不可缺少的，但是离职率过高，企业不得不花大量的时间、精力和金钱进行员工的招聘、选拔、培训等工作。同时,员工离职也会造成技术流失和商业秘密泄漏的问题,因此,提高员工的工作满意度、降低离职率是企业管理的一个重要方面。

4. 工作满意度与压力

工作满意度能够减少员工的心理压力。西尔斯的一项研究表明,员工在1小时的实验工作中,血液中胆固醇的含量与其对工作的喜爱程度成负相关。

众所周知,压力过大会严重影响员工的身心健康。研究表明,压力与缺勤、离职等因素之间也存在正相关。因此就要求管理者通过提高员工的满意度来减少由压力带来的负面影响。

(二)影响工作满意度的因素

工作满意度是人们对自己工作不同层面上的情感反应,影响的因素比较多,主要是工作本身,如工作回报、领导风格、工作内容、工作条件等;员工自身,如员工的年龄、性别、职业阶层、教育年限等;社会环境因素,如人际关系、法律制度、风俗习惯、宗教等。

1. 工作本身的因素

工作本身的因素包括工作回报、领导风格、工作内容、工作条件等。①工作回报。工作回报包括物质报酬(薪酬、福利等)、精神回报及回报与绩效评估的公正性。②领导风格。专制型领导风格管理下的员工工作满意度低,民主型领导风格管理下的员工工作满意度高。③工作内容。工作内容的重要性、多样性、挑战性、自主性、交际性等各个方面,都会影响到员工的满意感。④工作条件。工作场所的安全状况、工作环境的舒适状况、工作负荷和心理压力的程度、工作的稳定性、个人学习发展的机会等都会影响员工的满意度。

2. 员工自身的因素

员工自身的因素包括年龄、性别、职业阶层、教育年限等。①年龄。多数研究表明,随着年龄的增长,工作满意度也会逐渐提高。年轻人可能对工作有更多的期望。当一个人逐渐长大,社会经验会变得更加丰富时,个体对环境的评价也逐渐变得现实,因而工作满意度也会提高。②性别。男女在工作满意度上的变化存在差异,有些研究发现,男性在中年以前工作满意度直线上升,然后出现一个平稳期,50岁中期以后又出现上升趋势,而对于女性而言,则不存在中年的平稳期。③职业阶层。工作条件随阶层的提高而得到改善,与此同时,工资福利也都相应提高,满意度自然也高。但更为重要的因素可能是高职业阶层的人更有机会充分发挥个人的才能。④教育年限。总地来说,工作满意度与受教育水平之间成正相关。但如果排除工作报酬等因素的影响后,工作满意度与受教育程度之间的正相关就不存在了。

3. 社会文化因素

个体本身所处的社会文化因素,如人际关系、社会制度、道德规范、国家法律、风俗习惯、经济形势、宗教、种族环境等都对人的态度和价值观的形成起了极大的作用,因而不可避免地影响到人的工作满意感。例如:在一个物质财富极大丰富的国家或地区,个体看中的可能不仅仅是工作所带来的物质回报,更多的是精神的或个人成就和贡献等方面的满足感和成就感;相反,在物质匮乏的国家或地区,仅是物质上的激励就可能使个体对工作感到满意。

(三)如何提高员工满意度

1. 心理挑战性的工作

员工喜欢选择这样的工作:这些工作能够为他们提供机会使用自己的技术和能力,能够为他们提供各种各样的任务,有一定的自由度,并能对他们工作的好坏提供反馈。这些特点使工作更富有挑战性。挑战性低的工作使人感到厌烦,但是挑战性太强的工作会使人产生挫折和失败的感觉。在中度挑战性的条件下,大多数的员工将会感到愉快和满意。

2. 公平的报酬

员工希望分配制度和晋升政策能让他们觉得公正、明确,并与他们的期望一致。

3. 支持性的工作环境

良好的企业文化可以为员工创造一个愉快的工作环境,而愉快的工作氛围对员工的吸引力远远大于良好的薪酬福利。

4. 融洽的同事关系

人们从事工作不仅仅为了挣钱和获得看得见的成就,对于大多数员工来说,工作还满足了他们社会交往的需要。所以,毫不奇怪,友好和支持性的同事会提高员工对工作的满意度。上司的行为也是一个决定满意度的主要因素。研究发现,当员工的直接主管是善解人意的、友好的、对好的绩效提供表扬,倾听员工的意见,对员工表现出个人兴趣时,员工的工作满意度会提高。

5. 遵循人岗匹配的原则

John Holland 提出的人格—工作适应性理论认为:当人们的人格特征与所选择的职业相一致时,他们会发现有合适的才能和能力来适应工作的要求,并且在这些工作中更有可能获得成功;同时,由于这些成功,他们更有可能从工作中获得较高的满意度。

任务三　个性心理特征与行为管理

项目目标

知识目标
- 理解气质类型的理论及应用
- 掌握性格类型的理论及应用
- 了解能力及能力类型

技能目标
- 能运用相关的气质测验和性格测验

【任务引入】

"问题"员工

"问题"员工一般包括以下几种类型。

1. 感情脆弱、容易受伤型

假设一个公司的高级系统部门担任管理岗位工作者王飞,属下共有五个程序设计师。管理上的政策是将旧有的作业转换成电脑作业,到现在王飞才发现进度无法满足副总裁的需要。副总裁要求王飞和每个程序设计师私下会谈,就他们在进度上的落后提出批评和检讨。这时王飞所面临的难题是一名叫若玲的属下。若玲感情脆弱,别人的批评很容易让她有受伤的感觉。上个星期她就曾因为王飞针对她的工作提出质疑而泫然欲涕,现在王飞该如何面对她?

2. 暴躁易怒型

李奇在一家化学工厂修护部门担任机械修护工作,他的技艺卓越却不大合群,容易为一点小事而大动肝火。上星期他再三以有人偷了他的工具为由,要求经理出面解决,否则他要如法炮制拿走同仁的工具作为补偿。工厂经理不愿解决这件事,他将问题转交给主管,作为李奇的主管该怎么办?

3. 特立独行、难以捉摸型

克雄从事撰写广告文案的工作,他颇具创意,但特立独行的作风常和传统的工作规范格格不入。克雄虽然能将分内的工作圆满完成,且创出令人耳目一新的风格,但他迟到的次数频繁,并经常以"私事"为由请假。其他的广告工作人员都穿着公司规定的服饰,并依照规章行事,克雄的穿着和举止却是随兴所至,自行其是。他有时穿运动夹克和球鞋来上班,有时则是一件破旧的牛仔裤,再套件运动衫。此外他接待客人时那种漫不经心的态度,让人担心他的态度会损害公司的形象。作为主管是否该继续容忍克雄这种特立独行?

4. 消极悲观型

历文在质量检验部门任职已有三年之久。公司的产品中有为数可观的塑胶制品,检验部大多数的工作为检验新产品,研究某项新产品失败的原因,并进行降低成本的分析工作。历文虽然手艺灵活,但是生性悲观,凡事总从悲观的角度诠释,诸如举出各种理由来证明目标无法达成,新的构想无法推展,对于新观念又不抱希望,他墨守成规,认为保持原状才是明智之举,因而历文很难对工作产生热情。主管一方面很难确定他是否肯花心思在整修故障和提高品质上面,另外却又担心他凡事消极的态度会影响其他的同仁。

如果作为他们的上司,将如何对待这些个性有"问题"的员工?这些"问题"员工的个性是天生的还是环境造成的?

【任务分析】

管理心理学认为,一个组织的管理者要实施有效的管理,首先必须对管理对象和人的本质有一个正确的认识,否则只能是瞎子摸象乱指挥。随着科学技术的发展,管理的分工越来越精细,许多方面对管理者提出了越来越高的要求。因此,管理者必须深入了解人的本质和心理活动规律,从而提高自己的社会认知能力和管理水平。

人与人之间在个性特征上所存在的差别称为个体差异。目前管理界对个体差异的研究主要包括两方面:一是个性倾向性差异,包括需要、动机、态度、兴趣、理想、信念、世界观、气质、能力、性格等方面的差异;二是个性心理特征差异,即在气质、能力、性格方面的差异。

一、气质与管理

(一) 气质的概念

气质即人们常说的"性情、脾气",是人的高级神经活动类型的心理表现,是不以活动目的和内容为转移的典型的、稳定的心理活动的动力特性。这种心理活动的动力特性,反映了个体心理过程的强度、速度、稳定性、灵活性以及心理活动的指向性等特点。强度主要包括情绪体验的强弱、意志努力的程度、耐受力的大小;速度主要包括感知觉的速度,语言思维的快慢;灵活性主要包括兴奋与抑制转变的快慢,注意力转移的难易;稳定性主要包括注意力集中时间的长短、情绪的稳定程度;指向性主要包括倾向于体察外部事物,还要倾向于内心活动等。

气质无好坏之分,在现实生活中人们很容易观察到,对待同一件事情,不同的人会出现不同的表达方式。如有的人脾气暴躁,易动感情,特别是当他的自尊心受到挫伤时,更容易发火。另一些人则冷静沉着,情绪发生得缓慢,不动声色,即使遭到非难,也可以冷静地思考,虽然内心不快,也不立刻爆发。有的人在行动上表现得灵活、敏捷、活泼好动。有的人反应比较迟钝,行动缓慢稳重。这些特征都是个性中的气质特征。

(二)气质类型说

1. 气质体液说

古希腊著名的气质学说是由古希腊著名医生和学者希波克拉底提出的气质体液说。他认为每个人身上都有血液、黏液、黄胆汁和黑胆汁四种体液。这四种体液在不同人身上的比例是不一样的,因此人们的行为方式也不同。

【知识拓展】

希波克拉底认为:人体含有四种不同的液体,即血液、黏液、黄胆汁和黑胆汁。它们分别产生于心脏(血液)、脑(黏液)、肝脏(黄胆汁)和胃(黑胆汁)。希波克拉底认为,每一种体液也都是由寒、热、湿、干四种性能中的两种性能混合而成的。血液具有热-湿的性能,因此多血质的人温而润,好似春天一般;黏液具有寒-湿的性能,黏液质的人冷酷无情,好似冬天一般;黄胆汁具有热-干的性能,黄胆汁的人热而燥,如夏季一般;黑胆汁的人具有寒-干的性能,因此黑胆汁的人如秋天一般。四种体液配合恰当时,身体便健康,否则就会出现疾病。

希波克拉底的理论后来被罗马的医生盖伦所发展,盖伦将气质分为胆汁质、多血质、黏液质、抑郁质四种类型,如表3-8所示。

表3-8 气质体液说

气质类型	突出特点	具体表现
胆汁质	很容易兴奋,因而在行为上表现出不均衡性	这种人脾气暴躁,好挑衅,态度直率,活动精力旺盛。他们能够以极大的热情投身于事业,埋头于工作,能够克服在达到既定目标道路上的重重困难。但是,一旦精力消耗殆尽,这种人就往往对自己的能力失去信心,情绪低落下来。此类型人热情,但急躁易冲动;性格刚强,但易粗暴
多血质	热忱和有显著的工作效能	他们对自己的事业有着浓厚的兴趣,并能保持相当长的时间。这种人有很高的灵活性,容易适应变化了的生活条件,善于交际,在新的环境里不感到拘束。他们精神愉快,朝气蓬勃,但是一旦事业不顺利,或需要付出艰苦努力时,其热情就会大减。情绪容易波动。这种人大都机智敏锐,能较快地把握新事物,在从事多变和多样化的工作时,成绩卓著。敏捷好动,喜欢参加各种活动,表现得匆匆忙忙,显得毛躁
黏液质	安静、均衡,始终是平稳的、坚定的和顽强的	能严格地遵守既定的生活规律和工作制度。他们稳重,交际适度。他们的不足之处是其固定性有余而灵活性不足。能够沉着而坚定地执行已采取的决定,但不容易改变旧习而适应新的环境。情绪兴奋性比较微弱,经常心平气和,很难出现波动的情绪状态,面部表情较平淡,姿态举止缓慢而镇定

续表

气质类型	突出特点	具体表现
抑郁质	具有高度的易感性,因而最容易受到挫折	情感生活比较单调,但他们对生活中遇到的波折容易产生强烈体验,并经久不息。对事物的反应有较高的敏感性,通常容易觉察和深刻体验一般人觉察不出来的事件。他们在任何活动中很少表现自己,尽量摆脱出头露面的工作,但做起工作却很认真细致,如果没有做好工作,会感到很痛苦。不喜欢交际,显得孤僻

在实际生活中每个人都会遇到每种气质的典型代表人物,如图3-8所示。尤其是在文艺作品中,对四种气质类型的典型代表人物的描写更为多见。例如:《水浒传》中的李逵、《三国演义》中的张飞是典型胆汁质类型人物;《红楼梦》中的王熙凤则是典型的多血质类型人物;林黛玉可谓典型的抑郁质代表人物。人的气质特点是千差万别的,虽然在日常生活中可以遇到四种气质类型中的每一种典型代表人物,但这毕竟是少数,大多数人都是近似于某种气质类型,或是几种气质类型某些特点的混合。

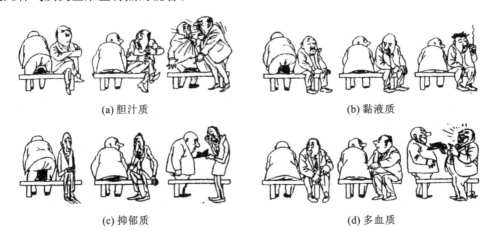

图3-8 气质类型漫画(皮特斯特鲁普)

2. 高级神经活动类型

生理学家巴甫洛夫用高级神经活动类型来解释气质。他认为,高级神经活动的基本过程就是兴奋过程和抑制过程。高级神经活动的基本过程有三个基本特征:神经过程的强度、神经过程的平衡性和神经过程的灵活性。高级神经活动的基本过程的三个基本特性的独特结合就形成高级神经活动类型。高级神经活动类型是巴甫洛夫根据神经的兴奋类型来划分的。

(1) 强而不平衡的类型(兴奋型)。有机体兴奋过程强于抑制过程,是一种容易兴奋、不受约束的类型。

(2) 强而平衡、灵活的类型(活泼型)。有机体的兴奋过程和抑制过程都较强,并且二者容易转化。特征为反应灵敏、活泼,能很快适应变化着的外部环境。

(3) 强而平衡、不灵活的类型(安静型)。有机体的兴奋过程和抑制过程都较强,但二者不易转化,特征为较易形成条件反射,但不易改造,坚忍而行动迟缓。

(4) 弱型(抑制型)。有机体的兴奋过程和抑制过程都很弱,条件反射形成很慢。特征为胆小、在困难工作面前正常的高级神经活动容易受破坏而产生神经症。

巴甫洛夫认为,兴奋型相当于胆汁质,活泼型相当于多血质,安静型相当于黏液质,抑制型相当于抑郁质(见表3-9)。

表 3-9　高级神经活动的特点、类型与气质类型对照表

神经系统的基本特点	高级神经活动类型	气 质 类 型
强、不平衡	兴奋型	胆汁质
强、平衡、灵活	活泼型	多血质
强、平衡、灵活	安静型	黏液质
弱	抑制型	抑郁质

（三）气质在管理中的实践意义

气质应用在管理方面具有重要意义。尽管气质并不能决定一个人活动的社会价值和成就的高低，但它并不是毫无作用的。在涉及人的各种实践活动中，不能不考虑气质因素。在同一领域内可以找出不同气质类型的代表，在不同领域内的杰出人物中也可以找出相同气质类型的代表。

各种气质类型也很难说绝对的好坏，但特定的岗位却有是否合适的问题。有的岗位需要开拓性，有的职务需要一丝不苟的特性等，因此对不同职务、岗位，每种气质类型都有其积极的一面，也有消极的一面，对于积极的要发展，对于消极的要抑制、改变。了解个体的气质，对管理工作的开展，人际关系的处理及工作效率的提高都有着重要的意义。

（1）人机关系。不同气质类型的人适合于不同的工作、不同的岗位、不同的职位，这也是现代化大生产对气质的要求。例如：飞机驾驶员、宇航员要求具备机智、勇敢、敏捷，身心能耐受高度紧张等气质特点，对从事组织人事管理工作的干部，除要求有为人民服务的思想品质以外，还应具备工作细致、善于交际、耐心、稳重等气质特点，这有利于团结人，彼此增强信任，调动他人的工作积极性。气质影响一个人对该种职业的适合性，因此在挑选和培训各种职业的工作人员时，尤其是挑选从事管理工作的人员时，就应该测定其气质，以有利于工作的开展和提高工作效率。

（2）人际关系。组织、群体内人际关系的状况是影响工作效率与工作成绩大小的一个重要因素。不同气质类型的人在处理人际关系时的表现是不同的。一般而言，胆汁质和多血质类型的人外倾性明显，容易与人相处，其人际关系可能较融洽，而黏液质和抑郁质类型的人内倾性明显，不太愿意与人交往，其人际关系可能较差，因此，在管理活动中，管理人员应当了解每一个员工与人际关系有关的气质特征，将不同气质类型的人适当搭配，充分利用气质互补原理，调整好关系，以利于群体中人际关系的健康发展。

（3）思想教育。要想掌握思想政治工作的主动权，使工作做得更有效，就应该了解人的气质特征，针对不同气质类型的人和不同的特点，采取切合实际的教育方法。如：对于胆汁质气质类型的人进行有说服力的公开的严厉批评，会取得好的效果，但不要激怒他们；对于多血质类型的人除了上面方式外，还可以给他们更多的参政与议政机会，通过参与活动，开展交心活动；对黏液质类型的人，他们接受不了公开、严厉、激烈的批评，这样会产生逆反心理，严重的可能造成心理障碍，因此做这部分人的思想工作要耐心细致、给予其思考问题的时间，让他们逐步提高思想认识；对于抑郁质气质类型的人需给予更多的关怀和体贴，使他们感觉到集体的温暖。

对于中间型和混合型气质类型的人则应采取多种教育方式并举，即采用综合方式，根据不

同的时间、不同的地点,针对不同的情况,灵活掌握采用何种方式,以取得最佳的教育效果。切不可一刀切,把事情弄得更糟。

二、性格与管理

(一)性格的概念

性格是表现在人们态度和行为上稳定的心理特征的总和,它是通过个人对现实的稳定态度和习惯化的行为方式表现出来的。诚实或虚伪、勇敢或怯懦、勤劳或懒惰、果断或优柔寡断等都被认为是性格特征。性格就是由许多性格特征所组成的统一体。性格特征表现在人对现实的态度和行为方式中。

性格是具有核心意义的个性心理特征,它最能表现一个人的个性差异。在日常生活中所讲的个性,主要是指一个人的性格。文学家总是抓住一个人最本质的性格特征作为典型加以描绘,在读者面前展示出非常生动而鲜明、有血有肉、如闻其声的现实人物。如罗贯中笔下的刘备、关羽、张飞,莎士比亚笔下的哈姆雷特,曹雪芹笔下的贾宝玉,都是作者抓住了人物的性格特征,加以形象化而塑造出来的典型人物。

(二)性格理论

人的性格是各不相同的,不存在性格完全相同的两个人,但某些人的性格可能相近或类似,或是异中有同,或是大同小异。性格也有不同的划分方法。

1. 荣格的向性说

荣格把人的性格分为内向和外向两种基本类型。外向型的人是客观取向的,主要关注的是身外的世界,包括物质生活条件,以及社会经济、政治制度和道德习俗等,其注意焦点是外界事物,在人际关系中显得主动、活跃、兴致勃勃。内向型的人是主观取向的,主要关注的是内在的心理生活和体验,给人的印象往往是冷漠、孤僻、不善言谈和社交。

2. "大五"人格因素论

近年来,一些不同的研究者从各自的研究中得出了大体相似的结论,即人格由五个基本维度构成。这五个词的第一个字母组合起来就是"OCEAN"(海洋),恰好可用来代表"人格的海洋"。尽管不同的心理学家对这些特质的称呼不同,但如下一种表述最为著名(见表3-10)。

表3-10 大五人格

人格因素	人格特征
神经质性或情绪稳定性	焦虑、敌对、压抑、自我意识、冲动、脆弱等特质
外向性	表现出热情、社交、果断、活跃、冒险、乐观
开放性	具有想象、审美、情感丰富、求异、创造、智能等特点
随和性或宜人性	具有信任、直率、利他、依从、谦虚、移情
尽责性	显示胜任、公正、条理、尽职、成就、自律、谨慎、克制

3. A-B型人格类型说

弗里曼和罗斯曼描述了A-B型人格类型。主要是研究人格和工作压力的关系。

A型人格者较具进取心、侵略性、自信心,并且容易紧张。A型人格者总愿意从事高强度的竞争活动,不断驱动自己要在最短的时间里干最多的事,并对阻碍自己努力的其他人或其他事进行攻击。

B型人格者的特点是性情随和,不喜欢与人争斗;生活方式悠闲自在,不争名利,对成败得失看得较淡,不太在意成就的大小,对工作生活较容易满足;工作生活从容不迫,有条不紊;时间观念不是特别强。

医学研究发现A型人格是患心脏病的主要原因之一,A型人格者心脏病的发病率是B型人格者的2倍。尽管对健康有些不利影响,但A型人格者大可不必"杞人忧天",只要对自己的生活做出一些调整,如在时间计划中多给自己留有余地,以便处理突发事件;休息前尽量完成所有的工作,以便轻松自在地游玩;尽量避免排队或做日常琐事等。这样,尽量使自己的行为变成适应性强、压力较小的方式,就可以有效地保护自己的健康。

尽管A型人格者工作十分勤奋,但B型人格者常常占据组织中的高层职位。优秀的推销员常常是A型人格者,但高级经营管理人员却常常是B型人格者。答案在于A型人格者倾向于放弃对质量的追求,而仅仅追求数量,在组织中晋升常常授予那些睿智而非匆忙、机敏而非敌意、有创造性而非仅有好胜心的人。

【知识拓展】

A型人格者具有以下特点。
(1) 有强烈的成就动机和竞争意识,并有强烈的紧迫感。
(2) 往往有强烈的成就需要,有竞争意识、紧迫感,较为急躁和有敌意。
(3) 有一种要在较短时间做大量工作的要求。
(4) 往往较难相处,A型管理者比B型管理者更容易与其下属和同事发生冲突。
(5) 不适合做那些需要大量人际间交流的工作。
(6) 他们常常因为不耐烦而打断别人并帮他们续上后半句话。
(7) 不是好的团队合作者,更适合于单独工作。
(8) 他们急于看到结果,容易在长时间的项目中受到挫折。

与A型人格者人相反,B型人格者具有以下特点。
(1) 倾向于温和、宽容、放松。
(2) 倾向于采取慢节奏、较为轻松随意的工作方式。
(3) 适合于随意性较大,压力较小的工作。

4. 人格-工作的匹配理论

由于人格与工作绩效之间的确存在联系,因此,在工作性质与人格特征之间存在着最佳的搭配关系。心理学家对许多职业的人员进行了大量测定,描述了某些职业与人格间的关系。霍兰德提出了人格-工作匹配理论(见表3-11)。他指出,员工对工作的满意度和流动倾向,取决于个体的人格特点与职业环境的匹配程度。他基于兴趣测验的结果和对工作环境描述的分析,把人格类型和工作环境分成相应的六种类型,即现实型(R)、研究型(I)、艺术型(A)、社会型(S)、经营型(E)、常规型(C),基于各种类型之间的相关程度,他提出了职业六边形模型,并用一致性、一贯性和区分性来表示职业人格与职业环境的关系。

表 3-11　霍兰德人格-工作匹配理论

类　　型	人格特点	职业范例
现实型：偏好需要技能力量、协调性的体力活动	害羞、真诚、持久、稳定、顺从、实际	机械师、钻井操作工、装配线工人、农场主
研究型：偏好需要思考组织和理解的活动	分析、创造、好奇、独立	生物学家、经济学家、数学家、新闻记者
社会型：偏好能够帮助和提高别人的活动	友好、合作、理解、乐群	社会工作者、教师、临床心理家
常规型：偏好规范、有序、清楚明确的活动	顺从、高效、实际、缺乏想象力、缺乏灵活性	会计、业务经理、银行出纳员、档案管理员
经营型：偏好那些能影响他人和获得权力的言语活动	自信、进取、精力充沛、盛气凌人	法官、房地产经纪人、公共关系专家、小企业主
艺术型：偏好那些需要创造性表达的模糊且无规则可循的活动	富于想象力、无序、杂乱、理想化、情绪化、不切实际	画家、音乐家、作家、室内装饰

5．其他诸种性格类型

心理学研究者从不同角度对性格进行了分类，如按照理智、情绪、意志在性格结构中占优势的情形，将人的性格分为理智型、情绪型和意志型；按照人的心理倾向于内部或外部将人的性格划分为内向与外向型；按照一个人的独立性程度将人的性格划分为独立型和顺从型；按照人的社会意识倾向性，把人的性格分为理论型、实际型、审美型、社会型、政治型和宗教型。

（三）性格在管理中的实践意义

性格反映着人的生活，同时又影响着人的行为方式，因此，了解人的性格，把握其变化规律，并预测其行为，在管理活动中有着重大的意义。

（1）有利于管理者做好管理工作。管理者与被管理者相互了解性格，摸透对方为人处世的方式，不仅有利于管理者因人而异、因事而异地做好组织的管理工作，而且有利于人们克服消极性格品质，培养良好的性格，促进人才的健康发展。

（2）有利于个人不断陶冶、完善自我。一个具有坚强果断性格的人，能果断地处理自己工作和生活中的各种问题，能自觉地克服困难，达到既定的目标。一个具有良好性格的人，不但有助于工作、学习，而且有助于心理健康；反之则会影响工作和学习，甚至有害于身心健康。一个人了解了自己性格中的良好品质和不良品质，就能自觉地陶冶自己的性格，促使性格向良好、健康的方向发展。

（3）有利于人际关系的协调和社会的稳定。在群体或组织中，常常由于性格的影响，使集体不够和谐，家庭不够和睦，甚至经常发生矛盾和冲突，造成社会的不安定。因此，一个人应该培养明快、开朗、朝气蓬勃的性格，促进工作顺利地进行，促使家庭生活、集体生活的幸福与和谐。

（4）有利于提高工作效率。其一，如果管理者了解每位职工的性格，并尽量安排适合其性格特点的工作，这无疑会调动职工的工作积极性，有助于提高工作效率。其二，管理者在考虑组织中职工的人才结构、年龄结构、专业结构、性别结构等时,同时注意职工中存在的性格差异,尽量做到最佳的性格结构组合,也有助于提高工作效率。

性格鉴定的方法很多,如观察法、谈话法、作品分析法、个案法、实验法等。由于性格的复杂性,至今还没有一种有效的鉴定性格的方法。为了使被鉴定的性格比较符合实际情况,多采用综合研究法。

三、能力与管理

(一) 能力的概念

能力是指人成功地完成某种活动并影响活动效果的个性心理特征,是人的综合素质在现实行动中表现出来的正确驾驭某种活动的实际本领和能量。能力主要包括潜能、体力、智力、情感力、意志力、精神力量和实践能力等。一个人的能力总是存在于具体的活动之中,通过活动表现出来。一个管理者的管理能力,也只有通过管理实践才能表现出来。

在完成某项任务时,所需要的各种能力的最完备的结合,能使人迅速地、创造性地完成任务。这时可以认为,这个人在完成这项任务时具有较高的能力。各种能力最完备的结合,叫作才能。如果一个人在某一方面或某些方面有杰出的才能,就被称为天才。

(二) 能力的类型

从不同的角度可以对能力进行不同的分类。①能力按照它的倾向性可以划分为一般能力和特殊能力。②按照它的功能可以划分为认知能力、操作能力和社交能力。③按照它参与其中的活动性质可以划分为模仿能力和创造能力。

如果按照能力的倾向性来分析问题,那么一般能力也称普通能力,它是指大多数活动所共同需要的能力,这是人所共有的最基本的能力,这种能力适用于广泛的活动,它符合多种活动的要求。一般能力和人们的认知活动有着密切的联系,它保证人们比较容易地和有效地掌握知识。观察力、记忆力、思维力、想象力和注意力都是一般能力,见表3-12,它们都以抽象概括能力为核心。人们通常讲的智力就是各种一般能力的整体结构。

表 3-12　七种主要的能力维度

维　度	描　述
算术	快速而准确地进行运算的能力
语言理解	理解读到和听到的内容,以及词汇之间关系的能力
知觉速度	迅速而准确辨认视觉上异同的能力
归纳推理	鉴定一个问题的逻辑后果,并解决这一问题的能力
演绎推理	运用逻辑评估一项争论价值的能力
空间视知觉	当物体的空间位置变化时,能想象出物体形状的能力
记忆力	保持和回忆过去经历的能力

特殊能力也称专门能力,它是指为进行某项专门活动所必需的能力,它只在特殊活动领域内发生作用。如数学能力、音乐能力、专业技术能力等。研究表明,一个人可以有多种特殊能力,但其中会有一两种占优势。

一般能力和特殊能力有着紧密的联系。一般能力是各种特殊能力形成和发展的基础,一般能力越是发展,就越为特殊能力的发展创造有利条件;特殊能力的发展,同时也会促进一般能力的发展。在活动中,一般能力和特殊能力共同起作用。要成功地完成一项活动,既需要具有一般能力,又需要具有与该活动有关的特殊能力。

(三) 能力的个别差异

人的能力有大有小,智力水平有高有低,这是客观存在的。无论社会怎样发展,科学技术怎样进步,人的能力差异都是存在的。它们的差别,主要表现在以下四个方面。

(1) 认识能力的差异。在观察力、记忆力、思维力、理解力、想象力和语言表达力等方面,人与人之间是有差别的。有的人观察力强些,有的人理解力强些。单就记忆力来说,有的人记得快,忘得也快,有的人记得慢,忘得也慢。

(2) 能力类型方面的差异。有的人观察能力强,记忆印象鲜明,想象力丰富,人称艺术型。有的人概括能力强,善于思考,人称思维型。

(3) 能力发展水平上的差异。多数人具有一般能力,能够顺利完成活动,并能取得一定成绩。少数人具有特殊才能,能创造性地进行活动,并取得良好的成绩。才华出众者,是极少数。能力低下者,也是极少数,主要是先天不足或后天生活失调所造成的。

(4) 能力发展的年龄差异。人的能力的发展是有早晚之分的。有的人能力发展早,如我国唐朝文学家李贺,7岁能作诗。有的人是大器晚成,如画家齐白石,青年时做木匠,30岁才学画,40岁才显露才能。

(四) 能力差异的应用

1. 能力与工作绩效

能力与工作绩效的关系可以用一个公式来表明:工作绩效＝能力×动机。

这一公式说明:影响工作绩效的关键因素是人的能力水平与人的工作动机,即能干与肯干。二者都属于人自身的主观因素。能力与动机的性质是不同的,能力是人在长期的工作与学习基础上逐步形成的,具有相对稳定性;人的动机是一种既相对稳定,又随时可能产生波动的因素。它一方面受人的世界观、价值观所支配,具有相对稳定性,另一方面又会由于工作情境中各种偶发因素的影响,产生很大波动。

2. 能力差异的正态分布

只要样本足够大,人的任何一种能力差异都呈现正态分布的状态,即50%的人能力处于中等水平,25%的人能力处于高水平,25%的人能力处于低水平。现代管理的原则强调,通过科学的测定,以中等水平的人为标准,为每一个职务或工作岗位提出统一的工作标准或劳动定额。这便使不同能力水平的人面临不同的问题和形成不同的心态,管理心理学的重要作用就是为之提供可以采取的相应的对策。

3. 职务差异与能力标准

不同职务具有不同的工作内容与职责特点。它向任职者提出了相对独立的能力标准,这些标准是实施人员选择、培训、考核与人才流动的管理基础。例如,企业的管理者应该具有三种基本能力,即技术能力(或业务能力)、管理能力、人际关系能力。处于不同地位的管理者,因工作任务、管理范围、领导对象的不同,对这三种能力的要求也略有不同。

4. 职务分类与人才流动

职务分类是以不同职务对任职者提出的能力标准为依据而进行的,它在纵向上可以为人员晋升提供理论依据,横向上可以为人事调配提供参考信息。为了达到职务差异与能力差异的合理匹配,管理者应当用人之所长、避人之所短。

对一个企业来说,并不是拥有的人才越多越好,问题的关键在于该企业是否拥有最适合该企业工作性质的人才,并且是否已充分调动起该企业所有职工的积极性,并充分发挥出每个职工的最大潜能。在实际工作中,可以通过下述几种途径来利用能力差异理论。第一,各部门要根据组织结构的需要,对组织内不同职务及相应的责任进行周密系统的调查研究,然后按照工作性质、责任大小以及担任各级职务所需要的资格条件等,定出各种工作所需要人才的各种特性。第二,各类组织要努力寻求各种职务间的相关系列,并根据各种职务系列之间的相关方向与程度,来帮助人事部门对职工进行合理安排。第三,管理者要了解每个员工的能力倾向和综合素质,注意用人之长,避人之短,充分发挥出每个员工的最大潜能。

【知识与技能检测】

一、名词解释

1. 知觉的特点
2. 气质体液说
3. A-B 型人格论

二、思考题

1. 简述 EQ 的内容及应用。
2. 简要回答凯利的三度理论、韦纳的成败归因论的主要内容。
3. 列举态度改变的方法。

三、案例分析

日本大河精工株式会社

日本大河精工株式会社(以下简称大河)创建初期充其量只是一家中小公司,该公司发展到现在成为世界上最大的语句制造商,在国际市场上占有 20%的份额,在国内的占有率更达 31%。1962 年,大河的总经理松景义男通过讲课的机会认识了东芝公司的质量管理科科长衫本辰夫,并说服东芝公司总经理士光敏夫将衫本辰夫转入大河公司。于是衫本辰夫以总经理的身份转入大河公司,半年后就任总经理。

衫本辰夫具有丰富的经历,办事坚决、果断,一旦下决心做好准备工作,就全力以赴,不屈不挠。他把科学的管理思想升华到战略的高度,并获得了成功。衫本辰夫把企业的中心工作转到了充实人才和提高员工素质上来,他认为提高员工的素质关键在于领导人的以身作则。因此一直坚持每天早上 7 时 15 分到公司,以自己的实际行动作为大家的表率。他主持工作后将原来公司内部众多的委员会进行精简,仅保留了 3 个,其中之一就是所谓"工作乐趣委员会",其目的在于从工作、工资、环境 3 个方面集思广益,使公司成为充满工作乐趣的团体,使员工们精神愉快地发挥自己的能力。此外它在公司内部的经营方面也进行一系列富有特色的改进,正是这一切,换来了大河公司现在的辉煌成就。

问题:①衫本辰夫的管理方法表现了哪些组织发展的基本价值观?(提示:尊重人、信任和支持、创新)②这些价值观对组织发展有什么帮助?(提示:建立良好的工作环境,有利于员工的自我实现,有利于团队和学习型组织的建立)。

四、实训题

【测验一】 A 型、B 型人格测试

说明:本测试共 25 道题目,请对每一道题目做出判断。如果该项题目反映的内容符合你的情况,请回答"是",否则回答"否"。

(1) 你说话时会刻意加重关键字的语气吗？
(2) 你吃饭和走路时都很急促吗？
(3) 你认为孩子自幼就该养成与人竞争的习惯吗？
(4) 当别人慢条斯理做事时你会感到不耐烦吗？
(5) 当别人向你解说事情时你会催他赶快说完吗？
(6) 在路上挤车或餐馆排队时你会被激怒吗？
(7) 聆听别人谈话时你会一直想你自己的问题吗？
(8) 你会一边吃饭一边写笔记或一边开车一边刮胡子吗？
(9) 你会在休假之前赶完预定的一切工作吗？
(10) 与别人闲谈时你总是提到自己关心的事吗？
(11) 让你停下工作休息一会儿时你会觉得浪费了时间吗？
(12) 你是否觉得全心投入工作而无暇欣赏周围的美景？
(13) 你是否觉得宁可务实而不愿从事创新或改革的事？
(14) 你是否尝试在有限的时间内做出更多的事？
(15) 与别人有约时你是否绝对守时？
(16) 表达意见时你是否握紧拳头以加强语气？
(17) 你是否有信心再提升你的工作绩效？
(18) 你是否觉得有些事等着你立刻去完成？
(19) 你是否对自己的工作效率一直不满意？
(20) 你是否觉得与人竞争时非赢不可？
(21) 你是否经常打断别人的话？
(22) 看见别人迟到时你是否会生气？
(23) 用餐时你是否一吃完就立刻离席？
(24) 你是否经常有匆匆忙忙的感觉？
(25) 你是否对自己近来的表现不满意？

记分说明：如果你有一半以上的题目回答"是"，那么你就有 A 型人格倾向了，回答"是"的题目越多，A 型人格倾向越明显。反之则是 B 型人格倾向。

【测验二】 测测你的气质（陈会昌版）

本测试共 60 道题目，测试结果只是大概可以了解一下自己的气质类型。回答这些问题应实事求是，怎么样想就怎么样回答，不必多做考虑，因为并没有什么标准答案和好坏之分。

看清题目后请记分，认为最符合自己情况的记 2 分；比较符合的记 1 分；介于符合与不符合之间的记 0 分，比较不符合的记 -1 分；完全不符合的记 -2 分。

(1) 做事力求稳妥，不做无把握的事。
(2) 遇到可气的事就怒不可遏，想把心里话说出来才痛快。
(3) 宁可一个人干事，不愿很多人在一起。
(4) 到一个新环境很快就能适应。
(5) 厌恶那些强烈的刺激，如尖叫、噪音、危险镜头等。
(6) 和人争吵时，总是先发制人，喜欢挑衅。
(7) 喜欢安静的环境。
(8) 喜欢和人交往。

(9) 羡慕那些善于克制自己感情的人。
(10) 生活有规律,很少违反作息时间。
(11) 在多数情况下情绪是乐观的。
(12) 碰到陌生人觉得很拘束。
(13) 遇到令人气愤的事,很好地自我克制。
(14) 做事总是有旺盛的精力。
(15) 遇到问题常常举棋不定,优柔寡断。
(16) 在人群中从不觉得过分拘束。
(17) 情绪高昂时,觉得干什么都有趣,情绪低落时,觉得干什么都没有意思。
(18) 当注意力集中于某一事物时,别的事物就很难使自己分心。
(19) 理解问题总比别人快。
(20) 遇到不顺心的事能从不向他人说。
(21) 记忆能力强。
(22) 能够长时间做枯燥、单调的事。
(23) 符合兴趣的事,干起来劲头十足,否则就不想干。
(24) 一点小事就能引起情绪波动。
(25) 讨厌做那种需要耐心、细致的工作。
(26) 与人交往不卑不亢。
(27) 喜欢参加热烈的活动。
(28) 爱看感情细腻、描写人物内心活动的文学作品。
(29) 工作学习时间长了,常感到厌倦。
(30) 不喜欢长时间谈论一个话题,愿意实际动手干。
(31) 宁愿侃侃而谈,不愿窃窃私语。
(32) 别人说我总是闷闷不乐。
(33) 理解问题时常比别人慢些。
(34) 疲倦时只要短暂的休息就能精神抖擞,重新投入工作。
(35) 心里有事,宁愿自己想,不愿说出来。
(36) 认准一个目标就希望尽快实现,不达目的,誓不罢休。
(37) 同样和别人学习、工作一段时间后,常比别人更疲倦。
(38) 做事有些莽撞,常常不考虑后果。
(39) 别人讲授新知识、技术时,总是希望他讲慢些,多重复。
(40) 能够很快忘记那些不愉快的事情。
(41) 做作业或完成一件工作时总比别人花费的时间多。
(42) 喜欢运动量大的剧烈活动,或参加各种文体活动。
(43) 不能很快地把注意力从一件事转移到另一件事上去。
(44) 接受一个任务后,就希望把它迅速解决。
(45) 认为墨守成规要比冒风险强。
(46) 能够同时注意几件事物。
(47) 当我烦闷的时候,别人很难使我高兴。
(48) 爱看情节起伏跌宕、激动人心的小说。

(49) 对工作抱认真谨慎、始终如一的态度。
(50) 和周围人们的关系总是处不好。
(51) 喜欢复习学过的知识,重复做已经掌握的工作。
(52) 喜欢做变化大、花样多的工作。
(53) 小时候会背的诗歌,似乎比别人记得清楚。
(54) 别人说我"出语伤人",可我并不觉得这样。
(55) 在体育运动中,常因反应慢而落后。
(56) 反应敏捷,大脑机智。
(57) 喜欢有条理而不甚麻烦的工作。
(58) 兴奋的事情常使我失眠。
(59) 别人讲新概念,我常常听不懂,但是弄懂以后就很难忘记。
(60) 假如工作枯燥无味,马上就会情绪低落。

做好后请根据下列题号的顺序分别算出四种类型的得分。

胆汁质:(2)、(6)、(9)、(14)、(17)、(21)、(27)、(31)、(36)、(38)、(42)、(48)、(50)、(54)、(58),总分(　　)。

多血质:(4)、(8)、(11)、(16)、(19)、(23)、(25)、(29)、(34)、(40)、(44)、(46)、(52)、(56)、(60),总分(　　)。

黏液质:(1)、(7)、(10)、(13)、(18)、(22)、(26)、(30)、(33)、(39)、(43)、(45)、(49)、(55)、(57),总分(　　)。

抑郁质:(3)、(5)、(12)、(15)、(20)、(24)、(28)、(32)、(35)、(37)、(41)、(47)、(51)、(53)、(59),总分(　　)。

记分方法:

A 如果某一项,或两项的得分超过 20,则为典型的该气质。

B 如果某一项,或两项的得分在 20 分以下,10 分以上,其他各项分数较低,则为该项(或该两项)一般气质。

C 若两种气质的得分差异小于 3 分,又明显高于其他两种气质的得分达 4 分以上,可判定为两种类型的混合型;同样,如果三种气质的得分高于第四种气质的得分,而且很接近,则为三种气质的混合型。

测验分析及职业匹配

胆汁质的人较适合做反应迅速、动作有力、应急性强、危险性较大、难度较高的工作。这类人可以成为出色的导游员、营销员、节目主持人、外事接待人员等,但不适宜从事稳重、细致的工作。

多血质的人较适合做社交性、文艺性、多样化、要求反应敏捷且均衡的工作,而不太适应做需要细心钻研的工作,他们可从事范围广泛的职业,如外交人员、管理者、律师、运动员、新闻记者、服务员、演员等。

黏液质的人较适合做有条不紊、刻板平静、耐受性较高的工作,而不太适应从事激烈多变的工作,可从事的职业有外科医生、法官、管理人员、财务人员等。

抑郁质的人能够兢兢业业做工作,适合从事持久细致的工作,如技术人员、化验员、机要秘书、保管员等,而不适合做要求反应灵敏、处事果断的工作。

【测验三】你的价值观是怎样的?

下面有 16 个题目,根据每一个题目对你的重要程度,按照从 0(不重要)到 100(非常重要)的评分方法给每个题目打分,最后把分数写在每一道题目的后面。

(1) 一个令人快乐、满意的工作。
(2) 高收入的工作。
(3) 美满的婚姻。
(4) 认识新人,社会事件。
(5) 参加社区活动。
(6) 自己的宗教信仰。
(7) 锻炼,参加体育运动。
(8) 智力开发。
(9) 具有挑战机会的职业。
(10) 好车、衣服、房子等。
(11) 与家人共度时光。
(12) 有几个亲密的朋友。
(13) 自愿为一些非营利性组织工作,如癌症协会。
(14) 沉思,安静地思考问题,祈祷,等等。
(15) 健康、平衡地饮食。
(16) 教育读物、电视、自我提高计划,等等。

评价:将这 16 道题目的得分按照标明的题号填入适当位置,然后纵向汇总每两项的得分。哪一项得分较高,说明你比较看重这个维度,若 8 个项目得分均比较接近,那么你是一个比较完善的人。

	专业	财务	家庭	社会	社区	精神	身体	智力
题号	(1)	(2)	(3)	(4)	(5)	(6)	(7)	(8)
题号	(9)	(10)	(11)	(12)	(13)	(14)	(15)	(16)
总分								

项目四 群体心理与行为管理

【开篇案例】

全勤奖设立带来的后果

某校决定采用"满勤给奖"制度来加强管理,出满勤的发奖金20元,如果上课、教研组活动、政治学习一次缺席、两次迟到者,该月就没有奖金。这种办法实行后第一个月效果很好,无人缺席、迟到,教学秩序趋于正常。

两个月后,工作一直认真负责的王老师,因患病请假2天,病未痊愈,就来上班了,却被扣发了当月的奖金;李老师经常是小病大养,自由散漫,实行"满勤给奖"后,人是来了,课也上了,但教学效果差,奖金却照拿;赵老师在月初的第一周就迟到2次,在他看来,一个月的奖金已经没了,于是在后几周的工作就随随便便了,何必准时来上班呢?

针对上述案例可知,"满勤给奖"的激励方式对教师不适合。因为这种激励方式不符合教师工作的特点和实际情况。教师工作有其自身的特点,如:教师工作有松散化和弹性化的特点等,所以用全勤奖激励教师,不会起到真正的激励作用。如果要激励教师应关注教师对职业成就的需要,也就是鼓励教师搞好教学工作本身,而出全勤的教师并不能说明教学工作就是优秀的,激励方式要适合教师工作的性质。

任务一 群体心理现象的基本知识

知识目标
- 了解群体的概念及类型
- 了解群体心理的概念
- 掌握群体心理的特征

技能目标
- 分析日常生活中的群体心理现象

【任务引入】

报载:"欧盟委员会2003年9月8日宣布,欧盟将从本月30日起实行更为严格的烟草警示规定,要求烟草生产厂家用黑色大号字体将警句印刷在白底香烟盒上,警句在烟盒正面所占面积不得少于30%,背面不得少于40%。警句包括:'吸烟会造成慢性疾病和痛苦死亡'及'吸烟会引起性无能'等14条"。请问这种做法会有效吗?其心理依据是什么?

【任务分析】

欧盟对于烟草的警示做法会有效,其心理依据主要是:关于态度改变理论中的认知不协调理论。根据认知不协调理论,要改变人的态度,先要使其产生认知不协调。在烟盒的重要位置明确标明吸烟的危害,就是引起吸烟者认知上的注意,使其认知与以前的认知及行为产生不协调。这样就会产生两种结果:一是改变原有态度,不去吸烟或减少吸烟,使其认知与行为协调;二是不改变态度,但是为吸烟的行为寻找另一种辩护理由。

（一）群体的概念和互动效应

1. 群体的定义

群体是组织管理中的基本单元,是由两个或更多的成员经常性地一起工作,形成稳定的关系模式,以实现共同目标。在群体中,成员之间通过互动,相互依存,经过一段时间的共同努力,完成群体目标。

群体有四个特征:成员间的社会互动和相互影响、稳定结构和功能、成员间的共享目标、成员资格的认同。

2. 社会促进效应

群体互动的主导效应是社会促进效应,这种效应是指即群体成员在他人在场时受到鼓舞,改进和增强绩效的倾向。社会促进效应来自几种因素:一是群体情景下的情绪唤起,增强了努力程度;二是由于人们在群体中对于他人的评价更为敏感,因而更加专注于提高绩效。

3. 社会闲散效应

当群体规范和内聚力失调时,会出现社会闲散效应,即多个人在一起工作还不如一个人工作时多产。产生该现象的主要原因:一是在群体情景下各人的努力与贡献不如单独工作时明显,二是人们在群体中宁愿其他人承担更多任务。减少社会闲散效应,增强群体绩效的措施:提高任务的重要性、实行责任承包制、强化对群体贡献的奖励力度、开展群体培训等。

4. 群体效能

群体绩效受到许多动态因素的影响:群体的任务特征、目标结构、奖励方式、资源状况、技术类型、规模大小以及群体多样性等。群体任务的结构和对于技术和协作的要求,对群体绩效影响很大。任务结构化程度高的群体,需要较少协作和协调,而任务结构化低的群体,要求有更多的协调共事和综合能力。

（二）群体的类型

根据形成方式可将群体划分为:正式群体和非正式群体。根据任务特点可将群体划分为:项目群体、友谊群体、兴趣群体、协会群体等。

1. 正式群体

所谓正式群体是组织中占主导地位的群体类型,由组织根据特定的目标通过"官方"途径正式组建和任命。群体内有明确的分工和结构,群体的领导人或主管起着关键的作用。

2. 非正式群体

非正式群体是指在正式群体之外,根据个人关系、兴趣、利益等因素,通过人际互动过程,自发形成的群体。非正式群体可以在正式群体中,也可以跨越多个正式群体。管理心理学研究表明:①非正式群体可以起到增进友谊、获取帮助、咨询交流等积极作用;②非正式群体所形成的人际关系网络,有可能加速工作任务的实施,也可能阻碍工作任务的完成。在实际管理中,需要对非正式群体加以积极的引导,使之发挥正面作用。

3. 虚拟群体

近年来,随着计算机互联网络和电子商务的迅速发展,虚拟群体日益引人注目。虚拟群体通常是指各个成员通过计算机网络共同工作,以虚拟作业方式实现群体目标。另一种虚拟群体是指多个公司的成员围绕某一项目任务,以虚拟作业方式组合成项目小组,他们之间没有正式的上下级关系,在项目任务中通过分工和沟通(往往通过互联网),实现群体目标。管理心理学的研究表明:①虚拟群体在信息沟通、群体互动、群体决策等方面都不同于面对面工作的正式群体;②在沟通能力、群体相容性、决策判断能力和人际协调能力等方面,对群体成员将有更高的要求。

(三)群体心理

1. 群体心理的背景

群体心理学,研究结成群体的人们的心理现象、心理活动的社会心理学分支。社会群体生活是人们的基本生活方式,因此,人们在社会生活中的群体心理,就成为社会心理学研究的主要组成部分。早期社会心理学偏重于研究民族、群众这样一些大型群体问题。第一次世界大战后,实验方法进入社会心理学,致使社会心理学中的群体研究转而侧重于小型群体问题。围绕小群体问题的研究大致可以归纳为以下几个方面:社会促进和社会抑制、顺从、群体凝聚力及其测量、群体领导问题、群体思维、群体决策、群体极端化等。

社会心理学研究群体问题已有很长的历史。早期社会心理学偏重于研究民族、群众这样一些大型群体问题。M.拉察鲁斯和 H.斯坦塔尔是民族心理学的直接创建者。1859 年,他们创办了《民族心理学和语言学》杂志,发表了他们的文章《民族心理学序言》,认为社会心理学的任务是从心理方面认识民族精神的本质,揭示民族精神活动的规律。W.冯特发展了民族心理学思想,提出民族心理学应当采用不同于作为实验科学的生理心理学的方法,即通过分析文化产品——语言、神话、风俗习惯、艺术等来研究民族心理问题,并于 1900 年出版了 10 卷集的《民族心理学》。关于群众心理学,G.塔尔德于 1890 年出版了《模仿律》,认为只有借助于模仿的思想,才能解释人的社会行为。1891 年,S.西格尔出版了《犯罪的群众》。1895 年,G.勒邦发表了《群众心理学》。他认为,群众是冲动的、无理性的、缺乏责任感的、愚蠢的,个体一旦参加到群众之中,由于匿名、感染、暗示等因素的作用,就会丧失理性和责任感,表现出冲动的、凶残的反社会行为。1908 年,W.麦独孤发表了《社会心理学导论》,提出社会行为本能理论,以人天生有结群本能来解释人们的结成群体问题。这些早期学者提出的有些思想,如模仿、个性消失、群众极端化等观点,直到现在,还在社会心理学中具有一定的影响。

2. 群体心理的定义及特征

群体心理是群体成员之间相互作用和相互影响下形成的心理活动。所有复杂的管理活动都涉及群体,没有群体成员的协同努力,组织的目标就难以实现。群体心理的显著特征是共有性、界限性和动态性。

群体心理分为小群体心理和大众心理。作为社会的人,彼此之间必然要发生一定的关系,进行社会交往,从而产生交往心理。交往心理既存在于个人与他人之间,也存在于群体之间。

群体心理主要是心理学中的一个重要的分支学科即社会心理学的研究对象,其他心理学分支学科(如管理心理学)也研究群体心理。总之,群体心理是群体成员共有的价值、态度和行为方式的总和,具有群体界限性,形成于群体活动中。

群体心理的特征:认同意识、归属意识、整体意识、排外意识。

(1)认同意识。不管是正式群体的成员还是非正式群体的成员,他们都有认同群体的共同心理特征,即不否认自己是该群体的成员。他们对自己群体的目标有一致的认识,认同群体的规范,并在此基础上产生自觉自愿的行动,并且对重大事件和原则问题保持共同的认识和评价。当然,每个群体内部的认同程度是不一样的,一般来说,大群体内部的认同程度要相对低一些,而小群体内部的认同程度相对要高一些。

(2) 归属意识。不管是正式群体的成员还是非正式群体的成员,他们都有归属于群体的共同心理特征,即具有依赖群体的要求。但是,归属意识里面有个自愿感和被迫感的问题。非正式群体成员的归属意识是自愿的归属意识,而正式群体成员的归属意识则不确定,可能是自愿的,也可能是被迫的——个人的优势在正式群体中得不到充分的发挥,就可能对归属于该群体产生被迫感。这是一种和被迫感并存的归属意识,在这种情况下,该成员首先考虑的不是我应该为群体做些什么,而是考虑我归属于这个群体了,群体应该为我负责。所以同样是归属意识,自愿的归属增强凝聚,而被迫的归属增强离散。

(3) 整体意识。由于认同群体,归属于群体,不管是正式群体的成员还是非正式群体的成员都有或深、或浅、或强、或弱的整体意识,即意识到群体有其群体的整体性。但是这种整体意识程度不同,行为表现不同。一般说来,整体意识越强,维护群体的意识也越强,行为具有和群体其他成员的一致性;反之,整体意识越弱,维护群体的意识也越弱,行为具有或强或弱的独立性。但是也有相反的情况。正因为整体意识强,所以在发现群体其他成员的行为有害于整体时采取反对态度,和其他群体成员的行为不一致;正因为整体意识弱,所以采取不负责任的态度,和群体其他成员的行为保持一致。所以整体意识和行为一致是两个互相联系的问题,但却不是同一个问题。不能简单地把行为独立性强的人等同于没有整体意识或整体意识不强。

(4) 排外意识。所谓排外意识,是指排斥其他群体的意识。群体具有相对独立性,群体成员具有整体意识,这就必然在不同程度上产生排外意识。只要班组奖金高,不管车间是否可以发出奖金;只要车间奖金高,不管企业是否能发出奖金。这是群体成员普遍会产生的心理。如排外意识倾向于把自己看作班组群体的成员,他就排斥车间以上的群体;倾向于把自己看作车间群体的成员,他就排斥企业以上的群体,同时他更横向地排斥同级的其他群体。越是把自己看作小群体的成员,其排外的意识就越是强烈。因此,"外人"也就更难进入小群体。这反过来也说明,人们往往更重视小群体的利益。

3. 各类群体心理

在不同的群体中会产生不同的群体心理,比如,家庭心理、工作群体心理、集体心理、阶级心理、民族心理等都是不尽相同的。组织行为学更关注工作群体心理与集体心理。

(1) 工作群体心理。除家庭外,工作群体是极其重要的。由于工作群体的目的是生产和协作,所以也就形成了一些不同于其群体的心理特点。

工作群体不是靠情感而是靠群体目标来维系的,每个成员的目标和群体目标是一致的。没有群体目标,就不可能组成工作群体。在工作群体中,人际关系虽然不是主要的,但它对工作目标的实现有着重要的影响:人际关系密切,成员工作就愉快,工作效率就高;人际关系紧张,容易使成员协作失调,降低工作效率,从而干扰目标的实现。

工作群体的等级体系和权力不是自然形成的,而往往是由组织规定的。能力强,威信高,就容易被任命为群体的领导者,居群体的最高地位。然而,这种体系和权力是可以变化的,它完全排除了家庭的那种固定性。

工作群体是个人或多或少地自愿加入的,并不是天然规定的。正因为如此,如果个体在工作群体中感到人际关系良好,心情愉快,工作富有挑战性,各种需要能得到满足,并且能获得较高的报酬和奖励,那么他就继续参加这个群体。相反,他就有可能脱离这个群体,而去参加其他的群体。总之,工作群体对人的吸引不如家庭那么大,归属感也不如家庭那么强烈。人们之所以加入这一群体,主要是为了满足物质利益的需要。

工作群体的互动远不如家庭那么深刻。工作群体中成员的互动,主要发生在工作和生产中,人们在互动中,往往不把自己的内心世界全部暴露出来,所以,这种互动是浅薄的,对人的了解是不全面的,往往只知其一,不知其二。总之,工作群体的互动,由于情感投入得比较少,所以只能是一种表面性的,它很少深入到更深的层次。

(2)集体心理。集体成员是由符合社会利益而又具有个人意义的共同活动联结起来的。其一,集体是群体发展的最高层次,具有自己的独特特征。首先,集体成员之间的关系是平等的,因为集体是指摆脱了人剥削人、人压迫人的人们的共同体。其二,集体是为了达到社会所赞同目的的人们的联合体。它通过具有普遍社会意义的共同目的把人们联结在一起,正是这一点把集体同其他类型的群体区别开来。其三,集体通过共同活动的过程直接把人们联系起来了。在集体中,个人之间的联系是以有个人意义和社会价值的共同劳动内容为中介的。其四,集体具有完整性,即集体是共同活动的系统,它具有自己的组织、职能和分工,有一定的领导和管理机构。其五,集体能保证个人精神需要的满足和才能的全面发展。在这里,个性的发展与集体的发展是一致的。

4. 群体心理特征

社会主义条件下的集体,它有别于其他群体,有着自己独特的心理特征,主要表现在下列几个方面。

(1)集体对达到有社会意义目的的指向性,即社会所规定的目的和集体所提倡的目的,可以被其成员所接受,并转化为每个成员的目的,同时努力达到社会、集体、个人目的的一致。当然这种指向性并非是自发产生的,而是需要一定的宣传和教育。

(2)集体的团结性。集体团结性,表示着集体成员在思想、政治、道德和知、情、意上的统一。这种统一,首先是建立在组织统一的基础上,其中价值定向的统一是这种团结性的指标之一。但这种团结性必须要与达到社会意义目的的指向性相结合,只有如此才具有集体的意义。在集体成员的业务交往范围内,集体主义的相互关系占主导地位,而在个人交往的范围内,则是人道主义的相互关系占主导地位。

(3)集体主义的自我组织性,即集体的决定,在于达到集体的目的和捍卫集体的利益。这种自我组织性是自觉的,并非外力压迫所致的。

5. 群体心理的类型

群体心理的类型包括群体归属心理、群体认同心理、群体促进心理。

(1)群体归属心理。这是个体自觉地归属于所参加群体的一种情感。有了这种情感,个体就会以这个群体为准则,进行自己的活动、认知和评价,自觉地维护这个群体的利益,并与群体内的其他成员在情感上发生共鸣,表现出相同的情感、一致的行为以及所属群体的特点和准则。例如,一个大学生在社会上表明自己身份时,总是说我是某个学校的,到了学校,则强调是某个系的,到了系里,又表明是某个班的。这种表现校、系、班身份的意识,就是归属感的一种具体表现。群体的归属感,由于群体凝聚力的高低不同,其表现的程度也就不同。群体凝聚力越高,取得的成绩越大,其成员的归属感也就越强烈,并以自己是这个群体的成员而自豪。所以,先进群体成员的归属感比落后群体成员的归属感要强烈。另外,一个人在一生中可以同时或先后参加几个不同的群体,他对这些群体都产生归属感,而最强烈的归属感是对他生活、工作和其他方面影响最大的那个群体。一般来讲,人们对家庭的归属感要比对工作群体的归属感强烈得多。

(2)群体认同心理。群体认同感,即群体中的成员在认知和评价上保持一致的情感。由于群体中的各个成员有着共同的兴趣和目的,有着共同的利益,同属于一个群体,于是在对群体外部的一些重大事件和原则上,都自觉保持一致的看法和情感,自觉地使群体成员的意见统一起来,即使这种看法和评价是错误的,不符合客观事实,群体成员也会保持一致,毫不怀疑。例如,某个成员与群体外的他人发生意见冲突,那么群体内的其他成员就会与本群体的这个成员的意见保持一致,认为他说得对而批驳对方。

一般来讲,群体中会发生两种情况的认同:一种认同是自觉的,由于群体内人际关系密切,群体对个人的吸引力大,在群体中能实现个人的价值,使各种需要得到满足,于是成员会主动地与群体发生认同;另一种认同是被动性的,是在群体压力下,为避免被群体抛弃或受到冷遇而产生的从众行为。这后一种认同是模仿他人,受到他人的暗示影响而产生的,尤其是在外界情况不明,是非标准模糊不清,又缺乏必要的信息时,个人与群体的认同会更加容易形成。

(3) 群体促进心理。在现实生活中常常可以看到,个人单独不敢表现的行为,在群体中则敢于表现,一个人单独很少做的事情,在群体中却做了。这就是说,个人在群体中变得胆大起来。这是由于归属感和认同感使个体把群体看做是强大的后盾,在群体中无形地得到了一种支持力量,从而鼓舞了个人的信心和勇气,唤醒了个人的内在潜力,做出了独处时不敢做的事情。并且当群体成员表现出与群体规范的一致行为,做出符合群体期待的事情时,就会受到群体的赞扬,从而就使个体感到其行为受到群体的支持。这种赞扬和支持,主要体现在个人心里的感受上,一个动作,一个眼神,一种表情,甚至仅仅是同伴在场,都可以成为促进作用而被个体体会到,从而强化其行为。

然而,群体的这种鼓励作用,并不是等同地发生在每个成员身上,有的受到的支持力量较大,有的则较小,还有的则感受不到支持,甚至还会产生干扰作用。因此,一个群体能否对其成员产生促进作用,要受成员个人的具体情况的制约。这些条件表现为:第一,群体成员必须服务本群体的规则,热爱自己的群体,为群体的利益服务,而不能成为群体的越轨分子;第二,个人与群体认同,并希望得到群体的保护和支持,成为个人利益的维护者。如果缺乏这两个条件,这种作用就不会发生,有时反而会产生阻碍作用,使个人在群体中降低活动效率。

任务二　群体中的人际知觉与人际关系管理

知识目标
- 了解人际知觉的概念
- 了解人际关系的概念
- 明确人际关系在社交中的作用

技能目标
- 如何在社交中应用人际知觉处理人际关系

一、人际知觉及影响因素

1. 人际知觉的概念

社会知觉包括人际知觉和自我知觉。人际知觉是指对人与人之间关系的知觉,包括对人的外部特征、个性特点了解、对人行为的判断和理解。这种知觉主要是在人际交往中发生的,以各种交际行为为知觉对象。交际行为指人们在交往中相互接触和交换的言语、态度与动作,包括礼节、交谈、表情、援助、侵犯等行为。人际知觉主要是了解人与人社会关系的认识。

2. 人际知觉的特点

知觉是客观事物直接作用于人的感官时,人脑产生的对事物整体的反应。知觉同感觉一样,也是对作用于感官的客观事物的直接反映,但它不是对事物个别属性的反映,而是对事物各种属性及各个部分的整体反映。人们在认识客观事物的过程中,首先是获得对客观事物个别属性的感觉,当感觉积累多了并有机地融为一体,形成对事物整体的反映,便达到了知觉。

一般来说,感觉到事物的属性越丰富,知觉就越完整。因此,感觉是知觉的基础,知觉是感觉的深入。人际知觉的主要特点是有明显的情感因素参与知觉过程,即人们不仅相互感知,而且彼此间会形成一定的态度,在这种态度基础上又会导致产生各种各样的情感,如对某些人喜爱,对某些人同情,而对另一些人反感等。人际知觉过程中产生的情感决定于多种因素,如人们彼此间的接近程度、交往频繁程度以及彼此间相似程度等,都会对人际知觉过程中的情感产生很大的影响。一般来说,人们彼此越接近,交往越频繁,相似之处越多,就越容易产生友谊、同情和好感。

3. 人际知觉的影响因素及主要群体效应

在认识他人时,有许多因素影响人们的判断。影响人际知觉的心理因素主要有:"最初印象"是指初次对人知觉时形成的印象往往最为深刻,在以后的人际知觉或人际交往时不断在头脑中出现,并制约着新的印象。

(1) 晕轮效应是指在人际知觉时,人们常从对方所具有的某个特征而泛化到其他一系列有关特征,也就是从所知觉到的特征泛化、推及至未知觉到的特征,即通过局部信息而形成一个完整的印象。

(2) 定型倾向是指根据社会上对于某一类人产生的一种比较固定、概括而笼统的看法,按某个人的一些容易辨别的特征把他归属为某一类人,随后又把属于这类成员所共有的典型特征归属到他身上,并以此来知觉和判断他。

(3) 先入为主是指对人知觉并非出于对客观对象的知觉,而是凭空臆造后又把这种主观观念投射到对象身上,因而就知觉到原先并不存在的东西。

(4) 投射作用是指在人际交往中人们往往把自己的特征归属到其他人身上,假设他人与自己是相同的,利用自己去判断他人。

(5) 情绪效应是指认知主体的情绪状态或特定心境会使人在对人知觉时带上一付有色眼镜,看出来的人和事都染上了自我的情绪色彩。

(6) 首因效应和近因效应。这是普通心理学记忆研究中提出的原理,这个原理在印象形成上同样起作用。这说明,输入信息的顺序对印象形成有重要影响。最先接受的信息作用最大,最后接受的信息也起较大的作用。前者称为首因效应,后者称为近因效应。这两种效应看来似乎是矛盾的,但实际上并不矛盾。一则两种效应都对中间信息有损害,二则首因效应似乎欠持久,除非最后接受的信息被彻底整合,否则近因效应是暂时的。

在日常生活中,人们都想在第一次约会时给人以良好的印象,因为人们普遍认为第一印象是非常重要的。社会心理学家 A.鲁申斯做过如下实验。他编写了两段短文,描述一个男孩的日常活动,在第一段短文中把该男孩描述成一个外倾型人,在另一段短文中把该男孩描述为一个内倾型人。鲁申斯把两段短文结合起来,顺序是先第一段后第二段,或者先第二段后第一段。读完后要求被试者评定这个男孩的特质类型。结果证实了首因效应。当第一段在前时,被试者把这个男孩评定为外倾型人。当第二段在前时,被试者把这个男孩评定为内倾型人。但是,如果在两段描述之间插入某些其他活动,则较近的信息有更大影响,出现近因效应。假定上个月在一次晚会上认识了一个人,他给你的印象不太好,本周内你又碰上了他,这次他给你的印象却是好的,那么你对他的印象可能是好的。如果把全部有关其人的信息放在一起,则近因效应可能消失。

对这种顺序效应有几种解释:一种解释是同化说,认为最先接受的信息形成的原始印象构成核心知识,后来的其他信息被整合到这个核心知识中去;另一种解释是以注意为基础的,认为先前接受的信息受到更多的注意,而后来的信息则易遭忽视,至少是加工较少。

专家认为,了解别人常用的简单方法是把自己当作别人,把自己放在别人的位置上,从而建立有关他的内部状态的假设,这就是认识、了解别人的认同机制,类似于人们常说的"设身处地、以己度人"。

二、人际关系及其影响因素

1. 人际关系

人际关系就是人们在生产或生活活动过程中所建立的一种社会关系。这种关系会对人们的心理产生影响,会在人的心理上形成某种距离感。

2. 产生人际关系的原因

1974 年魏斯提出人际关系的六种需要,即魏斯的人际关系律,包括依附的需要、社会整合的需要、价值保障的需要、可靠同盟的需要、寻求指导的需要、关心他人的需要。

3. 人际关系的种类

(1) 按其规模的大小和人数的多少,人际关系可划分为:两人之间的关系、个人与群体的关系、个人与组织的关系。

(2) 按人际关系的性质好坏,人际关系可划分为:人际关系好,即协调、友好、亲密的人际关系;人际关系不好,即不协调、紧张、对立的人际关系。

(3) 按人际关系需要来分类包括容纳的需要,即交往、沟通、归属、参与、随同,反之则孤立、退缩、疏远、排斥、忽视、对立;控制的需要即影响、控制、支配、操纵他人,反之则拒绝权威、忽视支配、拒绝控制;感情的需要,即喜爱、亲密、同情、友好、热心、照顾,反之则冷淡、疏远、厌恶、憎恨。

(4) 按人际关系的基本倾向包括主动的与被动的。

(5) 按心理距离包括有 9 级,如表 4-1 所示。

表 4-1 人际关系的心理距离

人际关系等级	心理距离状态	人际关系等级	心理距离状态	人际关系等级	心理距离状态
+4	亲密无间	+1	好感合作	−2	情绪对立
+3	知心友好	0	互不干涉	−3	冲突报复
+2	主动交往	−1	不满共处	−4	不共戴天

4. 研究人际关系的意义

研究人际关系的意义有：①企业内人际关系的好坏与劳动生产率的高低有密切的关系；②人际关系对人的行为有着十分重要的影响；③人际关系对人的心理健康产生重大的影响；④人际关系是团结的基础。

5. 影响人际关系的因素

影响人际关系的因素包括以下几个方面。

（1）人际吸引力：思想态度的相似性，需要的互补性，感情的相悦性，兴趣爱好的一致性，能力、特长、仪表和风格。

（2）时空上的接近：生态距离，交往的频率。

（3）社会文化因素：社会因素即社会经济发展水平、人们的生活方式和价值观念、社会风气、道德风尚，文化因素即人际关系的平衡。

三、人际关系管理

（一）人际关系平衡

所谓人际关系平衡是指交往双方的需要和这种需要的满足程度以及人际吸引的程度保持平衡。用公式表达为：甲对乙的（需要＋吸引）＝乙对甲的（需要＋吸引）。

所谓人际需要指包括不同层次的需要：物质需要、感情需要、归属需要、交往需要、尊重需要、赏识需要、体谅和宽容的需要等。所谓人际吸引，包括审美的需要、学习的需要和模仿的需要，在人际交往中，这类需要常常表现为一方对另一方的吸引。人际需要和人际吸引是同时存在、互相补充的。

研究人际关系即是研究人际关系在什么条件下失去平衡，以及如何创造条件达到新的平衡。为此，首先应研究人际关系达到平衡的种类。人际关系平衡的种类有自觉平衡、主动平衡和消极平衡。

（1）自觉平衡。自觉平衡就是指人际关系出现不平衡状态之后，关系双方能够依靠关系本身的基础，进行内部调节，使关系重新进入平衡状态。这种情况一般多发生在人际吸引对于人际需要的补充和调节。

（2）主动平衡。主动平衡指人际交往中，交往双方从明确的共同目标出发，各自调整自己的需要，以适应对方的平衡方式。这种平衡方式主要出现在社会群体和组织中，关系双方以共同目标进行自我约束来实现人际关系的平衡。

（3）消极平衡。交往双方在自身利益所迫的情况下，通过不情愿地牺牲个人利益和需要来实现人际关系的平衡。这种平衡的特点是有人际需要，无人际吸引，关系的情绪基础薄弱，在利益驱动下被迫而违心地实现人际关系的平衡。

（二）人际关系的破坏

所谓人际关系的破坏，指人际关系失去平衡。造成人际关系破坏的原因，通常来自个人品质的缺陷与管理工作的不足两个方面。

1. 个人品质的缺陷

个人品质的缺陷包括自私、虚伪、骄傲和刁钻。

（1）自私即私心过重，精明得可怕。其具体表现为或损人利己，或落井下石，或乘人之危，或一毛不拔，使人们与他交往望而却步，甚至化友为敌。

(2) 虚伪即虚情假意，表里不一。其具体表现为台上握手，台下踢脚；嘴上甜蜜蜜，心中一把刀；平时好，关键时刻踢一脚。

(3) 骄傲即自我膨胀，蔑视他人。

(4) 刁钻即拨弄是非，制造矛盾，破坏团结，破坏人际关系。在一个群体里，常有一些心术不正的人，散布流言，挑拨离间，他们破坏了群体内的团结。

2. 管理工作的不足

管理工作的不足包括沟通不良、过分竞争、非正式组织的消极作用、政策和领导方式不当等。

(1) 沟通不良。在组织的上下级之间、平行部门和同事之间沟通不良，造成互不了解，互不信任，甚至互相猜疑，互抱成见，影响人际关系的和谐。

(2) 过分竞争。任何一个组织，没有竞争则缺乏活力，容易形成不思进取、得过且过的消极文化；但内部过分竞争，则会使同事成为对手，处处互留一手、互相戒备，难于互相帮助、主动协作。

(3) 非正式组织的消极作用。由于正式组织管理不善，凝聚力下降，给非正式组织以很大的生存空间，广大职工在许多非正式组织的团体压力下活动，往往造成帮派心理，排除异己，打击先进，庸俗关系学盛行，人际关系遭到扭曲和破坏。

(4) 政策和领导方式不当。或者由于分配政策、人事升降政策不合理，造成人与人之间的不公平；或者由于领导专断，缺乏民主作风，盛气凌人，使得职工的不满情绪较大，人际关系失去平衡。

（三）人际关系的改善

为了改善人际关系，应该有针对性地从两个方面采取措施。

1. 改善人际交往素质

每位职工和管理人员都应该努力改善自己的人际交往素质，遵循正确的人际关系原则。

(1) 求同存异。相似性因素是导致人际吸引、建立良好人际关系的重要因素。求同存异就是把双方的共同点发掘出来，作为改善关系的基础。态度和价值观的相似是最重要的相似性因素，以它为基础的人际吸引，是人际关系的稳定因素。因此，加强组织文化建设，培育共同的价值观，是在组织内部改善人际关系的基础性工作。

(2) 以诚待人。真诚会产生感情的交融和心理的相悦，从而大大地增进人际吸引。要形成良好的人际关系，必须待人热情诚恳，真心实意地与别人交往。交往时要关心、体贴、同情、理解别人，要培养自己在人际交往中的共知感，即心中装着他人，设身处地为他人着想，将心比心，善于体谅别人，与别人分担忧愁，共享欢乐。

(3) 尊重他人。在与人交往时不要以自我为中心，突出自己，夸夸其谈，而应当以他人为中心，耐心倾听对方的讲话，不要心不在焉或随便打断别人讲话。要尊重别人的劳动、尊重别人的人格，只有尊重别人，才能赢得别人对你的尊重。

(4) 严于律己。要建立良好的人际关系，在与人交往中必须谦虚谨慎、言行一致，严格要求自己。要求别人做到的，首先自己要做到；对自己的缺点要勇于做自我批评，对于别人的批评应当虚怀若谷，客观地做出分析判断，有则改之，无则加勉，不应形成偏见、耿耿于怀。

2. 提高管理工作水平

(1) 优化组织风气。一个组织的领导者，应该下工夫培育起优良的企业文化，在积极向上的价值观指引下，努力营造团结、友爱、和谐、进取的组织风气。在这种风气的熏陶感染下，组织内部就比较容易形成和谐亲密的人际关系。

（2）重视人际关系培训。组织的领导者应该关心干部和职工的人际关系素质，并责成人事部门安排人际关系培训，以不断改善组织成员的人际关系素质和人际关系技巧。

为此可采用两种方法对组织成员进行训练：第一种方法为角色扮演法，即模拟某种现实问题的情景，让一个人在此问题中扮演不同的角色，站在不同的角色立场上处理问题，以便体验别人的感情和需要，从而改善对待他人的态度。第二种方法是敏感性训练，即通过办训练班进行群体讨论，培养与提高管理人员观察、分析、体贴他人的能力，学会从别人的认识中正确地看待、分析、检讨自己，增加对个别差异性的忍受性，培养并提高与他人共处的能力以及解决冲突的技能。

（3）适当修改政策。在组织内的分配制度改革中，既不能再搞平均主义、大锅饭，也不宜过分强调拉开差距；在职务和岗位的聘任工作中，既要坚持竞争上岗，又要坚持公平考核、公开招聘；在工作中，既要强调优胜劣汰，又要强调真诚合作，靠团队的集体力量做好工作。总而言之，政策不能走极端，既借助适度竞争焕发组织活力，又防止过度竞争破坏人际关系。

（4）改善领导作用。组织的领导者应该礼贤下士，尊重人才，尊重职工，平等待人，与人真诚相处；在组织内部要发扬民主，让人们畅所欲言，把问题和争论摆到桌面上来，就会避免暗中钩心斗角的现象发生，从而建立亲密和谐的上下级关系。

（5）及时调解帮助。组织内部一旦出现人际关系失衡或破坏的情况，作为组织的领导者应责成有关部门或干部，及时进行调解帮助，借助组织的力量，实现人际关系的主动平衡。

（四）人际交往的五项原则和七个技巧

人际交往包括以下五项原则和七个技巧。

1. 五项原则

（1）平等的原则。社会主义社会人际交往，首先要坚持平等的原则，无论是公务还是私交，都没有高低贵贱之分，要以朋友的身份进行交往，才能深交。切忌因工作时间短，经验不足，经济条件差而自卑，也不要因为自己是大学毕业生、年轻、美貌而趾高气扬，这些心态都影响人际关系的顺利发展。

（2）相容的原则。这项原则主要是心理相容，即人与人之间的融洽关系，与人相处时的容纳、包含、宽容、忍让。主动与人交往，广交朋友，交好朋友，不但结交与自己相似的人、还要结交与自己性格相反的人，求同存异、互学互补、处理好竞争与相容的关系，更好的完善自己。

（3）互利的原则。指交往双方的互惠互利。人际交往是一种双向行为，故有"来而不往、非理也"之说，只有单方获得好处的人际交往是不能长久的。要双方都受益，不仅是物质的，还有精神的，所以交往双方都要讲付出和奉献。

（4）信用的原则。交往离不开信用。信用指一个人诚实、不欺、信守诺言。古人"有一言既出、驷马难追"的格言。现在有以诚实为本的原则，不要轻易许诺，一旦许诺，要设法实现，以免失信于人。朋友之间，言必信、行必果、不卑不亢、端庄而不过于矜持，谦虚而不矫饰虚伪，不俯仰讨好位尊者，不藐视位卑者。

（5）宽容的原则。宽容表现在对非原则性问题不斤斤计较，能够以德报怨，宽容大度。人际交往中往往会产生误解和矛盾。大学生个性较强，接触又密切，不可避免产生矛盾。这就要求大学生在交往中不要斤斤计较，而要谦让大度、克制忍让，不计较对方的态度、不计较对方的言辞，并勇于承担自己的行为责任，做到"宰相肚里能撑船"。只要自己胸怀宽广，容纳他人，发火的一方也会自觉无趣。宽容克制并不是软弱、怯懦的表现。相反，它是有度量的表现，是建立良好人际关系的润滑剂,能化干戈为玉帛,赢得更多的朋友。

2. 七个技巧

人际交往的七个技巧包括以下 7 点。

(1) 记住别人的姓或名,主动与人打招呼,称呼要得当,平易近人。

(2) 举止大方、坦然自若,使别人感到轻松、自在,激发交往动机。

(3) 培养开朗、活泼的个性,让对方觉得和你在一起是愉快的。

(4) 培养幽默风趣的言行,幽默而不失分寸,风趣而不显轻浮,给人以美的享受,与人交往要谦虚,待人要和气,要尊重他人。

(5) 做到心平气和、不乱发牢骚,这样不仅自己快乐、涵养性高,别人也会心情愉悦。

(6) 要注意语言的魅力。安慰受创伤的人,鼓励失败的人。恭维真正取得成就的人,帮助有困难的人。

(7) 处事果断、富有主见、精神饱满、充满自信的人容易激发别人的交往动机,博得别人的信任,产生使人乐意交往的魅力。

【知识拓展】

26 句话让你的人际关系更上一层楼

(1) 长相不令人讨厌,如果长得不好,就让自己有才气;如果才气也没有,那就总是微笑。

(2) 气质是关键。如果时尚学不好,宁愿纯朴。

(3) 与人握手时,可多握一会儿,真诚是宝。

(4) 不必什么都用"我"做主语。

(5) 不要向朋友借钱。

(6) 不要"逼"客人看你的家庭相册。

(7) 与别人一起打的,请抢先坐在司机旁。

(8) 坚持在背后说别人好话,别担心这好话传不到当事人耳朵里。

(9) 有人在你面前说某人坏话时,你只微笑。

(10) 自己开小车,不要特地停下来和一个骑自行车的同事打招呼,人家会以为你在炫耀。

(11) 同事生病时,去探望他,很自然地坐在他病床上,回家再认真洗手。

(12) 不要把过去的事全让人知道。

(13) 尊重不喜欢你的人。

(14) 对事不对人;或对事无情,对人要有情;或做人第一,做事其次。

(15) 自我批评总能让人相信,自我表扬则不然。

(16) 没有什么东西比围观者们更能提高你的保龄球的成绩了,所以,平常不要吝惜你的喝彩声。

(17) 不要把别人的好,视为理所当然,要知道感恩。

(18) 榕树上的"八哥"在讲,只讲不听,结果乱成一团,要学会聆听。

(19) 尊重传达室里的师傅及搞卫生的阿姨。

(20) 说话的时候记得常用"我们"开头。

(21) 为每一位上台唱歌的人鼓掌。

(22) 有时要明知故问:你的钻戒很贵吧! 有时,即使想问也不能问,比如:你多大了?

(23) 话多必失,人多的场合少说话。

(24) 把未出口的"不"改成:"这需要时间""我尽力""我不确定""当我决定后,会给你打电话"……

(25) 不要期望所有人都喜欢你,那是不可能的,让大多数人喜欢就是成功的表现。当然,自己要喜欢自己。

(26) 如果你在表演或者是演讲的时候,只要有一个人在听也要用心地继续下去,即使没有人喝彩也要演,因为这是你成功的道路,是你成功的摇篮,你不要看别人成功,而是要你能成功。

任务三　群体冲突与管理

知识目标
- 了解冲突的概念
- 掌握群体冲突的处理方法

技能目标
- 学会运用相关技能处理群体冲突

一、群体冲突

1. 冲突的概念及内涵

在人类社会组织中,人与人、人与群体、群体与群体之间必然会发生这样或那样的交往和互动关系,在这些错综复杂的交往与互动过程中,人们会因为各种各样的原因而产生意见分歧、争论、竞争和对抗,从而使彼此之间的关系出现不同程度、不同表现形式的紧张状态。这种紧张状态为交往和互动双方所意识到时,就会发生组织行为学称之为"冲突"的现象。有关冲突的定义多种多样,可以从以下几个方面理解其内涵。

其一,冲突是不同主体或主体的不同取向因为对特定客体处置方式的分歧,而产生的行为、心理的对立或矛盾的相互作用状态。前者主要表现为行为主体之间的行为对立状态,后者主要表现为个体内部心理矛盾状态。

其二,管理冲突是行为层面的人际冲突与心理层面的心理冲突的复合。客观存在的人际冲突必须经过人们去感知、去体验,当人们真正意识到对不同主体行为比较中的内在冲突、内心矛盾后,才能知觉到冲突。因此,冲突是否存在不仅是一个客观性问题,而且也是一个主观的知觉问题。

其三,冲突的主体可以是组织、群体或个人;冲突的客体可以是利益、权力、资源、目标、方法、意见、价值观、感情、程序、信息、关系等。

其四,冲突是一个过程,它是从人与人、人与群体、人与组织、群体与群体、组织与组织之间的相互关系和相互作用过程中发展而来的,它反映了冲突主体之间交往的状况、背景和历史。

2. 冲突的不同观念

人们对冲突的观念是随着社会实践的发展和认识的提高而逐步变迁的,概括起来分为三种主要观念。

(1) 传统观念。冲突的传统观念从19世纪末到20世纪40年代,在冲突问题上占据主导地位。传统观念认为:冲突是群体内功能失调的结果,冲突都是不良的、消极的、有害的,出现冲突是一件坏事,势必造成组织、群体、个人之间的不和、分裂和对抗,破坏正常关系,降低工作效率,影响组织目标的实现,因此,必须尽量减少冲突,最理想的状况是避免冲突。在这种观念指导下,人们常常把冲突等同于破坏、混乱、非理性争斗的同义词,大部分组织和管理者把防止和消除冲突当作管理工作的主要任务之一。

当代的大量研究并没有给冲突的传统观念提供全面支持,相反有不少研究却提供了与"冲突水平降低会导致工作绩效提高"等传统观点相反的证据。然而,在现实中,冲突的传统观念的影响力依然很大,许多人仍抱有传统观念来看待和处理冲突问题。

(2) 人际关系观念。冲突的人际关系观念从20世纪40年代末至70年代,在冲突理论中占据统治地位。冲突的人际关系观念认为:对于任何组织、群体和个人而言,冲突都是与生俱来、不可避免的客观存在。冲突既无法避免又不可能彻底消除,但冲突并非传统观念认为的那样,一定是坏的、消极的、破坏性的,冲突有着对组织或群体工作绩效产生积极影响的潜在可能性,所以,应当接纳冲突,使冲突的存在合理化,要适当地控制和利用冲突。

(3) 相互作用观念。冲突的相互作用观念风行于20世纪80年代以后,是当代冲突理论中的主流学派。相互作用观念认为:冲突对于组织或群体既具有建设性、推动性等正面属性,又具有破坏性、阻滞性这类的反面属性。没有冲突,过分融洽、和平、安宁的组织或群体容易缺乏生机、活力和创新精神。相反,适当的冲突能够刺激组织或群体的活力、生机、创新,成为促进组织变革,保持旺盛的生命力的积极动力,从而提高组织绩效。所以,组织和管理者的任务不再是防止和消除冲突,而是要管理好冲突,即限制破坏性冲突和促进建设性冲突,刺激功能积极的冲突,充分利用和发挥冲突的积极影响并控制其消极影响。

3. 冲突的特性

(1) 冲突的客观存在性。冲突的客观存在性是指任何组织、群体或个人都会遇到形形色色的冲突,冲突是一种不以人们意志为转移的社会现象,是群体或组织管理的本质内容之一,是任何社会主体无法逃避的客观现实存在,社会主体在与冲突的际遇互动中唯一的区别,只是冲突的类型、程度和性质的差异。

(2) 冲突的主观知觉性。正如冲突内涵中所表述的那样,客观存在的各种各样的冲突必须经过人们自身去感知,内心去体验。当客观存在的分歧、争论、竞争、对抗等现实状况反映成为人们大脑或心理中的内在矛盾斗争,导致人们进入紧张状态时,人们才能意识到冲突,知觉到冲突,所以冲突又具有主观的知觉性。

(3) 冲突作用的两重性。冲突作用的两重性是根据冲突的相互作用观念,从冲突作用影响角度对其一般特性的概括。抽象而言,冲突对于组织、群体或个人既具有建设性、有益性,有着产生积极影响的可能性;又具有破坏性、有害性,有着产生消极影响的可能性。以前者特性为主的冲突,人们称之为"建设性冲突"或"功能正常的冲突";而以后者特性占上风的冲突人们称之为"破坏性冲突"或"功能失调的冲突"。破坏性冲突多是由于冲突各方的目标和利益悬殊而引起的功能失调性冲突,会危及组织的根本利益和长远目标;建设性冲突多是由于冲突各方目标和根本利害差别不大,但手段、方式等不同而引起的功能正常的冲突,它不仅不会危害而且会促进组织的根本利益和长远目标。

这样两种性质迥然的特性反映了冲突本身的对立统一性,冲突既可能给组织或其他冲突主体带来正面效应,提高组织的工作绩效,促进组织发展,也可能给组织或其他冲突主体带来负面效应,降低组织工作绩效,阻碍甚至破坏组织生存与发展。因此,简单断言"冲突好""冲突坏",未免武断,没有多少实际意义。对于冲突问题应当根据其特性,具体问题具体认识,具体问题具体分析,具体问题具体处理,用其所长制其所劣,方为正道。遗憾的是,冲突两重性的分界并不清楚明确,常常因事、因时、因缘、因法、因环境而定,并会在一定条件下相互转换,这就需要人们既要全面学习积累冲突问题的科学理论与知识,又要认真实践和提高处理冲突的技能与艺术,随机灵活地处理冲突。

4. 冲突的影响

冲突对冲突主体的影响和作用可以从不同角度、不同层次、不同参照物来评述,在这里就限定在组织范畴与视野来讨论此问题。

(1) 冲突对绩效的影响。美国学者布朗在对冲突与组织绩效之间关系的研究中,发现了冲突水平与组织效率之间存在着联系,两者之间的关系主要表现为:当冲突水平过高时,组织会陷入混乱、对抗、甚至分裂、瓦解状态,破坏绩效,危及组织正常运转乃至生存。当冲突水平过低时,组织缺乏生机和活力,会进入变革困难,组织发展停滞不前,难以适应环境的低绩效状况。

罗宾斯教授在其撰写的《管理学》一书中,对冲突与组织绩效之间的关系做出了形象的图示(见表 4-2)。

表 4-2 冲突与组织绩效

冲突情况	A	B	C
冲突水平	低	适度	高
冲突类型	功能失调	功能正常	功能失调
组织内部特征	冷漠	生命力强	分裂
	迟钝	自我批评	混乱无秩序
	对变化反应慢	不断革新	不合作
	缺乏新观念		
组织绩效	低	高	低

表 4-2 表示了不同冲突水平或冲突强度对组织绩效的影响,有人也称之为冲突强度与冲突结果的关系模型。其中 B 情况的冲突或冲突水平又称其为建设性冲突,A 情况和 C 情况的冲突或冲突水平又称之为破坏性冲突。

一般来看,所发生冲突的类型,冲突的强度(冲突水平的高低),冲突主体的目标、环境和资源状况,以及冲突各方对于冲突的反应、对策和处理方式等,都会影响到冲突对于组织绩效的作用。

(2) 冲突的积极影响作用。根据表 4-2 的内容并结合一些专家的观点,冲突对组织的积极影响,或者说冲突能带给组织的益处可概括如下:其一,冲突能够充分暴露出往常被人们忽视的问题和矛盾,促使管理者及早发现问题,正视问题,花力气去解决问题;其二,冲突就如一个出气口,可以使冲突各方以一定的方式发泄内在的不满情绪,从而促进冲突各方的了解与沟通,降低各方由于长期压抑和怨气积蓄而酿成极端反应的概率;其三,适当的冲突,即组织内部适度的分歧和对抗,能够使组织内部各部门、各部分相互约束、相互制衡,促使组织机制不断完善;其四,适当的冲突可以促进竞争,促进人们的新思想、新视野、新建议的产生,从而给组织带来生机和动力,促进组织变革。其五,组织(或群体)间的冲突,能够降低组织内部矛盾的重要性,增加组织内部凝聚力,促使组织成员齐心协力,一致对外。其六,冲突可以促进联合,共求生存。冲突的这种效用主要发生于两种情况。当冲突各方面临更为强大的对手或敌人的共同威胁时,彼此之间求同存异,走向团结,合力图存;当冲突各方在冲突过程中找到了共同的更大利益时,彼此间也可能不计前嫌,结成联盟,壮大实力,共谋发展。其七,当冲突各方实力相近,并保持一定程度的冲突时,可能由于冲突水平的控制,冲突能量的释放等因素的作用,反而会减少冲突或冲突的升级,并求得冲突和冲突各方的长期相对的稳定。

(3) 冲突的消极影响作用。由于冲突产生的原因、冲突的类型和性质、冲突的水平或强度(程度)以及冲突处理方式不当等因素的影响,冲突会给组织带来以下消极的危害作用。其一,冲突会在人们情绪和心理上产生巨大的压力,阻碍或扭曲处于冲突中的个人对于事物、矛盾的认知和判断,导致个人行为的失常和不稳定,进而降低组织效率,危害个人的身心健康。其二,冲突(主要指高水平冲突、失控的冲突、处理不当的冲突等)会冲击组织制度和规范,离间人际关系和组织关系,紊乱组织秩序,严重影响人们的工作责任感和组织忠诚度,降低人们的工作满意度,从而导致组织整体绩效下滑。其三,持续的冲突(主要是功能失调破坏性冲突)和难以很好解决的冲突,不仅对组织的资源浪费极大而且会极大地"杀伤"组织绩效,损害组织整体实力。因为在这种情形中,冲突各方的最重要目标是千方百计增强自身实力去战胜对手,组织的目标、组织的利益会被抛至脑后,"你高我低"的利益比较,"你争我斗"的矛盾运动过程会蒙蔽人们的双眼,迟滞人们的思想,扭曲人们的行为,轻则大量浪费人、财、物、时间等组织资源,重则导致各种混乱、分裂和破坏活动,给组织带来难以弥补的损害。

5. 冲突的分类

根据人们对冲突的不同视角和不同侧重,常见的冲突分类如下。

(1) 若以冲突对组织的作用性质为依据,冲突可以划分为两种类型:建设性冲突,这类冲突又称为水平适当冲突;破坏性冲突,这类冲突又称为功能失调的冲突,主要是指过于激烈或频繁的冲突,或者过于稀少甚至没有冲突。

(2) 若以冲突呈现的基本形式为依据,冲突可划分为 4 种类型:①认识冲突,这类冲突形式主要是因为冲突主体内部或冲突各方之间存在着不一致的看法、想法和思想所引发的冲突;②情感冲突,这类冲突形式的核心动因是冲突主体在情感上的不一致,也就是说主要是因为冲突主体内部或冲突各方之间存在着不一致或不相容的感情和情感所引发的冲突;③目标冲突,这类冲突形式的核心动因是冲突主体在结果追求上的不一致,也就是说,主要是因为冲突主体内部或冲突主体之间存在着不一致或不相容的结果追求,价值取向相左,所引发的冲突;④程序冲突,这类冲突形式的核心动因是冲突主体在特定事情的运行过程或优先次序上的分歧和不一致,也就是说,主要是因为冲突主体之间或冲突主体内部存在着不一致或不相容的优先事件选择,即过程顺序安排所引发的冲突。

(3) 若以冲突表现出来的激烈性程度为依据,则可将冲突划分为以下 3 种类型。

① 论辩性冲突。这种冲突是冲突过程中最缓和的一种情况,是冲突主体在一种有理性、有控制的状况下的分歧和对抗。在这类冲突中,冲突主体主要通过摆事实、讲道理、各抒己见、批驳对方等论辩方式来影响对方,维护自身,处理冲突。论辩性冲突可以起到沟通各方,情感发泄,积极思维,催生新思想、新方法等积极作用。

② 战斗性冲突。此类冲突是冲突程度最激烈的一种情况,是一种冲突主体自我控制能力急剧下降,客观地或主观地认为彼此之间存在着根本性利害冲突,站在一种"不是东风压倒西风,就是西风压倒东风"的势不两立的绝对立场上看待冲突,处理冲突。冲突主体任何一方的任何行为都可能成为对方类似行为的起点,都可能导致对抗行为的升级。在这类冲突中,冲突主体常常侧重于压倒对方,战胜对方,不惜采用各种正当或不正当的方法来处理冲突,往往可能造成破坏性的结果。

③ 竞争性冲突。此类冲突是介于论辩性冲突与战斗性冲突之间的冲突,冲突的激烈程度或对抗性水平介于两者之间。在这类冲突中,冲突各方对自己的言行都有一定的理性控制,冲突主体都会考虑采取什么策略对自身有利,自己的决定和行为会如何影响对方,招致对方的何种反应,最终自己会落得什么样的结果。竞争性冲突各方的主体一般会尽力避免两败俱伤、一损俱损的冲突状况和结局,努力营造你追我赶、优胜劣汰竞争态势,在相同的"游戏规则"下,追求有利于自身的差别均衡状态,使自己在竞争中取得优势,在优势中解决冲突。

二、冲突的层次及形成

1. 冲突的层次

组织中不仅具有不同类型的冲突,而且还存在不同层次的冲突,组织中可能出现的主要冲突层次及其相互关系如图 4-1 所示。

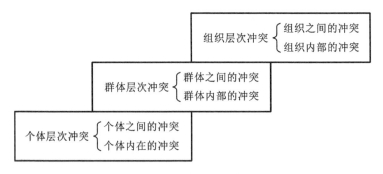

图 4-1 冲突的层次

如图 4-1 所示可知,组织中的冲突可以分为个人层次(或个体层次)、群体层次和组织层次这样三大层次的冲突。其中,个人层次的冲突又可分为人际冲突(个人之间的冲突)和个人内在冲突两个小的层次,个人内在冲突又可进一步分为个人的内心冲突和个人的角色冲突;群体层次的冲突也叫团队或团体层次的冲突,该层次的冲突又可分为群体之间冲突和群体内部的冲突两个较小层次,群体内部冲突包括了个人与群体之间的冲突以及群体内的人际冲突;组织层次的冲突又可分为组织内部冲突和组织之间的冲突,组织之间的冲突也有称之为组织与外部环境之间冲突的,组织内部的冲突广义上则应当包括组织与群体、组织与个人以及上述所有层次的冲突。

组织中各冲突层次之间的相互关系是:① 自下而上的冲突层次关系是一种基础关系、支撑关系;② 自上而下的冲突层次关系是一种包容关系、制约关系。组织中不同层次的冲突具有相互作用、相互关联的内在互动关系。

2. 群体层次的冲突

群体层次的冲突处于一种承上启下的中位层级,是组织行为学重点研究的一类冲突问题。

(1) 群体内部冲突。群体内部冲突包括群体内部个人之间的冲突和个体成员与群体之间冲突两种情形：

① 群体内成员之间的冲突。群体内部成员之间的冲突实际上是群体内部一些成员或所有成员之间的冲突，即是群体范围内的人际冲突，这种冲突常常影响群体进程。

② 个人与群体间的冲突。任何群体都有其特定目标，都要维护其运行秩序，都会对其成员提出一些要求和限制，主张和提倡符合群体目标的"非人格化"的个人行为；然而每个人会有其个人目标、利益、愿望和"人格化"的行为，当两者之间不能协调一致，产生分歧、摩擦乃至对抗时，就会发生个人与群体间的冲突。应当看到个人与群体之间冲突发生的必然性和普遍性，这种冲突也是群体内部冲突的常见形式之一。

个人与群体的冲突研究以往多为人们所忽视，只是到了近些年，这一形式的冲突才逐渐引起了人们的重视。

（2）群体间的冲突。群体间的冲突一般指的是组织内部群体或团队之间在相互交往和互动过程中，由于诸如强调自身的立场、观点、利益，忽略对方和共同的利益等多种原因，彼此间发生分歧、争论、对抗行为，使得相互关系出现一定程度的紧张状态并成为双方所意识到的对立现象。例如，在一家公司中，工会与资方因为员工的劳动条件与劳动保护水平而发生矛盾纠纷就属于典型的群体间冲突。

群体之间发生冲突后，会对群体内部成员、群体整体以及群体的外部交往对象产生行为上的影响，从而直接或间接影响到群体绩效和整个组织的绩效。

3. 冲突根源

在任何一个组织中，存在着多种多样可能导致冲突发生的根源，人们基于不同视角和偏重对其有着不同的认识与表述，下面简要介绍一下杜布林的冲突根源分类。

行为科学家杜布林运用系统的观点观察冲突问题，把冲突的根源划分为8类。

（1）人的个性。杜布林认为人的个性中存在着潜在的侵略意识，是冲突的根源之一。人的这种潜在的侵略意识（人的"个性"）总想寻求机会表现出来，人们在组织中的尖刻语言，争吵、中伤、对抗等行为，有时就是在发泄这种侵略性，组织和群体是人们经常表现这种侵略意识的基本场所。

（2）对有限资源的争夺。有用资源的稀缺性与资源需求主体的多元化，资源需求的无限性，所造成的个人、群体、组织三个层面有限资源的争夺乃是导致冲突的普遍根源之一。由于不同的群体或组织在资金、原料、人员、设备、信息、时间等各种有用资源上必然存在不同程度的有限性，难以做到按需分配或完全公平的合理配置，所以源于资源争夺的冲突便在所难免。

（3）价值观和利益的冲突。不同的个人、群体和组织参与生产和社会活动过程动机之一是追求自身的目标和利益，必然抱有自己的价值观念，在错综复杂的交往与互动过程中，彼此间价值观和利益不可能协调一致，常常存在着多种形式的分歧或对立，从而导致彼此间的冲突发生。

（4）角色的冲突。组织中的个人和群体在履行职责、承担任务、从事活动、表示形象时，常常不得不扮演两种或两种以上的相互矛盾或排斥的角色，这种角色矛盾会引发个人或群体的紧张状态，从而导致冲突发生。

（5）追逐权力。追逐权力即个人或群体由于权力欲和追逐权力的行为，消极地影响作用于与自身发生交往和互动关系的其他个人或群体，从而在彼此间可能导致冲突的发生。

（6）职责规定不清。职责规定不清意味着在一个组织或群体中，干什么、谁来干、如何干、干好干坏怎么评价等工作职责和事权不清，角色模糊，有利时人们可以揽为己任，争得好处，不利时人们也能推诿责任，保全自己，有占便宜的就会有吃亏的，这种情况下自然会发生冲突。

（7）组织变动。组织出现的变化是多种多样的，能够引起或加剧冲突的是组织较大的变化或变革。组织实施改革、重组或兼并时，必然会打破旧有的利益格局，为不同的个人或群体带来恐慌、焦虑、利益上的上升或下降。在旧的平衡被打破，新的平衡尚未建立或正在建立的过程中，是组织冲突的高发阶段。

（8）组织风气不佳。组织冲突的水平和性质与组织的风气密切相关。功能正常、水平适当的建设性冲突在组织中的维持，往往得益于正常健康的组织文化、传统、组织风气和组织关系；功能失调、水平不适当的破坏性冲突在组织中的肆虐，也往往萌动、助长组织的风气不正，组织关系庸俗，组织制度的不规范。

4. 冲突的形成过程

冲突是一个动态的过程。实际的冲突一般是从冲突相关主体的潜在矛盾映射为彼此的冲突意识，再酝酿成彼此的冲突行为意向，然后表现出彼此显性的冲突行为，最终造成冲突的结果。组织冲突是由相互依赖、相互作用的不同冲突主体之间的差异性和矛盾性，所引起的一种对抗情形的产生、发展与变化的过程。

目前，有关冲突形成过程分析影响最大的理论是美国行为科学家庞地提出的5阶段模式，如图4-2所示。

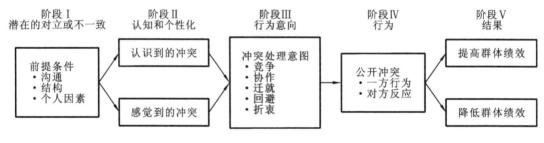

图4-2 5阶段模式

庞地的冲突过程分析模式对于冲突理论研究与应用的重要贡献在于，他把冲突的产生和变化的历程划分为5个可以辨认的不同发展阶段：潜在的对立或不一致、认知和个性化、行为意向、行为和结果。这5个阶段比较全面、准确、形象地描述了冲突的萌生、形成、发展与影响的内在变化阶段，不同阶段的性质特征，较好地剖析了一般冲突形成过程及其内在的演变机制。冲突的上述5个阶段也可以看作冲突形成过程中循序演进的5种不同冲突形态或5种不同性质的冲突、升级、演变、反馈的闭环过程来认知，如图4-3所示。

图4-3 冲突的5个阶段

5. 冲突的形态演变

冲突的形态演变包括潜在冲突、知觉冲突和意向冲突。

（1）潜在冲突或冲突的潜伏期阶段。潜在冲突阶段是冲突的萌生阶段，又称为冲突的潜伏期，主要表现形式为发生交互关系和互动过程的不同主体，彼此间存在和积累了能够引发冲突的一些前提条件。虽然这些前提条件并非必然会导致冲突，但是它们却聚集了冲突的根源，是冲突产生的必要条件。一旦这类冲突的前提条件积聚到位,或者说这些交互作用主体潜在的对立或不一致处理不当时,冲突的过程就会开始,互动主体之间潜在的冲突(潜在的对立或不一致)就会转化成明显的冲突(明显的对立或不一致)。当冲突处于潜伏期时,可将之称为潜在的冲突。只要社会活动主体彼此间发生互动活动,彼此间存在差异性和相互依赖关系,就必然存在潜在的冲突或冲突的可能性,至于潜在冲突能否转变为显在的冲突,则取决于诸多的主客观因素作用和"催变"过程。

出于简化起见,人们一般把潜在冲突(冲突的前提条件)概括划分为沟通、结构和个人因素三个类型。

(2) 知觉冲突或冲突的认知和个性化阶段。知觉冲突阶段又称之为冲突的认知期,是冲突主体对冲突的条件和根源,即潜在冲突的认识和感觉阶段。也就是说,在冲突的这一阶段,客观存在的双方对立或不一致将被冲突主体的主观所意识到,产生了相应的知觉,开始推测辨别是否会有冲突、是什么类型的冲突、是什么性质的冲突等。冲突的主体也已体验到紧张或焦虑,从而使冲突问题与矛盾明朗化,潜在冲突向明显冲突发生转化。在冲突过程中,冲突的主体在此期间(或阶段)会在感知潜在冲突的基础上去认识和界定冲突,形成个性化的冲突认知,而且不同主体对冲突的各自定义或定义的方式将极大地影响到后续冲突的行为意向和冲突的可能解决办法。需要注意的是,潜在冲突虽与知觉冲突之间存在一定联系,但两者之间并非始终存在严格的前后顺序。

(3) 意向冲突或冲突的行为意向阶段。意向冲突阶段又称为冲突的行为意向阶段。在此阶段,冲突主体主要是在自身的主观认知、情感与外显的行为之间,要做出究竟应采取何种行为的决策或特定行为意图取向的选择,也就是说,冲突主体在知觉冲突的基础上,依据自己对冲突的认识、定义和判别,开始酝酿和确定自己处理在冲突中的行为策略以及各种可能的冲突处理方式。当然,这一切多是站在特定立场,谋求有利于自身的冲突发展结局而展开的。

显然,冲突主体的行为意向与冲突的实际行为并不是一回事,两者虽然关系密切,因果互动,但由于主、客观多种因素的变化作用和影响;两者之间不存在必然的因果关系,在一些情况下会不尽一致。但是冲突主体恰当或不恰当的行为意向选择往往会导致其做出正确或不正确的冲突行为,从而造成不同性质和作用的冲突结果。日常生活中,很多冲突的升级或恶化的基本原因之一在于冲突主体把彼此之间的问题进行了错误归因或错误地选择了对待对方的行为意向。

6. 处理冲突的主要行为意向

关于人们处理冲突的主要行为意向,一般有以下 5 种形式:①竞争——自我肯定但互不合作处理冲突的行为意向;②协作(或合作)——自我肯定并相互合作处理冲突的行为意向;③折中(或妥协)——相互合作程度与自我肯定过程均处于中等水平的处理冲突的行为意向;④回避——自我不肯定且不相互合作的处理冲突的行为意向;⑤迁就——自我不肯定但相互合作去处理冲突的行为意向。

三、冲突的管理

(一)冲突管理的基本概念

冲突具有客观存在性、主观知觉性作用的两重性。任何个人、群体和组织都无法避免和忽视冲突的存在与影响,因此对待冲突的唯一正确的态度只能是正视冲突、管理冲突、趋利避害、为我所用。

冲突管理应有广义与狭义之分。广义的冲突管理应当包括冲突主体对于冲突问题的发现、认识、分析、处理、解决的全过程和所有相关工作,也就是对于潜在冲突(潜在的对立或不一致阶段)—知觉冲突(认识和个性化阶段)—意向冲突(行为意向阶段)—行为冲突(行为阶段)—结果冲突(结果阶段)的全过程进行研究管理;狭义的冲突管理则着重把冲突的行为意向和冲突中的实际行为以及反应行为作为研究对象,研究冲突在这两个阶段的内在规律,应对策略和方法技巧,以便有效地管理好实际冲突。迄今所见的论述冲突管理大部分文献多立足于狭义冲突管理的范畴。

随着组织或群体内部分工的日益细密、具体,外部环境的日趋复杂多变,竞争的日趋剧烈,技术和信息的日益进步,不同主体之间的相互交往与互动活动日趋频繁,多层次、多类型、多作用的冲突现象十分普遍,冲突问题越来越突出,冲突已经成为一种十分重要的组织现象和社会现象。因此,一个组织、群体以至个人能不能学习、掌握和提高冲突管理的科学知识和艺术技巧,能不能及时、正确、有效地实施冲突管理,趋利避害地驾驭冲突,直接影响着自身目标的实现,关系到组织、群体和个人的生存与发展。

(二)冲突管理的基本原则

得法者事半功倍,失法者事倍功半。法者章法也,原则也。冲突管理若失去"章法",把握不住原则,则不仅会事倍功半,而且可能事与愿违,适得其反。因此,冲突管理的原则是值得认真研究的一项课题。冲突管理的基本原则具体如下。

1. 倡导建设性冲突,避免破坏性冲突,把冲突控制于适当水平的原则

这是现代西方冲突理论文献中论述的最主要的冲突管理的原则。根据前述冲突的相互作用观念和冲突的特性等内容,冲突既有积极影响的一面又有消极影响的一面,冲突水平的过高和过低都会给组织和群体带来危害,因此,在冲突管理中应当奉行这一原则,对于引起冲突的各种因素、冲突过程、冲突行为加以正确的处理和控制,努力把已出现的冲突引向建设性轨道,尽量避免破坏性冲突的发生和发展,适度地诱发建设性冲突并把冲突维持在所需的水平之内,以便达成弃其弊而用其利的冲突管理目标。

2. 实行全面系统的冲突管理,而不是局限于事后的冲突控制和解决冲突的原则

传统的冲突管理把工作的重点放在冲突发生后的控制或解决上,比较被动、片面。实际上,冲突的形成、发展和影响是一个系统过程,公开冲突发生后的处理和控制只涉及第一个阶段和第二个阶段,只能说是冲突管理的一部分内容。现代冲突管理理论认为,冲突管理不仅仅是公开冲突发生后的事情,而且应当是潜在冲突、知觉冲突、意向冲突、行为冲突(公开冲突)、结局冲突等所有冲突阶段的事情,必须对冲突产生、发展、变化、结果的全过程,所有因素、矛盾和问题进行全面管理,才能把原则落到实处,尽量减少破坏性冲突的消极作用,充分发挥建设性冲突的积极作用,最大限度地减少冲突管理的成本。

3. 不走极端,持中、贵和地处理冲突的原则

这一原则源于中国传统文化的儒家思想,在现代冲突管理理论中也有所体现。在儒家思想中,所谓持中就是坚持中庸之道,凡事不能走极端,去其两端择其中以达和谐之境界。所谓贵和,即和为贵、和为本、和为美、和而不同之意,以"和"统一差异性、多样性,以"和"作为解决矛盾的上策和根本。持中、贵和的思想与现代冲突管理的实践尤其是处理冲突的经验是相同或相近的,很有指导原则上的价值。这一原则告诫大家,在冲突管理中要注重和谐局面的保持,处理冲突时,不可极端而为,应当采取适当措施,求大同、存小异,追求共赢,维护整体利益,从而减少冲突的恶性发展风险和冲突管理的成本。

4. 具体问题具体分析,随机灵活地处理冲突的原则

这就是说不存在一成不变、适用于一切组织和一切情况、放之四海而皆准的冲突管理理论和管理方法,必须针对具体的情况,根据所处的环境条件,实事求是地分析问题、认识问题,灵活采用适宜的策略和方法,随机应变地处理冲突,力求提高冲突管理的有效性。

(三) 冲突管理的基本策略

1. 冲突管理的5种基本策略

冲突管理或冲突处理的策略模式有多种,应用最广的通用策略模式是美国行为科学家托马斯用二维空间描述的冲突处理行为的二维空间,如图4-4所示。

图4-4 托马斯冲突处理行为的二维空间

托马斯模式中的横坐标轴维度"关心他人"表示冲突主体在追求自身利益过程中与对方的合作程度,也就是其试图使他人的关心点得到满足的程度;纵坐标轴维度"关心自己"表示冲突主体在追求自己利益过程中的武断程度,也就是其试图使自己的关心点得到满足或坚持己见的程度。托马斯以冲突主体的潜在行为意向为基础,通过这样的纵、横坐标轴,定义了如图4-4所示的冲突行为的二维空间,并组合形成了通用的5种冲突管理基本策略。冲突管理的5种基本策略及其表现形式如下。

(1) 竞争策略(强制策略)。竞争策略又被称为强制策略,是一种"我赢你输",武断而不合作的冲突管理策略。奉行这种策略者,往往只图满足自身目标和利益却无视他方的目标和利益,常常通过权力、地位、资源、信息等优势向对方施加压力,迫使对方退让、放弃或失败来解决冲突问题。这种策略难以使对方心悦诚服,较少解决冲突佳法,但在冲突主体实力悬殊或应付危机时较为有效。竞争策略的常见表现情形有:①产生"赢-输"局势;②敌对争斗;③迫使对方认输;④运用权力等优势以达到自身目的。

竞争策略经常发生或常被使用于以下场合:①冲突各方中有一方具有压倒性力量;②冲突发展在未来没有很大的利害关系;③冲突中获胜的成本很高,赢的"赌注"很大;④冲突一方独断专行,另一方则消极而为;⑤冲突各方的利益彼此独立,难以找到共赢或相容部分;⑥冲突一方或多方坚持不合作立场。竞争策略也包含了诉讼与仲裁方式。

任何主体在决定是否采用竞争战略时,应当认真权衡实行此策略之成本与利益,慎重回答这样几个问题:①自身有无足够实力保证一定能赢?输的概率有多大?输的结果是什么?②此策略是否导致最希望的结局?③此策略导致的结局是否能以更缓和的策略、更节省的时间或更低的成本取得?④该领域的竞争是否会导致其他领域的竞争?对自身损害可能有多大?

（2）回避策略。回避策略是指既不合作又不武断，既不满足自身利益又不满足对方利益的冲突管理策略。奉行这一策略者无视双方之间的差异和矛盾对立，或者保持中立姿态，试图将自己置身事外，任凭冲突事态自然发展，回避冲突的紧张和挫折局面，以"退避三舍""难得糊涂"的方式处理冲突问题。回避策略可以避免冲突问题扩大化。当冲突主体相互依赖性很低时，还可避免冲突或减少冲突的消极结果；但当冲突双方相互依赖性很强时，回避则会影响工作，降低绩效，并可能会忽略某些重要的看法、意见和机会，招致对手受挫、非议和影响冲突的解决，故拟长期使用回避策略时，务必三思而后行。

回避策略的常见表现情形有：①忽略冲突并希望冲突消失；②以缓慢的程序节奏来平抑冲突；③思考问题，该问题不作为主要考虑对象或将此问题束之高阁；④以保密手段或言行控制来避免正面冲突；⑤以官僚制度的政策规则作为解决冲突的方式方法。

回避策略会导致冲突各方进入僵局或僵局结果，所以也有人称之为回避或僵局方法。回避策略常被使用或经常发生在以下场合：①冲突主体中没有一方有足够力量去解决问题；②与冲突主体自身利益不相干或输赢价值很低；③冲突一方或多方不关心、不合作；④彼此缺少信任、沟通不良、过度情绪化等，不适合解决冲突。

个人、群体或组织在决定是否采用回避策略时，首先，应当检讨避免冲突的理由何在：是因为不相信能够达成解决冲突的协议？还是缺乏相互依赖的利益，缺少对问题的关心？或者是因为缺乏冲突处理的知识，惧怕对立对抗？其次，应当判断实行回避策略对冲突问题解决的建设性（生产性）影响和破坏性影响后果。再次，应根据不同情况和目标需要实施不同层次回避策略：①不予注意式回避，即有意回避或忽视冲突存在，冷却冲突或寄希望于到一定时候冲突自行消失；②中立式回避，即第一层次的回避，指的是对冲突保持中立立场，限制相互作用，减少摩擦，或不表示看法与言行的做法；③分开或隔离型回避，即第二层次的回避，指的是冲突双方虽存在利益冲突，但工作任务已明确划分，双方相互关系有限，为了防止公开冲突或冲突的发展破坏，一方采取与冲突对方隔离或冻结互动关系，独自向其他方面追寻利益的做法；④撤退式回避，即第三层次的回避，指的是当己方实力远逊于对方，冲突失败的概率很高时，为了避免招致新的失败，确保继续生存而采取的主动撤退、避让的做法。

（3）合作策略。合作策略指的是在高度合作精神和武断的情况下，尽可能地满足冲突主体各方利益的冲突管理策略模式。奉行这种策略者必须既考虑自己关心点满足的程度，又考虑使他人关心点得到满足的程度；尽可能地扩大合作利益，追求冲突解决的双赢局面。合作策略的基本观点（或基本前提）是：①冲突是双方不可避免的共同问题；②冲突双方相信彼此平等，应有平等待遇；③双方充分沟通，信任对方，了解冲突情景；④每一方都积极理解对方的需求和观点，寻找双赢方案。

合作策略的常见表现情形有：①解决问题的姿态；②正视差异并进行思想与信息的交流；③寻求整合性解决方式；④寻找双赢的局面；⑤把冲突问题看作是一种挑战。

合作策略经常被使用或经常发生于以下场合：①冲突双方不参与权力斗争；②双方未来的正面关系很重要，未来结果的赌注很高；③双方都是独立的问题解决者；④冲突各方力量对等或利益互相依赖。

合作策略旨在达成冲突各方的需求，而采取合作、协商，寻求新的资源和机会，扩大选择范围，"把蛋糕做大"的解决冲突问题方式。相比之下，妥协策略则局限于对固定资源、眼见的利益进行划分。实施合作解决问题的策略一般应经由检查解决问题的程序与愿望、研讨需求和利害关系、定义问题、拟订与评估备选方案、选择各方能够接受的方案、确定执行方法及监控程序等6个步骤。

（4）迁就策略（克制策略）。迁就策略又被称为克制策略或迎和策略，指的是一种高度合作且武断程度较低（不坚持己见），当事人主要考虑对方的利益、要求，或屈从对方意愿，压制或牺牲自己的利益及意愿的冲突管理策略。通常的迁就策略奉行者要么旨在从长远角度出发换取对方的合作，要么是不得不屈从于对方的势力和意愿。

迁就策略的常见表现情形有：①退让或让步；②屈服或顺从；③赞扬、恭维对方；④愿意改进关系，提供帮助。

迁就策略的核心是迎合，即对别人或其他群体的利益让步，或将己方需求的利益让予他人（他方）。此策略常被使用的场合有：①各自利益极端相互依赖，必须牺牲某些利益去维持正面关系的场合；②力量过于悬殊，希望以让步换取维持自身利益或在未来其他问题上的合作的场合；③己方缺乏使用其他策略处理冲突的能力的场合；④己方对冲突结果的期望值低或低度投资，采取消极的或犹豫不决的态度。

（5）妥协策略。妥协实质上是一种交易，也有人称之为谈判策略。妥协策略指的是一种合作性和武断性均处于中间状态，适度（居中）的满足自己的关心点和满足他人关心点，通过一系列的谈判、让步，避免陷入僵局，同时以"讨价还价"的部分满足双方要求和利益的冲突管理策略。妥协策略是一种被人们广泛使用的处理冲突方式，它反映了处理冲突问题的实利主义态度，有助于改善和保持冲突双方的和谐关系。尤其在促成双方一致的愿望时十分有效。奉行此策略时，应在满足对方最小期望的同时做出让步，冲突双方应当相互信任并保持灵活应变的态度，着重要防止满足短期利益在前，牺牲长远利益在后的妥协方案或妥协策略的消极影响。

妥协策略的常见表现情形有：①谈判；②寻求交易；③寻找满意或可接受的解决方案。

妥协策略可能发生或经常使用于以下场合：①冲突双方无一方有能力保证一定赢，从而决定按各方所见的有限资源和利益来分配（结果）；②双方未来的利益有一定的相互依赖性和相容性，有某些合作、磋商或交换的余地；③双方实力相当，任何一方都不能强迫或压服对方；④双方各自独立，互不信任，无法共同解决问题，但赢的赌注较多。

妥协中的"讨价还价"技巧有4个层级：一是不做实际承诺，但表明灵活的立场；二是做很少让步，但须等对方做出反应之后才会有实际进展；三是提供双方都能接受的具体交易条件；四是非正式地暗示对方的让步将有所报答。

2. 冲突管理策略的有效性

上述5种冲突管理策略若从冲突双方相互间的得失权衡来看，竞争为彼失己得，合作为各有所得，妥协为各有得失，回避为各无所得，迁就为彼得己失，所以不少人认为，合作策略的有效性最高。当然，何者更为有效，人们的观点并不一致，且受到每个人基本哲学的影响。事实上，影响冲突管理策略有效性的因素很多，每一种策略的有效性必须放到具体冲突的情形、环境、情节、矛盾、资源等实际状况中去考察，具体问题具体处理、具体比较更能准确地说明问题。也有人提出，当运用某一策略处理特定冲突问题时，如果它能够使组织效益、社会需要、组织成员的精神需要和伦理道德需要都得到满足，那么就可以说，此时的冲突管理策略是有效的。5种冲突管理策略的有效情境和无效情境如表4-3所示。

表 4-3　冲突管理基本策略的有效性

策略方式	有效的情境	无效的情境
合作方式	总是很复杂 为了得到更好的解决办法,双方的结合是有必要的 为了成功地实施合作方式,一方承担一定的义务是必需的 时间上允许彻底解决问题 一方不可能单独解决问题 为了解决共同的问题,需要利用双方拥有的资源	问题或任务很简单 要求迅速做出决策 另一方不关心最终的结果 另一方没有解决问题的技巧
迁就方式	某一方相信自己是错的 问题对某一方更为重要 某一方愿意放弃某些利益以从另一方获取一定的未来收益 某一方是从处于弱势的角度出发处理问题 维持双方的关系非常重要	问题对某一方很重要 某一方相信自己是对的 某一方认为另一方是错误的或不道德的
竞争方式	问题很琐碎 必须尽快做出决策 有必要征服固执己见的下属 对某一方来说,另一方做出的不受欢迎的决策成本太高 下属缺乏做出技术性决策的能力 问题对某一方很重要	问题很复杂 问题对某一方并不重要 双方实力相当 一定要立即做出决策 下属的能力很强
回避方式	琐碎的问题 进行对抗的潜在破坏性超出了问题得到解决的收益 需要一定的"冷处理"的时间	问题对某一方很重要 做出决策是某一方的责任 双方都不愿意拖延,问题必须马上解决
妥协方式	双方的目标都是排他的 双方的实力相当 双方之间不可能达成一致 结合方式或强迫方式都不可能成功 需要一种解决问题的临时方案	某一方更有实力 问题复杂到需要通过解决问题的方式来解决

3. 冲突管理的方法

（1）冲突管理的过程。冲突管理的整体过程可以概括为由冲突认知、冲突诊断、冲突处理、冲突效果和结果反馈 5 个环节所组成的闭环系统,如图 4-5 所示。

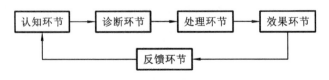

图 4-5　冲突管理的过程

认知环节是冲突管理的起始环节。此阶段重在调查研究，搜集资料，弄清问题是什么？问题在哪里？原原本本、客观真实地了解清楚问题，认知冲突各方潜在的对立或不一致的原因，了解彼此间的差异性和相互依赖性、冲突的外在表象、起因、走向和内部环境、条件等，为后续工作夯实基础。收集的资料还应包括不同单位对冲突数量和冲突处理风格类型的划分，以及它们与冲突根源、冲突处理效果之间的关系等。

诊断环节是进行冲突管理的前提。若无有效的冲突诊断，找不准冲突的病症、病因，则冲突管理方法与手段再高明，也难以成功，甚至可能因为"误诊"而坏事。管理者在冲突诊断环节中重在辨别、分析、判断冲突问题，要能够正确衡量和分析冲突是什么类型，冲突发生在哪个层面，冲突过程中双方的角色态势，冲突各方期望的理想结构是什么，冲突的强度、频度、情形如何，冲突发展的可能方向何在等。对于群体或组织间的冲突诊断可以着重从彼此间的态度、行为和结构等领域进行。

处理环节是实施冲突管理，实际干涉、调控冲突的行为活动环节。冲突管理者需要根据诊断环节的工作结果或诊断结论，开具冲突解决的"药方"，选取恰当的冲突处理方法，来实际处理冲突，争取理想的冲突管理结果。一般的管理者多会适当结合运用过程法和结构法两类不同方法来管理冲突。

过程是指为了达到目标结果而采取的一系列行动或事件。处理冲突的过程法旨在改变人们处理冲突的不同风格，帮助组织成员学会根据不同的冲突情形来选取和组合处理冲突的方式方法，从而提高冲突管理成绩。这类方法强调采取有效处理冲突风格的重要性，有时还需要改变信息沟通、领导体制、组织过程等，来帮助人们提高处理冲突问题的技能。

结构一般是指对任务、技术和其他因素的稳定安排，以保证组织和组织成员能够有效运作。处理冲突的结构法是通过改变组织结构设计，改进组织的差异性和整合机制、操作程序、奖励制度、等级序列等，以改变组织成员对不同层次冲突数量的认识，从而改善组织效率，达到管理冲突的目的。实践证明，对于因为组织结构而引起的冲突，组织结构设计适当改变，并且与任务、次序、程度、技术和环境结构要素较好地保持一致时，冲突管理的效率就能有效提高。

效果环节是指冲突行为产生客观结果和影响时的冲突管理环节，对于冲突结果的管理主要是对其冲突的结果和影响，以及冲突管理的成效进行评价、衡量，并反馈到冲突管理的认知等环节。冲突管理的效果环节可以使用目标实现、系统资源、内部过程和战略影响等 4 种不同的组织效果评价方法来进行冲突管理。其中，目标实现法侧重于以目标、目的和最终结果来评价冲突管理效率；系统资源法注重从投入要素即一个组织从外部环境中获得它所需资源的情况与过程来评价冲突管理结果；内部过程法侧重于从组织内部过程关系（如人际关系、信息流、信任和员工发展等），以及信息沟通、激励等来评价冲突结果，组织的这些特征表现程度越高，冲突管理效果越好；战略影响法又称成员满意法或生态模型，它侧重于考察冲突管理满足不同的战略选民，即组织不同利益相关需要者情况，组织若能满足其战略选民的需要，则其冲突管理就是有效的。

冲突管理的反馈环节主要是把冲突的结果与结果分析情况传递给冲突的认知等环节，借以调整修正各环节的方式方法，纠正偏差，以利再战。

(2) 预防有害冲突的技术方法。管理冲突应以预防为主，预防对群体、组织以至个人的有害冲突或破坏性冲突为主，预防工作可以从实际出发，适当选用以下方法措施。

① 合理选人，优化结构。为了预防有害冲突，在组建群体或组织时，应当选择性格、素质、价值观、利益取向、人际关系等相匹配的人员，合理结构组织，切不可让格格不入的成员"搭

配",埋下有害冲突的根源。

② 共同利益导向,把"蛋糕"做大。冲突尤其是有害冲突的重要根源之一是由于冲突各方对于稀缺资源的争夺而造成的。所以,在群体和组织管理中,要设计好大家的共同利益、共同目标和共同任务,决定各种分配时,把个体或各方的利益尽可能地与共同利益捆在一起,"锅里有碗里才有",努力把"蛋糕"做大,各自才能适得所需,减少因有限资源争夺而导致的有害冲突。

③ 建设组织文化,诱导组织风气。一个组织或群体的冲突水平、冲突频率和冲突处置方式会受到其组织文化、组织风气的潜在影响。通过建设和推行理性看待冲突,崇尚合作,加强沟通等积极内容的组织文化,培养员工正确处理冲突,控制有害冲突发生的素质。

④ 信息共享,加强交流。通过建立健全组织内或组织间的信息沟通渠道,加强各种主体和各种形式的交流沟通,实行信息共享,增进人们之间的互识、互信和感情,可以有效降低由于人们的差异性,由于信息掌握程度不同或理解不同等原因引发的有害冲突。

⑤ 推行工作分析,责、权、利界定清晰。许多有害的冲突是由于个人及群体的工作责任、权力和利益界限不清楚或配置不当,招致彼此在工作中的矛盾、争夺、对立等行为而产生的。因此,应当在组织中大力推行人力资源管理,科学的工作分析技术,把不同群体和岗位的工作目标、工作内容、职责范围,以及责、权、利关系等科学地加以界定,使个人和群体的工作走向标准化、科学化,从而防范有害冲突的发生。

⑥ 强化整体观念,建立系统的考评体系。本位主义观念,小集体或个人利益的过度追求,以个体或单方面绩效为中心的考评体系往往是导致有害冲突的根源。因此,应强化全局和整体观念,谋求组织整体的最大利益方面的教育,并建立与之相适应的系统考评体系,把个人、团队和组织三个层次绩效密切联系进行考核,以便减少有害冲突的发生。

⑦ 实行工作轮换制度,提高换位思考能力。由于人与人、群体与群体在组织中承担的任务不同,存在环境不同等因素所造成的角色差别和思维定式也是产生有害冲突的根源之一。因此,在组织中建立工作轮换制度,加强人们对更多工作角色的了解,提高人们换位思考能力,可以有效预防由此而引发的有害冲突。

⑧ 加强教育培训,提高人际关系处理技能。许多有害冲突的产生与发展起因于当事人对潜在冲突或正常问题的解决不当,简单拙劣地处理了人际关系矛盾。因此,应当开展相应的教育培训工作,提高组织成员处理人际关系的技能,提高他们处理各种矛盾问题的正确性和成功率,从而有效预防因此而导致的有害冲突。

(3) 激发功能正常冲突的方法。近些年来,组织行为专家普遍认为,一个健康有活力的组织应当保持功能正常的冲突,或者说能使冲突保持在适当水平的组织才是一个健康而有生命力的组织。这就需要当冲突水平过高时,组织要设法降低冲突;当冲突水平过低时,组织要设法激发或加强冲突。长期以来,人们的注意力集中于如何解决冲突,控制破坏性冲突,而对如何"激发冲突",发展建设性冲突却缺少深入的研究,这里仅介绍若干常见的方法措施,具体如下。

① 改变组织文化来激发冲突,即在组织文化中容纳合理的冲突,给予功能正常冲突以合法地位,摒弃视冲突为"洪水猛兽",完全否定一切冲突的传统观念。通过正面信息传播、示范加薪、晋升等强化手段,倡导敢于向现状挑战,倡议革新观念,敢于提出不同看法,进行独创性思考的组织文化,从而激发功能正常的冲突。

② 强调差别和利害比较来激发冲突。有比较才有鉴别,有比较才有竞争,这正应了中国

的一句老话"人比人急死人"。通过在设计绩效考评、激励制度等工作中,强调个人或群体的差别和利害比较,可以提高冲突水平。

③ 改革组织结构,打破现状来激发冲突。重新建构组织,重新组合工作群体,改变原有组织关系和规章制度,变革组织、群体和个人之间的互动和互相依赖关系等类组织变革,都会因为打破了组织原有平衡和利益格局而提高冲突水平。

④ 利用信息和信息沟通渠道来激发冲突。一般而言,具有威胁性或模棱两可的信息可以用来促进人们积极思维,减少漠然态度,提高冲突水平。比如,一所四平八稳的大学,当人们听到要进行内部管理体制改革,严格实行择优聘任,竞争上岗,末位淘汰制时,将会引发很多躁动不安和矛盾冲突。有意识并恰当地使用信息沟通渠道或沟通手段也是一种有效地激发冲突和控制冲突的方法。比如,某些组织的领导者在任命重要职位干部时,先把可能的人选信息通过非正式的沟通渠道散布为"小道消息",试探和激发公众的不同反映与冲突,当导致的负面反应强烈,冲突水平过高时,即可正式否认或消除信息源;若冲突水平适当,正面反应占主导时,则可正式推出任命。

⑤ 利用"鲶鱼效应"激发冲突。常见方法之一是引进外人来激发冲突。引进外人是指从外界招聘或通过内部调动的方式引进一个或一些在背景、态度、价值观、管理风格方面与目前群体成员不相同的个体,来增加群体中的新思想、新看法、新做法,造成新与旧的碰撞、刺激、互动,从而激发有益的冲突,即人们提高群体或组织的活力。常见方法之二是任命一名批评者来激发冲突,即人们所说的任命一名吹毛求疵者,给组织或群体中安排或任命一位总是具有"与众不同的看法"的角色,让其专挑毛病,专唱对台戏,从而打破定向思维、从众效应、"过去惯例",激发必要的冲突。

⑥ 强调群体间界限,倡导"内和外争"来激发群体间冲突,即在群体态度、行为和文化上,强调群体内部的团结与和谐,强调与外部群体差别和界限意识,将外部群体树为竞争对手,从而激发群体间的冲突。

(4) 处理有害冲突的方法。处理有害冲突的方法也叫解决冲突的方法技巧,指的是当有害冲突不可避免地出现后有效地对其加以处理,从而控制或减少其破坏性作用的具体方法,这些处理方法包括以下几种。

① 熟知基本冲突处理风格,理性对待和解决冲突。尽管大多数人都能够根据环境和系统的变化来调整自己对不同冲突的反应和冲突行为,然而每个人都有自己习惯和偏好的冲突处理基本风格。这种潜在的冲突处理基本风格往往影响着个人在冲突中基本的可能的行为方式,以及最经常采取的冲突处理方式和方法。了解和熟悉自己与冲突各方的基本冲突处理风格,是扬长避短、对症下药、理性处置冲突、避免习惯或错误方法导致冲突恶化的前提。

② 区分冲突,审慎选择所要处理的冲突。群体和组织中的冲突决不会简单、孤立地存在,总是多种多样、复杂关联的。其中既有鸡毛蒜皮不值得花费精力的冲突,又有极难解决,超出个人能力和影响力之外的冲突,当然也有一些适合自己去处理的冲突。前两者并不值得个体花费过多的时间和精力,面对冲突时应当区分冲突的不同类型和处理价值,审慎地挑选出那些有价值、有意义,自己又有能力、有义务处理的冲突来进行处理,只有这样,才能提高冲突处理的成效。切记,管理者不可能解决所有的冲突,只有放弃不必要和不可能解决的冲突,才能有效地解决冲突。

③ 评估冲突根源和当事人。凡事总有来龙去脉,作用与反作用力,解决冲突方法的正确选择和处理方案的正确制订,很大程度上取决于对冲突根源和冲突当事人的了解和把握。因

此,应当全面仔细地挖掘冲突的具体缘由,比如人格差异、结构差异、沟通差异等;应当花时间了解和评估冲突当事人的兴趣、价值观、人格特点、情感、资源等要素的状况和差别,并试验从冲突双方各自角度来看待冲突情境与问题;要把工作的重点放在冲突各方的关键人物身上,力求有的放矢,为处理有害冲突奠定有利条件,可以大大提升解决冲突问题的成功率。

④ 选择与冲突特点相适宜的冲突解决方式。冲突具有不同层次和不同类型,真可谓多种多样、千变万化、特点各异,不同的冲突有其相对适宜的冲突处理方式。如果冲突处理方式选择不当,冲突管理就可能事倍功半,难以处理。冲突的常见处理方式有以下几种。

其一,冲突双方自助式解决冲突,即冲突双方各自代表自身利益,面对面地采取讨论、谈判、磋商、沟通等方法来解决冲突的方式。

其二,冲突双方代理式解决冲突,即冲突双方委托代理人(如律师、朋友、雇员、工会领导等)来解决冲突的方式。

其三,第三方调停式解决冲突,即当冲突双方无法自行解决冲突时,双方共同邀请非当事人的第三方或上级使用劝说、讲道理、建议新的解决方案等办法来加以调停解决冲突的方式。

其四,第三方强制式解决冲突,即当冲突双方或请第三方调停都无法解决冲突时,由非当事人的第三方运用强力、权威或法定权力强行制止和处理双方的冲突,如冲突事件的仲裁、法院裁决或上级行政处理意见等即为此种方式。

上述冲突处理方式在使用上不应局限在单纯、孤立的使用,有时交叉或复合使用效果会更佳。

【知识与技能检测】

一、名词解释

1. 群体
2. 人际知觉
3. 人际关系
4. 冲突

二、思考题

1. 简述日常生活中的群体心理现象。
2. 试述人际知觉与人际关系管理的表现。

三、案例分析

联想电脑公司不许叫"总"

杨元庆,联想电脑公司总经理,以前大家见面时称他为"杨总",如今去联想就不会听到有人再叫"杨总"了,员工对他都是直呼其名。

联想电脑公司有三级总经理,称得上"总"的人有 200 多人,以前大家见面时,都会听到一片叫"总"的声音,这一现象引起了总经理室(联想电脑公司最高决策机构)的注意。大家习惯叫"总",这跟中国对领导长辈尊重的传统有关,员工也有反映不叫就会给人一种不尊重的感觉。如果从存在的现实看,叫"总"正面看来是表示一种尊重,但西方国家并没有这种习惯,这只是中国对领导的尊称,而中国公司在同事与同级之间往往又不这么叫,这里面其实体现着不平等,只有下级对上级的尊重,而没有上级对下级的尊重。

总经理还发现,有些领导很在乎这么叫,把其作为个人权威的体现。长期以来,员工就把这种称谓变成一种约束。称谓带"总",还不利于干部的"能上能下",一个人如果习惯被大家喊做"总",一旦被撤换就会感到很难过,就可能有抵触情绪,大家见了他也会感到不好称呼了。从这一点看,以前叫"总"大家感到很正常,不叫"总"就不正常了,这正说明叫"总"是不平等的。

联想作为一个年轻的企业,提倡的是对所有的人都尊重,尊重是没有差异的,员工既要尊重领导,领导也要尊重员工。如果这个也叫"总",那个也叫"总",给人一种充满权力等级的味道,会造成一种僵化企业氛围,影响员工发挥创造力,影响企业的创新与发展。这么看,员工称呼领导就没有必要带"总"。

说起来容易,做起来难。这件事在推进过程中也经过了反复。此事先从最高层推开,总经理室互相不能叫"总"了,后来在全公司明确规定不能叫"总"了。负责企业文化的部门策划了一系列办法。第一步先出了一个规定,详细说明该怎么怎么称谓,连总经理室的几个人怎么叫都有规定,比如杨元庆自己推荐了三种叫法——杨元庆、杨先生、元庆,该规定还制定了违反规定进行罚款的办法。第二步,在联想电脑每月销售量如超过历史纪录当月底就召开简单的庆功会,专门设计了现场请员工上台来对杨元庆直呼其名。这些做法可谓又详细又具操作性,但过了一周总经理室发现有的员工直呼其名就是开不了口,他们从心里感到很不习惯,叫"总"的现象又有复辟的倾向。经过分析原因,总经理室发现大家对直呼其名并没有从根本上理解,这说明方法不够。最关键的是总经理室没把这件事看透,到底彼此直呼其名是干什么。这件事本来是给员工谋利,给员工创造一个人人平等的环境,但在某种程度上,员工叫错就要被罚款,员工会有种被罚的感觉。这么做就是种倒错的做法,好像变成了领导要求员工做什么。"要求"往往会使人感到痛苦,人只有把做某件事当做追求快乐才能把它做好。

通过这件事,联想电脑总经理室认识到,光靠下一个文件规定如何做本身就体现着不平等。认识到位就重新来第二轮。每天上班前总经理室所有成员就站在大门前,员工来时他们主动上前问好,胸前挂着"请叫我某某"的牌子。同时大办公地点的醒目处写上"称谓无'总',走进文明"的标语。在公司内部网上开设讨论区,每一个员工都可以对此发表议论,网上还随时发布活动消息。通过不断地重复来改变大家叫"总"的习惯。这一轮是总经理室真正参与进来的平等行动。这个过程领导和员工双方都有了新的感受,大家感到真正受到了尊重。

结果这一轮见效很快,叫"总"的现象基本不见了。虽然有的人有时直呼其名还是张不了口,但大家明白再叫"总"是不行了。

联想电脑的称谓问题也是走过了一个过程,一开始大家互称"老师",这跟联想是个学术味很浓的企业有关;第二阶段由于企业要大发展,必须强调组织性和纪律性,强化对权力的认可,这一阶段叫"总"又成为必然;取消叫"总"又是一种回归,是种上升式的回归,这也是社会竞争和企业发展的结果。

思考题

(1) 分析以上案例的情景,说明联想电脑公司对员工和领导间的称谓进行的改革的目的。

(2) 如果你是联想电脑公司的员工,如何看待公司的改革办法?

实训题

以您最近一次人际关系的冲突为例,分析上述案例的整个冲突的过程,并应用所学知识对此进行冲突管理。

项目五　激励与管理

【开篇案例】

英国有一家著名的长寿公司俱乐部,申请加入该俱乐部的企业寿命必须要超过300年。这家俱乐部成员的唯一共同点,就是这些企业都能跟随时代造就出符合时代要求的激励机制,从而使企业具有高度的敏感性。这种敏感性包括对外部市场变化的高度敏感、对企业内部管理的高度敏感、对企业发展技术的高度敏感、对内部控制的高度敏感和对人才吸引的高度敏感。正是企业的高度敏感性塑造了企业的百年老店。

企业的敏感性来自哪里?就来自激励制度带来的企业活力。一家企业如何采取全新的激励机制雇佣优秀的员工,发挥他们的优势呢?世界著名的经理人韦尔奇给出的答案是:要搞好一家企业,关键是要给20%表现优秀的员工不断地加薪,而不断地淘汰企业里表现较差的10%的员工。只要企业的最高决策层能做到这一点,企业肯定就能办好。

任务一　激励活动

项目目标

知识目标
- 理解激励的含义
- 了解激励的要素
- 掌握激励的类型

技能目标
- 能够合理运用不同的激励类型

【任务引入】

徽州渔翁

清江渔舟是徽州一道明丽的风景线。岸边三户渔家各有一只小舟、数只鱼鹰。商界旅游团前去参观。导游介绍,这三家中一家致富;一家亏损;还一家最惨,鱼鹰都死了,只能停业。商界来客细问缘由,导游说:"原因就出于扎在鱼鹰脖子上的细铁丝上,致富的渔翁给鱼鹰捆的铁丝圈不紧不松,不大不小,鱼鹰小鱼吞下,大鱼吐出;亏本的那家的圈捆得过松过大,本可卖钱的鱼也让鱼鹰私吞了;而最惨的渔家自以为精明,把鱼鹰的脖子扎得又紧又小,结果事与愿违,饿死鱼鹰,血本无归!"商界人士听罢,感叹不已:"到底是徽商故乡,处处可闻商道。"原来用铁丝圈捆鱼鹰的脖子也是门学问,捆得太紧,把鱼鹰勒死了,就无法捕鱼了;捆得太松,大鱼、小鱼全都被鱼鹰吃掉了,渔翁什么都没得着;只有捆得不松不紧,才能有双赢的结果,这其中就要讲究个"度"。

【任务分析】

员工是企业的第一生产力,是为企业创造价值的元素,如果把企业比作小船,那么,员工就是载舟之水。如何有效地激励员工,是领导者的一门必修课。

一、激励的含义

"激励"一词可能有许多种定义。"激励"可描述为刺激人对某项工作、项目或主题产生兴趣的艺术,它使被激励者保持专注、谨慎、关切与负责的态度。"激励"可以是一种终极结果,它满足了自我价值、价值观及机构或部门的归属感相连的那类人的需求。

1. 激励的定义

所谓激励,指人类活动的一种心理状态,它通过持续地激发人的动机和内在动力,使其心理过程始终保持要奋斗的状态中,鼓励人朝着所期望的目标采取行动的心理过程。激励在本质上就是激发、鼓励和努力调动人的积极性的过程。通常认为,一切内心要争取的条件,如欲求、需要、希望、动力等都构成人的激励。而需要、动机和目标作为激励的主要心理机制分别处于行为的不同阶段,三者既彼此独立,又相互依存,并按照所处阶段密切接连,顺次对行为发挥激励功能,由此构成一个完整的激励过程,如图 5-1 所示。

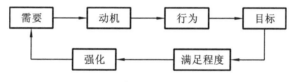

图 5-1 激励过程图

作为管理手段的激励,通常是指管理者运用各种管理手段,利用人的需要的客观性和满足需要的规律性,刺激被管理者的需要,激发其动机,调动人的积极性和创造性,促使满足需要的行为朝着实现组织目标的方向运动。激励手段的运用,赋予了管理活动以主动性的特征。因为激励是激发人的内在动力,使人的行为建立在人的希望、愿望的基础上。这样一来,人的行为就不再是一种外在的强制,而是一种自觉自愿的行为。

2. 激励的特征

激励包括以下五种特征。

(1) 激励的目的是通过设计科学的薪酬管理系统,来满足企业员工的各种外在性需要,从而实现企业目标及其员工个人目标。

(2) 激励的实现方法是奖励和惩罚并举,对员工符合企业期望的行为进行奖励,对不符合企业期望的行为进行惩罚。

(3) 科学的激励工作是一项系统性很强的工作,它贯穿于企业人力资源管理的全过程,包括对员工的职位评价、个人需要的了解、个性的把握、行为过程的控制和绩效的评价等。因此,企业工作的全过程都要考虑到激励效果。

(4) 信息沟通贯穿于激励工作的始末,通畅、及时、准确、全面的信息沟通可以增强激励机制的运用效果和工作成本。

(5) 科学的激励制度具有吸引优秀人才、开发员工潜能和造就良性竞争环境等作用。

3. 沟通的作用

沟通包括以下 4 种作用。

（1）激励有利于调动人的积极性和创造性。激励是调动员工的创造性和积极性，使他们始终保持高昂的工作热情的关键。它的主要作用是通过动机的激发，调动被管理者工作的积极性和创造性，自觉自愿地为实现组织目标而努力，其核心作用是调动人的积极性。

（2）激励有利于发挥人的能动作用。激励作为一种管理手段，其最显著的特点就是内在驱动性与自觉自愿性。由于激励是起源于人的需要，它的功能就在于以个人利益和需要的满足为基本作用力，是被管理者追求个人需要满足的过程，因此，激励不仅可以提高人们对自身工作的认识，还能激发人们的工作热情和兴趣，使成员对本职工作产生强烈的积极的情感，并以此为动力，以自己全部精力为达到预定的目标而努力，有利于充分发挥员工的能动性。

（3）激励有利于挖掘人的潜力，提高工作效率。员工的积极性与组织的绩效密切相关，在组织行为学中有这样一个公式：绩效＝f(能力，激励，环境)。从这个公式中可以看出，组织的绩效本质上取决于组织成员的能力、被激励的情形和工作环境条件。由此可见，激励是提高绩效的一种很重要的有利因素，当然，能力和环境也都是不可或缺的。

（4）激励有利于增强企业凝聚力。企业是由若干员工个体、工作群体组成的，为保证企业作为一个整体协调运行，除了用严密的组织结构和严格的规章制度进行规范外，还需通过运用激励方法，满足员工的多种心理需求，调动职工工作积极性，协调人际关系，进而促进内部各组成部分的协调统一，增强企业的凝聚力和向心力。

二、激励的要素

激励的主要要素包括动机、需要、外部刺激和行为。

1. 动机

动机是推动人从事某种行为的心理动力，是激励的核心要素。

2. 需要

需要是激励的起点与基础，是人们积极性的源泉和实质。

3. 外部刺激

外部刺激是激励的条件，是指激励过程中，人们所处的外部环境中各种影响需要的条件与因素，主要是指各种管理手段及相应的管理环境。

4. 行为

行为被管理者采取有利于组织目标实现的行为，是激励的目的。这四个要素相互组合与作用，构成了对人的激励。从心理学的角度看，人的行为是由动机所支配的，动机是由需要引起的，人的需要是人们积极性的源泉和实质，外部刺激主要指管理者为实现组织目标而对被管理者所采取的种种管理手段及相应形成的管理环境，在激励状态下，人们因为动机驱使所采取的实现目标的一系列动作。

三、激励的类型

不同的激励类型对行为过程会产生程度不同的影响，所以激励类型的选择是做好激励工作的一项先决条件。

1. 物质激励与精神激励

虽然二者的目标是一致的，但是它们的作用对象却是不同的。前者作用于人的生理方面，是对人物质需要的满足,后者作用于人的心理方面,是对人精神需要的满足。随着人们物质生活水平的不断提高,人们对精神与情感的需求越来越迫切。比如期望得到爱、得到尊重、得到认可、得到赞美、得到理解等。

2. 正激励与负激励

所谓正激励就是当一个人的行为符合组织的需要时,通过奖赏的方式来鼓励这种行为,以达到持续和发扬这种行为的目的。所谓负激励就是当一个人的行为不符合组织的需要时,通过制裁的方式来抑制这种行为,以达到减少或消除这种行为的目的。

正激励与负激励作为激励的两种不同类型,目的都是要对人的行为进行强化,不同之处在于二者的取向相反。正激励起正强化的作用,是对行为的肯定;负激励起负强化的作用,是对行为的否定。

3. 内激励与外激励

所谓内激励是指由内酬引发的、源自于工作人员内心的激励;所谓外激励是指由外酬引发的、与工作任务本身无直接关系的激励。

内酬是指工作任务本身的刺激,即在工作进行过程中所获得的满足感,它与工作任务是同步的。追求成长、锻炼自己、获得认可、自我实现、乐在其中等内酬所引发的内激励,会产生一种持久性的作用。

外酬是指工作任务完成之后或在工作场所以外所获得的满足感,它与工作任务不是同步的。如果一项又脏又累、谁都不愿干的工作有一个人干了,那可能是因为完成这项任务将会得到一定的外酬,即奖金及其他额外补贴,一旦外酬消失,这个人的积极性可能就不存在了,所以,由外酬引发的外激励是难以持久的。

任务二 激励理论

知识目标
- 理解不同激励理论的内容
- 了解内容型激励理论和过程型激励理论的主要内容
- 掌握需求层次理论、期望理论、公平理论和强化理论

技能目标
- 能够实际运用不同的激励理论

【任务引入】

小白跳槽了

小白在读大学时成绩不算突出,老师和同学都不认为他是一个很有自信和有抱负的学生,以为他今后无多大作为。他的专业是日语,毕业后便被一家中日合资公司招为推销员。他很满意这份工作,因为工资高,还是固定的,不用担心未受过专门训练的自己比不过别人,若拿佣

金,比别人少得太多就会丢面子。

刚上班的头两年,小白工作上虽然兢兢业业,但销售业绩只属一般。可是随着他对业务以及他与客户们的关系越来越熟悉,他的销售额也渐渐上升了。到了第三年年底他已列入全公司几十名销售员中头20名了。今年,小白很有信心地估计自己当属推销员中的冠军了。不过公司的政策,是不公布每人的销售额,也不鼓励互相比较,所以他还不能很有把握地说自己一定会坐上第一把交椅。

去年,小白干得特别出色,尽管定额比前年提高了25%,到了九月初他就完成了这个销售定额。根据他的观察,当时同事中间还没有人完成当年的定额。十月中旬,日方销售经理召他去汇报工作。听完他用日语做的汇报后,那日本经理对他格外客气,祝贺他已取得的成绩。在他要走时,那日本经理对他说:"咱公司要再有几个像你一样的推销明星就好了。"小白只微微一笑,没说什么,不过他心中思忖:这不就意味着承认他在销售员队伍中出类拔萃、独占鳌头吗?

今年,公司又把他的定额提高了25%,尽管一开始不如去年顺利,他仍是一马当先,干得比自己预计的还要好。他根据经验估计,十月中旬前他准能完成自己的定额。可是他觉得自己的心情并不舒畅。最令他烦恼的,也许莫过于公司不告诉大家干的好坏。他听说本市另两家同为中外合资的化妆品制造企业都搞销售竞赛和有奖活动。其中一家是总经理亲自请最佳推销员到大酒店吃一顿饭;而且人家还有内部发行的公司通讯之类的小报,让大家知道每人的销售情况,还表扬季度和年度最佳销售员。想到自己公司这套做法,他就特别恼火。其实一开始他并不关心排名第几的问题,如今却重视起来了。不仅如此,他开始觉得公司对推销员实行固定工资制是不公平的,一家合资企业怎么也搞大锅饭?应该按劳付酬。

上星期,他主动去找了那位日本经理,谈了他的想法,建议改行佣金制,至少按业绩给奖金。不料那日本经理说这是既定政策,因而拒绝了他的建议,母公司一贯就是如此,这也正是本公司文化特色。日本经理拒绝了他的建议。

后来,令公司领导吃惊的是,小白辞职而去,到另一家公司了。

【任务分析】

亚当斯公平理论认为:一个人对他所得的报酬是否满意不能只看其绝对值,而要进行社会比较或历史比较,看其相对值,即一个人的贡献与报酬的比率等于另一个人的贡献与报酬比率时,就感到公平,否则就觉得不公平。对现有的固定工资制,小白觉得自己的贡献越来越多,而报酬并未增加,这样在其贡献报酬率的历史资料上出现了不相等,致使小白产生不公平感,因此他不认同公司现有的付酬制度。

麦克利兰认为一名高成就激励者具有以下特点:第一,能够为解决问题担当起个人的责任;第二,善于在工作进程中调整取得成就的目标,使他能在切实可以达到的目标工作中,不断获取成就需要的满足;第三,对于那些具有高成就需要的人来说,他希望及时了解自己的工作情况和成绩以及上级的评价。据此可以判断小白算一个高成就动机者,因为他能承担起自己的推销工作,而且做得十分出色,并在工作中不断满足其高成就需要。但由于得不到上级更好的评价和让其他人了解自己的工作情况,所以他决定不在这家公司干了,而去寻找能满足其高成就需要的工作。

激励理论的基本思路,是针对人的需要来采取相应的管理措施,以激发动机、鼓励行为、形成动力。因为人的工作绩效不仅取决于能力,还取决于受激励的程度。因此,行为科学中的激励理论和人的需要理论是紧密结合在一起的。

一、内容型激励理论

（一）内容

内容型激励理论重点研究激发动机的诱因，主要包括马斯洛的需要层次论、ERG 理论、赫茨伯格的双因素理论和麦克利兰的成就需要激励理论等。

（二）类别

1. 马斯洛的需要层次理论

最著名的激励理论应该数亚伯拉罕·马斯洛的需要层次理论了。他假设每个人都有五个层次的需求，如图 5-2 所示。

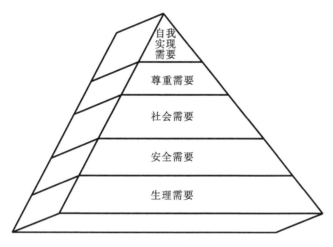

图 5-2　需求层次理论

（1）生理需要。生理需要是维持人类生存所必需的身体需要。最基本的生活要素，衣食住行等都属于生理需要。人类的这些需要得不到满足就无法生存，也就谈不上其他需要。

（2）安全需要。安全需要可以保证身心免受伤害。如就业保障就是未来的安全需要。

（3）社会需要。社会需要是人们希望在社会生活中受到别人的注意、接纳、关心、友爱，在感情上有所归属，包括感情归属、被接纳、友谊等需要。

（4）尊重的需要。尊重的需要包括自尊和受别人尊重。自尊是指在自己取得成功时有自豪感；受别人尊重，是指当自己做出贡献时，能得到他人的承认。内在的尊重需要，如自尊心、自主权、成就感等需要，外在的尊重需要，如地位、认同、受重视等需要。

（5）自我实现的需要。自我实现的需要包括个人成长、发挥个人潜能、实现个人理想的需要。这是更高层次的需要，这种需要希望工作上有所成就，在事业上有所建树，实现理想。它是一种追求个人能力极限的内驱力。

马斯洛需求层次理论认为：当一种需要得到满足后，另一种更高层次的需要就会占据主导地位。如图 5-2 所示，个体的需要是逐层上升的。从激励的角度来看，没有一种需要会得到完全满足，但只要其得到部分的满足，个体就会转向追求其他方面的需要了。按照马斯洛的观点，如果希望激励某人，就必须了解此人目前所处的需要层次，然后着重满足这一层次或在这一层次之上的需要。

2. 赫兹伯格的双因素理论

双因素理论也称激励-保健理论，是美国心理学家弗雷德里克·赫茨伯格提出的。他认为个人与工作的关系是一个最基本的关系，而个人对工作的态度在很大程度上决定着任务的成功与失败。为此，他调查了这样一个问题："人们希望从工作中得到什么？"他要求人们在具体情况下详细描述他们认为工作中特别好或特别差的方面，赫茨伯格对调查结果进行了分类归纳，提出了双因素理论，如图 5-3 所示。

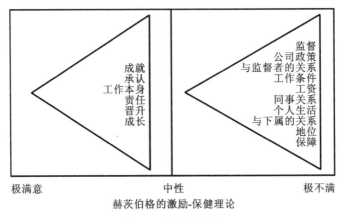

图 5-3 双因素理论

在分析调查结果时，赫茨伯格发现，对工作感到满意的员工和对工作感到不满意的员工的回答十分不同。图 5-3 中左侧列出的因素是与工作满意有关的特点，右侧列出的因素是与工作不满意有关的特点。一些内在因素如成就、承认、责任等与工作满意度相关。当对工作感到满意时，员工倾向于将这些特点归因于他们本身；而当他们感到不满意时，则常常抱怨外部因素，如公司的政策、管理和监督、人际关系、工作条件等。使职工感到满意的都是属于工作本身或工作内容方面的；使职工感到不满的，都是属于工作环境或工作关系方面的。他把前者叫做"激励因素"，后者叫做"保健因素"。

基于调查结果，赫茨伯格进一步指出满意的对立面并不是不满意，消除了工作中的不满意因素并不一定能使工作结果令人满意。如图 5-4 所示，赫茨伯格提出这之中存在着双重的连续体：满意的对立面是没有满意，而不是不满意；同样，不满意的对立面是没有不满意，而不是满意。

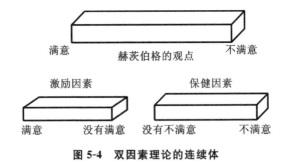

图 5-4 双因素理论的连续体

按照赫茨伯格的观点，导致工作满意的因素与导致工作不满意的因素是有区别的，因此管理者消除了工作中的不满意因素只能带来平和，而不一定对员工有激励作用，这些因素只能安抚员工，而不能激励员工。赫茨伯格称这些导致工作不满意感的因素为保健因素。当它们得到充分改善时，人们就没有不满意感了，但也不会感到满意。赫茨伯格认为，要想真正激励员工努力工作，必须注重激励因素，这些因素才会增加员工的工作满意度。

双因素理论促使企业管理人员注意工作内容方面因素的重要性，特别是它们同工作丰富化和工作满足的关系，因此是有积极意义的。赫茨伯格认为满足各种需要所引起的激励深度和效果是不一样的。物质需求的满足是必要的，没有它会导致不满，但是即使获得满足，它的作用往往是很有限的、不能持久的。要调动人的积极性，不仅要注意物质利益和工作条件等外部因素，更重要的是要注意工作的安排，量才录用，各得其所，注意对人进行精神鼓励，给予表扬和认可，注意给人以成长、发展、晋升的机会。随着温饱问题的解决，这种内在激励的重要性越来越明显。

3. 戴维·麦克利兰的成就动机理论

成就动机理论是美国哈佛大学教授戴维·麦克利兰(David C. McClelland)通过对人的需求和动机进行研究，麦克利兰把人的高层次需求归纳为对成就、权力和亲和的需求。他对这三种需求，特别是成就需求做了深入的研究。

(1) 成就需要即争取成功，希望做得最好的需要。麦克利兰认为，具有强烈的成就需要的人渴望将事情做得更为完美，提高工作效率，获得更大的成功，他们追求的是在争取成功的过程中克服困难、解决难题、努力奋斗的乐趣，以及成功之后个人的成就感，他们并不看重成功所带来的物质奖励。个体的成就需求与他们所处的经济、文化、社会、政府的发展程度有关，社会风气也制约着人们的成就需求。高成就需要者事业心强，有进取心，敢冒一定的风险，比较实际，大多是进取的现实主义者。

(2) 权力需要即影响或控制他人且不受他人控制的需要。不同人对权力的渴望程度也有所不同。权力需要较高的人喜欢支配、影响他人，喜欢对别人发号施令，这类人注重争取地位和影响力。他们喜欢具有竞争性和能体现较高地位的场合或情境，他们也会追求出色的成绩，但他们这样做并不像高成就需要的人那样是为了个人的成就感，而是为了获得地位和权力与自己已具有的权力和地位相称，权力需要是管理成功的基本要素之一。

(3) 亲和需要即建立友好亲密的人际关系的需要，即寻求被他人喜爱和接纳的一种愿望。高亲和需要的人更倾向于与他人进行交往，至少是为他人着想，这种交往会给他带来愉快。高亲和需要者渴望友谊，喜欢合作而不是竞争的工作环境，希望彼此之间的沟通与理解，他们对环境中的人际关系更为敏感。有时，亲和需要也表现为对失去某些亲密关系的恐惧和对人际冲突的回避。亲和需要是保持社会交往和人际关系和谐的重要条件。

4. 奥德弗的 ERG 理论

ERG 理论是生存-相互关系-成长需要理论的简称。奥德弗认为，职工的需要有三类：生存的需要(E)、相互关系需要(R)和成长发展需要(G)。

奥尔德弗把人的需要归为以下三类。

(1) 生存需要。指的是全部的生理需要和物质需要，如吃、住、睡等。组织中的报酬，对工作环境和条件的基本要求等，也可以包括在生存需要中。这一类需要大体上和马斯洛的需要层次中生理和部分安全的需要相对应。

(2) 相互关系需要。指人与人之间的相互关系、联系(或称之为社会关系)的需要。这一类需要类似马斯洛需要层次中部分的安全需要、整个的归属或社会需要、部分的尊重需要。

(3) 成长需要。指一种要求得到提升和发展的内在欲望，它指人不仅要求充分发挥个人潜能、有所作为和成就，而且还有开发新能力的需要。这一类需要可与马斯洛需要层次中部分尊重需要及整个自我实现需要相对应。

该理论认为,各个层次的需要受到的满足越少,越为人们所渴望;较低层次的需要者越是能够得到较多的满足,则较高层次的需要就越渴望得到满足;如果较高层次的需要一再受挫且得不到满足,人们会重新追求较低层次需要的满足。这一理论不仅提出了需要层次上的满足呈上升趋势,而且也指出了受到挫折发生倒退的趋势,这在管理工作中很有启发意义。同时,ERG 理论还认为,一个人可以同时有一个以上的需要。

二、过程型激励理论

(一) 过程型激励理论的概念

过程型激励理论是指着重研究人从动机产生到采取行动的心理过程。它的主要任务是找出对行为起决定作用的某些关键因素,弄清它们之间的相互关系,以预测和控制人的行为。这类理论表明,要使员工出现企业期望的行为,须在员工的行为与员工需要的满足之间建立起必要的联系。

(二) 过程型激励理论的组成

过程型激励理论主要有:期望理论、公平理论等。

1. 弗鲁姆的期望理论

(1) 心理学家维克多·弗鲁姆 1964 年在《工作与激励》一书中提出该理论。期望理论认为,人们之所以采取某种行为,是因为他觉得这种行为可以有把握地达到某种结果,并且这种结果对他有足够的价值。换言之,动机激励水平取决于人们认为在多大程度上人们可以期望达到预计的结果,以及人们判断自己的努力对于个人需要的满足是否有意义。

(2) 这种需要与目标之间的关系用公式表示如下:

$$激励力(工作动力) = 期望值(工作信心) \times 效价(工作态度)$$

这个公式的内容是推动人们去实现目标的力量,是两个变量的乘积,如果其中有一个变量为零,激励的效用就等于零。效价是企业和团队的目标达到后,对个人有什么好处或价值,及其价值大小的主观估计。期望值是达到企业目标的可能性大小,以及企业目标达到后兑现个人要求可能性大小的主观估计。这两种估计在实践过程中会不断被修正和产生变化,发生所谓"感情调整"。比如,某人认为自己有能力完成这项任务,完成任务后估计老板肯定会兑现他晋升工资的诺言,而增加工资正是此人的最大期望,所以,此人工作的积极性肯定很高;反之,任何一个变量的变化,就会影响到工作的积极性。管理者的任务就是要使这种调整有利于达到最大的激发力量。

(3) 这种需要与目标之间的关系用过程模式表示即个人努力──→个人成绩(绩效)──→组织奖励(报酬)──→个人需要

一个人从事工作的动机强度取决于他认为自己能够实现理想的工作绩效的信念程度。如果这一目标得以实现,他是否会获得组织所给予的充分奖赏?如果组织给予了奖励,这种奖励能否满足他的个人目标?下面进一步来看一下期望理论中所包含的这四个步骤。

第一,员工感到这份工作能提供什么样的结果?这些结果可以是积极的,如工资、人身安全、同事友谊、信任、额外福利、发挥自身潜能或才干的机会等;也可以是消极的,如疲劳、厌倦、挫折、焦虑、严格的监督与约束、失业威胁等。也许实际情况并非如此,但这里强调的是员工知觉到的结果,无论他的知觉是否正确。

第二,这些结果对员工的吸引力有多大?他们的评价是积极的、消极的还是中性的?这显然是一个内部的问题,与员工的态度、个性及需要有关。如果员工发现某一结果对他有特别的吸引力,也就是说,他的评价是积极的,那么他将努力实现它,而不是放弃工作。对于相同的工作,有些人则可能对其评价消极,从而放弃这一工作,还有人的看法可能是中性的。

第三,为得到这一结果,员工需采取什么样的行动?只有员工清楚明确地知道为达到这一结果必须做些什么时,这一结果才会对员工的工作绩效产生影响。比如,员工需要明确了解在绩效评估中"干得出色"是什么意思?使用什么样的标准来评价他的工作绩效?

第四,员工是怎样看待这次工作机会的?在员工衡量了自己可以控制的决定成功的各项能力后,他认为工作成功的可能性有多大?

(4) 期望理论对领导者的启示有以下几个方面。一要正确认识目标价值。目标在激励中实际起作用的价值不是管理者心目中的价值,也不是激励目标的客观价值,而是行为主体的主观感受价值,因此不要只从管理者的角度认定或根据客观指标以及某种社会上的一般看法与标准来确定目标价值,而要从激励对象的角度来考虑问题。二要重视目标难度设计。期望概率,特别是主观概率的引入不仅很好地解释了一些曾经难以理解的现象,更主要的是丰富了激励手段。它告诉我们,不仅设置目标能起到激励作用,设置好目标的难度也能起到激励作用,而这并不需要更多的资金投入。三要注意目标价值与期望概率两个激励因素的配合使用。目标价值与期望概率的巧妙配合可以出现乘积效应,使激励效果大大地扩大。

【案例分析】

以课堂环境为例,个体如何运用期望理论来解释激励问题

大多数学生喜欢老师告诉他们这一课程应该做些什么,他们希望知道考试和作业是什么样的,何时需要完成,每项作业和考试占最后总成绩的权重多大。他们还要考虑需要付出多大努力能获得这门功课的学分,自己的努力程度同这门课的所得分数是怎样相关的。假设你是这样一名学生:你所喜欢的管理心理学课程上课五周后,老师宣布要进行考试。你积极复习准备这次考试。在其他课程的考试中,你的成绩一直是 A 和 B,而且你所花费的精力与这次也差不多。你希望能获得高分,你认为这对于将来毕业时能找到一份好工作来说十分重要。而且,你还有毕业后继续攻读研究生的想法,而课程分数对于你能否进入一所好学校也是很重要。

现在,考试分数下来了,全班平均 72 分,10% 的学生得了 A,平均分为 85 分以上。你的分数是 46 分,及格线为 50 分。你非常沮丧和受挫,并且你困惑不解,为什么你花费相同的精力可以在其他课程中名列前茅,而这次考试情况却如此糟糕呢?

紧接着你的行为发生了一系列有趣的变化,你不再按时去上管理心理学课程了,你也不再努力学习这门课了。在听这门课时,你常常坐在教室里做白日梦,结果总是笔记本上空空的。此时,说明你对管理心理学课程缺乏学习积极性和学习动机。为什么你的动机水平发生了变化呢?可以从期望理论的角度加以解释。

用简化的期望模式图来解释这一情况:对管理心理学课程的学习,受到考试过程中问题能否正确回答的影响,如果考试能获得高分,则将使你获得安全感、荣誉感,有利于将来找到一份好工作。

在这一事例中,奖励结果及高分数的吸引力是很强的。但是绩效与奖赏之间的联系如何呢?你认为这次考试的分数是否真实反映了你的知识水平?换言之,你认为这次考试是否公平地衡量了你的水平?如果回答肯定,那么学习成绩与奖赏之间的联系十分密切;如果回答否

定,那么学习动机水平的降低至少有部分原因在于你认为这次考试没有公平地测出你的水平。如果考试是论文形式,你也许会认为教师的评分方法不可取。也许你认为微不足道的信息却被教师赋予了过高的权重;也许那位教师不喜欢你,并且在给你打分时带有偏见;这些知觉影响了你的学习动机水平。

还有一个降低动机水平的原因可能在于努力与绩效之间的联系。当你考完试后,你觉得虽然自己进行了大量准备,但还是没有通过这次考试,你的学习积极性因此而降低。可能教师在出考题时认为你们在这一课程方面的背景知识很丰富,也可能学习这门课程必须具备一定的知识基础而你不具备。总之结果是一致的,你不再认为通过努力可以获得优异成绩,于是你的动机水平降低了,你的努力程度也降低了。

因此,期望理论的关键在于:弄清个人目标以及三种联系,即努力与绩效的联系、绩效与奖赏的联系、奖赏与个人目标满足的联系。作为一种权变模式,期望理论认为没有一种普遍适用的原理能解释员工的激励问题。另外,即使知道员工希望满足何种需要,也不能保证员工能感知到良好的工作绩效可以使他们的需要得到满足。如果你选修管理学实务课程只为了认识更多的人,扩大交往面,而教师却认为你希望成绩优异,那么你在这次考试中的成绩不佳只会引起教师自己的失望。遗憾的是,大多数教师认为自己的评分等级是激励学生学习积极性的强有力手段。事实上,只有当学生重视分数,知道如何做能得到理想分数,并且获得好成绩的可能性较大时,学生才会高度努力。

2. 亚当斯的公平理论

公平理论又称社会比较理论,它是美国行为科学家亚当斯在《工人关于工资不公平的内心冲突同其生产率的关系》《工资不公平对工作质量的影响》《社会交换中的不公平》等著作中提出来的一种激励理论。该理论侧重于研究工资报酬分配的合理性、公平性及其对职工生产积极性的影响。

公平理论认为,每个人都有追求公平的倾向,而是否公平则是被激励者从自己得到的报酬与自己所做的贡献进行比较中得出的。如果有客观标准,则被激励者会以客观标准来比较。如果没有客观标准,则被激励者就会与类似的情况相比较,如与他人、与自己的过去相比较等。

公平理论还认为,人们的工作积极性不仅取决于其所得到报酬的绝对值,而且取决于其所得到报酬的相对值。为了了解这个相对报酬人们就会进行比较,如果比较的结果是自己的收支比与他人的收支比不相等,自己现在的收支比与过去的收支比不相等,那么人们就会产生心理的不平衡,从而产生追求公平的动机。

员工不是在真空环境中工作,他们总是在进行比较。如果你大学刚毕业就有人提供一份年薪40 000美元的工作,你可能会很乐意接受,并且工作努力,你对自己的收入也十分满意。可是,假如你工作了一两个月后,发现另一位最近毕业的、与你年龄、教育经历相当的同事,年收入为45 000美元时,你有何反应呢?你可能会很失望。虽然对于一个刚毕业的大学生来说,40 000美元的绝对收入已相当可观(你自己也知道这一点),但这并不是问题所在。问题的关键在于相对的收入和你本人的公平观念。大量事实表明员工经常将自己的付出与所得和他人进行比较,而由此产生的不公平感将影响到此人以后付出的努力。

在公平理论中,员工所选择的与自己进行比较的参照对象是一重要变量,据此可以划分出三种参照类型:他人、制度和自我。他人包括同一组织中从事相似工作的其他个体,还包括朋友、邻居和同行。员工通过口头、报纸及杂志的渠道获得了有关工资标准、最近的劳工合同等方面的信息,并在此基础上将自己的收入与他人进行比较,如图5-5所示。

觉察到的比率比较	员工的评价
$\dfrac{\text{所得A}}{\text{付出A}} < \dfrac{\text{所得B}}{\text{付出B}}$	不公平(报酬过低)
$\dfrac{\text{所得A}}{\text{付出A}} = \dfrac{\text{所得B}}{\text{付出B}}$	公平
$\dfrac{\text{所得A}}{\text{付出A}} > \dfrac{\text{所得B}}{\text{付出B}}$	不公平(报酬过高)

*A代表某员工；B代表参照对象。

图 5-5　员工比较表

制度指组织中的薪金政策与程序以及这种制度的运作。对于组织表面上的薪金政策,不仅包括那些明文规定,还包括一些隐含的不成文规定。组织中有关工资分配的惯例是这一范畴中主要的决定因素。

自我指的是员工自己在工作中付出与所得的比率。它反映了员工个人的过去经历及交往活动,受到员工的工资标准及家庭负担程度的影响。

特定参照对象的选择与员工所能得到的有关参照对象的信息,以及他们所感知到的自己与参照对象的关系有关。基于公平理论观点,当员工感到不公平时,他们可能会采取以下几种做法:①曲解自己或他人的付出或所得;②采取某种行为使得他人的付出或所得发生改变;③采取某种行为改变自己的付出或所得;④选择另外一个参照对象进行比较;⑤辞去他们的工作。

公平理论认为每个人不仅关心由于自己的工作努力所得到的绝对报酬,而且还关心自己的报酬与他人报酬之间的关系。他们会对自己的付出与所得和他人的付出与所得之间的关系做出判断。他们以对工作的付出,如努力程度、工作经验、教育程度及能力水平等为根据,比较其所得,如薪金、晋升、认可等因素。如果发现自己的付出与所得和其他人相比不平衡,就会产生紧张感,这种紧张感又会成为他们追求公平和平等的动机基础。

具体而言,公平理论对报酬分配提出了以下四点建议。

第一,按时间付酬时,收入超过应得报酬的员工的生产率水平,将高于收入公平的员工。按时间付酬能够使员工生产出高质量与高产量的产品,以增加自己收入-付出比率中的付出额,保持公平感。

第二,按产量付酬时,收入超过应得报酬的员工比那些收入公平的员工来说,产品生产数量增加不多,而主要是提高产品质量。计件付酬的方式将是员工为实现公平感而加倍付出努力,这将促使产品的质量或数量得到提高。然而,数量上的提高只能导致更大的不公平,因为每增加一个单位的产品导致了未来的付酬更多,因此,理想的努力方向是指提高质量而不是提高数量。

第三,按时间付酬对于收入低于应得报酬的员工来说,将降低他们生产的数量或质量。他们的工作努力程度也将降低,而且相比收入公平的员工来说,他们将减少产出数量或降低产出质量。

第四,按产量付酬时,收入低于应得报酬的员工与收入公平的员工相比,他们的产量高而质量低。在计件付酬中,应对那些只讲产品数量而不管质量好坏的员工,不实施任何奖励,这种方式能够产生公平性。

大量研究支持了公平理论的观点:员工的积极性不仅受其绝对收入的影响,而且受其相对收入的影响。一旦员工感到不公平,他们会采取行动纠正这种情况,其结果可能会改变生产率、改变产出质量,缺勤率或自动离职率也会发生改变。

通过以上的讨论,可以发现公平理论也存在一定的问题,该理论在一些关键问题上并不十分明了。例如,员工如何界定付出与所得?他们对二者又是怎样衡量的?不过,尽管存在诸多问题,公平理论仍不失为一个颇具影响力的理论,它有助于管理者进一步深入研究员工的激励问题。

三、强化理论

1. 定义

激励强化理论指对强化的作用机理、强化物的分类与组合、强化的过程分析以及强化的操作技术性设计等,形成了系统的学说。其中的正强化优先观点,在现实管理中得到广泛应用。用强化理论塑造新型人类社会的设想,不仅在学界,而且在民众中产生了巨大的反响,其社会影响远远超出了学术范围。激励强化理论由美国心理学家斯金纳创建。

2. 简介

在管理学的研究领域中,斯金纳的强化理论独树一帜。作为美国最杰出的心理学家之一,斯金纳在把科学方法引入到心理学上具有里程碑式的地位。他根据自己的实验,创造性地发展了巴甫洛夫的条件反射学说和华生的行为主义学说,提出了以操作性条件反射为基础的强化理论。对于管理学来说,强化理论是对激励机制进行科学分析的理论平台。他发明的"斯金纳箱",至今仍是进行心理学研究的标志性工具。

斯金纳关于用强化理论塑造新型人类社会的设想,不仅在学界,而且在民众中产生了巨大的反响,其社会影响远远超出了学术范围。斯金纳近乎极端的科学化追求,试图用科学改造人文的思想方法,使他的理论成为学界争议的焦点。而正是这种争议,为包括管理学在内的社会科学发展提供了必要的张力,也为斯金纳奠定了大师级的声望。激励在管理中的作用人人皆知,但是如何使激励有效,却使许多富有经验的经理也挠头。从经济学的逻辑看,激励能否有效至少取决于以下前提:第一,激励所提供的东西是激励接受者所需要的东西,并且能引起激励接受者的获得欲望;第二,激励所提供的东西必须具有稀缺性和排他性,也就是说要使接受者获得某种独享;第三,激励效用是曲线而不是直线,收益和付出之间有增有减,相关度有大有小、有正有负,要合理运用,既不能"过",也不能"不及"。在这些前提下,管理学家提出过很多激励理论和模型,其中斯金纳提出的强化理论至今仍然具有重大的理论和实践意义。

3. 强化理论的激励原理

斯金纳认为,激励涉及以下两种反射过程:S—R(刺激—反应)和 R—S(反应—刺激)。从而补充和丰富了此前心理学家提出的行为反应模式。所有的行为主义者都注重刺激与反应的关系。在斯金纳之前,人们一般看到的是"刺激—反应"模式,也就是关注那些引发行为的刺激。这种刺激能使行为者产生反应,所以具有激励作用,但这种激励不一定有效,因为这种模式是先有刺激,后有行为,行为者得到刺激不见得会产生相应行为。"有钱能使鬼推磨",而拿了钱的鬼不见得都会去推磨。这种模式下,刺激对其后的行为无法形成有效的制约,而且具有被动性。所以,在现实中依据这种模式进行的激励,往往不尽如人意。很多管理者都会遇到这种困境。例如:不发奖金不干活,但发了奖金不见得就有积极性;没钱的时候觉得有了钱就一切好办,有了钱才发现钱也不是万能的。鉴于上述激励模式的缺陷,斯金纳提出了"反应—刺激"模式,也就是关注行为结果给行为者带来的刺激,由此而形成了他的强化理论,这正是斯金纳对管理学贡献最大的地方。

4. 强化理论在管理学中的应用

运用强化理论,在操作性方面,除了应当注意上文已经涉及的持续性、适应性等问题外,还应注意强化的渐进性、时效性、正面性等方面。

(1) 强化的渐进性。强化的渐进性包括两个方面:第一,对行为强化的力度要有层次性和持续性;第二,对行为的期望不能设置太高的标准。斯金纳认为,对难度不同的行为应给予不同力度的强化,而且,对行为的强化应该具有持续性。例如,针对同样的行为,一次给某人 50 美元进行强化,可能不如每次给他 5 美元而分为 10 次的强化效果好。对行为人来说,强化是以相应行为的发生为基础的;对管理者来说,总是当行为达到一定标准才会给予强化。如果给这种行为设置的目标过高,行为者不能达到,那么强化就不可能出现。这样,对管理者而言,他所期望的行为就没有发生;对行为人而言,他的行为结果不能令自己满意。过高的目标会使双方都不能实现自己的预期。斯金纳指出,人的行为不是一次性形成的,而是有一个连续形成的过程。所以,塑造人的行为应该采用连续接近的方法,对趋向于所要塑造的反应方向予以不断强化,直到引出所需要的新行为。也就是说,给某种行为制定的强化标准要具有渐进性和可及性。例如,如果要训练鸽子的头抬到一定的高度,就要当它的头朝着实验所需的方向抬起来时实施强化,下一次稍微再高一点,逐渐达到所需的方向和高度。这时,新的行为就塑造成了。

(2) 强化的时效性。强化的时效性也包括两个方面:第一,强化本身要具有时效性;第二,对强化的反馈要具有时效性。强化的媒介是强化物,要使某种强化物对某种行为具有强化作用,前提就是要使行为与强化物之间形成紧密的相倚性联系,尤其是条件性强化物更是如此。斯金纳认为,反应和强化物的出现之间如果有延迟,反应概率则较低。当反应与强化物之间的时间紧密相连时,行为和强化就能形成很强的相倚性联系;反之,随着两者间隔的延长,相倚性联系就会弱化,强化的效果也会不断打折扣。强化某种行为,依赖于行为人感到或者看到自己行为的结果。只有在这种情况下,行为人才能获知自己的这种行为能否得到强化,它究竟会给自己带来什么。对于管理者而言,也需要及时看到强化的效果,才能恰当实施和调整后续强化手段,因此就需要及时双向反馈。

(3) 强化的正面性。以正强化为主,负强化为辅。当行为的结果会带来愉快和满足,或者能消除不快和厌恶时,人们往往乐于接受,不会产生情绪上的不良反应,如恐惧、焦虑等,这恰恰是正强化的效用。正强化是使合意行为的发生概率增大,负强化是使不合意行为的发生概率降低。管理的基本目的是促使人们干正事,而不是仅仅防范人们干错事。如果负强化优先,就失去了管理的存在价值。所以,正强化是必须采用的手段,而负强化是不得不用的手段。就强化效果而言,负强化的两种方式有惩罚性强化和消退性强化,其中消退性强化往往能收到较好的效果而副作用不明显,惩罚性强化的短期作用显著而副作用强烈。这种副作用来自于剥夺性和强制性,是无法克服的。

【知识拓展】

强化理论之杀鸡儆猴分析

据说猴子是最怕见血的,驯猴的人首先当面把鸡杀给它看,叫它看看血的厉害,才可以逐步对猴子进行教化。捉猴子的人就采用这杀鸡战术,不管猴子怎样顽强抗拒,只要雄鸡一声惨叫,鲜血一冒,猴子一见,便全身软化,任由捉获了,这也就是所说的"杀鸡儆猴"。杀鸡儆猴即是杀一儆百,有威胁恐吓之意。

驯兽讲究的是方法手段。要达到目的就要不择手段。当然手段有正当手段和非正当手段。如孔子有云,"君子爱财,取之有道"。从长远的角度来看,只有手段是正当的,才能真正地达到实施手段的目的。而有时候法令贯彻执行,非以严厉手段对付不可,此之所谓"不以霹雳手段,怎显菩萨心肠"。

在管理学中,此手段谓之为激励。在激励中主张对激励对象进行针对性的刺激,只看行为及结果之间的关系,而不突出激励的内容与过程。这就是由美国心理学家斯金纳提出的强化理论,刚开始时他也只是把这一理论用在训练军犬和马戏团动物身上,然后才逐渐地运用于人的学习。

强化有四种方式:正强化、惩罚、负强化和忽视。杀鸡儆猴的原理深刻说明了强化理论不同类型的联系与区别。一方面,对于出现违规行为的"鸡"加以惩罚,而对于意欲违规的"猴"会从中深刻地意识到组织规定的存在,从而加强对自己行为的约束,防止产生和"鸡"一样的结局。另一方面,对"猴"本身来说这也是一种正强化,组织对它的"不杀之恩"也是一种奖励。

杀鸡儆猴中,鸡并无违规行为而被杀,难免有人为它抱不平,但在耍猴人的眼里看,猴子的价值远远比鸡来得高,他所要强化的对象是猴,为了让猴子屈服,牺牲一些低价值的东西是值得的且必要的。在成本较低的情况下,大多数企业都较喜欢用"杀鸡儆猴"的方式。"杀鸡儆猴"在动物身上的效果较明显。但在人的身上则不能使用太多。对于强化理论的运用要及时反馈。一开始会有比较明显的效果。但次数多了,"鸡"们自然心怀不满,"猴子"们的神经也有了耐药性,看得多了也就没效果了。这时管理者就应该采用别的强化方法。正强化的效果总比负强化来得好。事实表明,在企业中,采取负强化并不能提高员工的积极性。严格说来,负强化不能作为一种单独的强化方式。必须要有奖励或者惩罚的存在,负强化才能对员工行为起到示范或者规范作用。在人性管理越来越重要的今天,管理者应该尽量少用或不用"杀鸡儆猴"的方式。君子以仁,小人以智,分以治之不亦善哉。

任务三　激励的原则与方法

知识目标
■ 了解激励的原则
■ 掌握各种有效的激励方式与技巧

技能目标
■ 能运用各种激励方法研究组织问题

【任务引入】

激励招数:让员工敲锣

台湾有一家公司,在公司的大厅里,装置了一个大铜锣,只要业绩突破新台币100万的人,就可以去敲它一响,突破200万则敲它两响,依次类推上去。

该公司的办公室,就是紧临着大厅,所以只要这个铜锣被敲,它的声音马上会传入办公室内,也等于是告知全办公室内的人,有人的业绩突破了百万大关了,当这位敲锣的同仁步入办公室的同时,所有的人又都会起立鼓掌,给予他英雄式的欢呼。

据该公司管理部门有关人员表示,这种被大家鼓掌欢呼的场面,是多么有面子的一件事,当然,谁都希望自己是下一个敲锣者,也接受大家的欢呼,不过,想要敲响它,首先是把业绩给做到,这正是该公司装置这个大铜锣的目的。

【任务分析】

企业的激励手法,是没有一定的标准模式可寻的,只要它能发挥鼓舞士气的作用,就是一种好的激励手法,像台湾这家公司的这种敲锣的做法,是不是很有创意呢?

一、激励的原则

(一) 基本原则

激励的基本原则包括激励要因人而异、奖励适度、要具公平性、要奖励正确的事情。

1. 激励要因人而异

由于不同员工的需求不同,所以,相同的激励政策起到的激励效果也会不尽相同,即便是同一位员工,在不同的时间或环境下,也会有不同的需求。由于激励取决于内因,是员工的主观感受,所以,激励要因人而异。在制定和实施激励政策时,首先要调查清楚每个员工真正需要的是什么。将这些需要整理、归类,然后来制定相应的激励政策帮助员工满足这些需求。

2. 奖励适度

激励的第二个原则是奖励适度。奖励和惩罚不适度都会影响激励效果,同时增加激励成本。奖励过重会使员工产生骄傲和满足的情绪,失去进一步提高自己的欲望;奖励过轻会起不到激励效果,或者使员工产生不被重视的感觉。惩罚过重会让员工感到不公,或者失去对公司的认同,甚至产生怠工或破坏的情绪;惩罚过轻会让员工轻视错误的严重性,从而可能还会犯同样的错误。

3. 公平性

激励的第三个原则是激励要具公平性。公平性是员工管理中一个很重要的原则,员工感到的任何不公的待遇都会影响他的工作效率和工作情绪,并且影响激励效果。取得同等成绩的员工,一定要获得同等层次的奖励;同理,犯同等错误的员工,也应受到同等层次的处罚。如果做不到这一点,管理者宁可不奖励或者不处罚。管理者在处理员工问题时,一定要有一种公平的心态,不应有任何的偏见和喜好。虽然某些员工可能让你喜欢,有些你不太喜欢,但在工作中,一定要一视同仁,不能有任何不公的言语和行为。

4. 奖励正确的事情

激励的第四个原则是要奖励正确的事情。如果管理者奖励错误的事情,错误的事情就会经常发生。这个问题虽然看起来很简单,但在具体实施激励时就会被管理者所忽略。管理学家米切尔·拉伯夫经过多年的研究,发现一些管理者常常在奖励不合理的工作行为。他根据这些常犯的错误,归结出应奖励和应避免奖励的十个方面的工作行为:①奖励彻底解决问题的行为,而不是只图眼前利益的行动;②奖励承担风险而不是回避风险的行为;③奖励善用创造力而不是愚蠢的盲从行为;④奖励果断的行动而不是光说不练的行为;⑤奖励多动脑筋而不是一味苦干；⑥奖励使事情简化而不是使事情不必要地复杂化的行为；⑦奖励沉默而有效率的行为而不是喋喋不休的行为；⑧奖励有质量的工作行为而不是匆忙草率的工作行为；⑨奖励忠诚行为而不是不忠诚的行为；⑩奖励团结合作的行为而不是互相对抗的行为。

（二）高级原则

企业的活力源于每个员工的积极性、创造性。由于人的需求多样性、多层次性、繁复性，调动人的积极性也应有多种方法。综合运用各种动机激发手段使全体员工的积极性、创造性、企业的综合活力达到最佳状态。

1. 激励员工从结果均等转移到机会均等，并努力创造公平竞争的环境

举例来说，吴士宏在 IBM 从一个打扫卫生的人做起，一步一步到销售业务员，到地区负责人，到中国区总经理，是什么原因呢？除了个人努力，还应该说 IBM 良好的企业文化给了他一个发展的舞台，那就是每一个人都有无限的发展机会，只要有能力就会有发展的空间，实现自我，这在很多企业是做不到的，这种体制无疑会给员工莫大的激励作用。

2. 激励要把握最佳时机

激励的最佳时间有：需在目标任务下达前激励的要提前激励；员工遇到困难，有强烈要求愿望时，给予关怀并及时激励。

3. 激励要有足够力度

对有突出贡献的予以重奖，对造成巨大损失的予以重罚。如果奖罚不适当，还不如不做。同时要记住，罚的目的不是要钱，而是一种激励措施；通过各种有效的激励技巧，达到以小博大的激励效果。

4. 激励要公平准确、奖罚分明

健全、完善绩效考核制度，做到考核尺度相宜、公平合理；克服有亲有疏的人情风；在提薪、晋级、评奖、评优等涉及员工切身利益热点问题上务求做到公平。

5. 物质奖励与精神奖励相结合，奖励与惩罚相结合

注重感化教育，西方管理中"胡萝卜加大棒"的做法值得借鉴。

6. 推行职工持股计划

使员工以劳动者和投资者的双重身份，更加具有关心和改善企业经营成果的积极性。

7. 构造员工分配格局的合理落差

适当拉开分配距离，鼓励一部分员工通过努力工作先富起来，使员工在反差对比中建立持久的追求动力。

【案例分享】

巴斯夫公司激励员工的五项原则

如何有效地生产粮食是人类一直面临的重大问题。据估计，全世界每年竟有 1/3 的粮食因受到病虫和杂草危害而遭受损失。120 年前，德国路德维希港创立的巴斯夫公司，就是一直为发现和生产各种农业化学品而孜孜不倦地工作的。目前，巴斯夫公司经营着世界最大的化工厂，并在 35 个国家中拥有 300 多家分公司和合资经营企业及各种工厂，拥有雇员 13 万人。

巴斯夫公司之所以能够在百年经营中兴旺不衰，在很大程度上归功于它在长期的发展中确立的激励员工的五项基本原则。具体地讲，这五项基本原则包括以下内容。

1. 职工分配的工作要适合他们的工作能力和工作量

不同的人有不同的工作能力,不同的工作也同样要求有不同工作能力的人。企业家的任务在于尽可能地保证所分配的工作适合每一位职员的兴趣和工作能力。巴斯夫公司采取四种方法做好这方面的工作。第一,数名高级经理人员共同接见每一位新雇员,以对他的兴趣、工作能力有确切的了解;第二,除公司定期评价工作表现外,公司内部应有正确的工作说明和要求规范;第三,利用电子数据库贮存了有关工作要求和职工能力的资料和数据;第四,利用"委任状",由高级经理人员小组向董事会推荐提升到领导职务的候选人。

2. 论功行赏

每位职工都对公司的一切成就做出了自己的贡献,这些贡献与许多因素有关,如和职工的教育水平、工作经验、工作成绩等有关,但最主要的因素是职工的个人表现。

巴斯夫公司的原则是:职工的工资收入必须看他的工作表现而定。他们认为,一个公平的薪酬制度是高度刺激劳动力的先决条件,工作表现得越好,报酬也就越高。因此,为了激发个人的工作表现,工资差异是必要的。另外,公司还根据职工表现提供不同的福利,例如膳食补助金、住房、公司股票等。

3. 提高职工的工作能力,并且从公司内部选拔有资格担任领导工作的人才

除了适当的工资和薪酬之外,巴斯夫公司还提供广泛的训练计划,由专门的部门负责管理,为公司内人员提供本公司和其他公司的课程。公司的组织结构十分明确,职工可以获得关于升职的可能途径的资料,而且每个人都了解自己在哪个岗位。该公司习惯于从公司内部选拔经理人员,这就保护了有才能的职工,因此,他们保持很高的积极性,而且明白有真正的升职机会。

4. 不断改善工作环境和安全条件

一个适宜的工作环境,对刺激劳动力十分重要。如果工作环境适宜,职工们感到舒适,就会有更佳的工作表现。因此,巴斯夫公司在工厂附近设立各种专用汽车设施,并设立弹性的工作时间;公司内有11家食堂和饭店,每年提供400万顿膳食;每个工作地点都保持清洁,并为体力劳动者设盥洗室;这些深得公司雇员的好感。

巴斯夫公司建立了一大批保证安全的标准设施,由专门的部门负责,如医务部、消防队、工厂高级警卫等,他们都明白预防胜于补救,因此,全部劳动力都要定时给予安全指导,还提供必要的防护设施。公司经常提供各种安全设施,并日夜测量环境污染和噪声。各大楼中每一层都有一名经过专门安全训练的职工轮流值班,负责安全,意外事故发生率最低的那些车间,会得到安全奖。所有这些措施,使公司内意外事故发生率降到很低的水平,使职工有一种安全感。

二、激励的方法

美国哈佛大学维廉·詹姆士的研究表明:没有激励措施时,下属一般仅能发挥工作能力的20%~30%,而当他收到激励后,其工作能力可以提到80%~90%,所发挥的作用相当于激励前得三四倍,因此,管理者的首要任务就是激励员工把他们的能力发挥到最好水平。一提起员工激励,很多人都会想到涨工资或发奖金。实际上激励是对员工需求的满足,员工的需求是多种多样的,所以激励的方法也是多种多样的。物质激励(涨工资或发奖金)只是其中的一种方法,其实还有许多其他方法。可以把激励分为六类:成就激励、能力激励、环境激励、物质激励、情感激励和负激励。

1. 成就激励

随着社会的发展，人们生活水平的提高，越来越多的人在选择工作时已经不仅仅是为了生存。对知识型员工而言，工作更多的是为了获得一种成就感，所以成就激励是员工激励中一个非常重要的内容。根据作用不同，可以把成就激励分为组织激励、榜样激励、荣誉激励、绩效激励、目标激励、理想激励和尊重激励七个方面。

（1）组织激励。现代人力资源管理的实践经验和研究表明，现代的员工都有参与管理的要求和愿望，创造和提供一切机会让员工参与管理是调动他们积极性的有效方法。在公司的组织制度上，为员工参与管理提供方便，每一项制度或工作，参与设计或充分理解的人越多，成功实施的机会就越大。让每一位被管理者产生参与感，感到受重视、被信任，进而使他们产生责任心和参与感，集体的向心凝聚力也得到增强，这样更容易激励员工提高工作的主动性。

管理者首先要为每个岗位制订详细的岗位职责和权利，让员工参与到制定工作目标的决策中来。在工作中，让员工对自己的工作过程享有较大的决策权。这些都可以达到激励的目的。通过参与，形成职工对企业的归属感、认同感，可以进一步满足自尊和自我实现的需要。建立和提高员工参与管理、提出合理化建议的制度和职工持股制度，加强员工各层次与领导层的交流沟通，提高员工主人翁参与意识。让职工恰当地参与管理，既能激励职工，又能为企业的成功获得有价值的知识。

（2）榜样激励。通过各级主管、工作模范等的行为示范、敬业精神来正面影响员工。群体中的每位成员都有学习性。公司可以将优秀的员工树立成榜样，让员工向他们学习。虽然这个办法有些陈旧，但实用性很强。就像一个坏员工可以让大家学坏一样，一位优秀的榜样也可以改善员工的工作风气。

（3）荣誉激励。对员工劳动态度和贡献予以荣誉奖励，如会议表彰、发给荣誉证书、光荣榜、在公司内外媒体上的宣传报道、家访慰问、游览观光、疗养、外出培训进修、推荐获取社会荣誉、评选星级标兵等。为工作成绩突出的员工颁发荣誉称号，代表着公司对这些员工工作的认可。让员工知道自己是出类拔萃的，更能激发他们工作的热情。

（4）绩效激励。在绩效考评工作结束后，让员工知道自己的绩效考评结果，有利于员工清醒地认识自己。如果员工清楚公司对他工作的评价，就会对他产生激励作用。

（5）目标激励。为那些工作能力较强的员工设定一个较高的目标，并向他们提出工作挑战。这种做法可以激发员工的斗志，激励他们更出色地完成工作。通过推行目标责任制，使企业经济指标层层落实，每个员工既有目标又有压力，产生强烈的动力，努力完成任务。要为员工提供一份挑战性工作。按部就班的工作最能消磨斗志，要员工有振奋表现，必须使工作富于挑战性。这种工作目标挑战如果能结合一些物质激励，效果会更好。

通过目标激励的方法可以帮助定位员工角色，明确绩效标准，建立活动规范，决定组织结构。如果对员工业绩没有明确期望值，将阻碍员工实现自我激励。管理者通过目标对下级进行管理，当组织最高层管理者确定了组织目标以后，必须对其进行有效分解，转变成各个部门以及各个人的分目标，管理者根据分目标的完成情况对下级进行考核、评价和奖惩。这是目标激励的思想渊源。对于目标设置需要注意：第一，目标设置要具体，具体、明确的目标要比笼统、空泛的要求或者目标更易获得较高的绩效；第二，目标设置要与组织协调；第三，目标设置具有接受可能性；第四，目标设置要有时间性；第五，目标设置要及时反馈。

（6）理想激励。每位员工都有自己的理想，如果他发现自己的工作是在为自己的理想而奋斗，就会焕发出无限的热情。管理者应该了解员工的理想，并努力将公司的目标与员工的理想结合起来,实现公司和员工的共同发展。

(7) 尊重激励。在企业中会常听到"公司的成绩是全体员工努力的结果"之类的话,表面看起来管理者非常尊重员工,但当员工的利益以个体方式出现时,管理者会以企业全体员工整体利益加以拒绝,他们会说"我们不可以仅顾及你的利益"或者"你不想干就走,我们不愁找不到人",这时员工就会觉得"重视员工的价值和地位"只是口号。显然,如果管理者不重视员工感受,不尊重员工,就会大大打击员工的积极性,使他们的工作仅仅为了获取报酬,激励从此大大削弱。这时,懒惰和不负责任等情况将随之发生。

尊重是加速员工自信力爆发的催化剂,尊重激励是一种基本激励方式。上下级之间的相互尊重是一种强大的精神力量,它有助于企业员工之间的和谐,有助于企业团队精神和凝聚力的形成。

【知识拓展】

美国 IBM 公司有一个"百分之百俱乐部",当公司员工完成他的年度任务,他就被批准为该俱乐部会员,他和他的家人将被邀请参加隆重的集会。结果,公司的雇员都将获得"百分之百俱乐部"会员资格作为第一目标,以获取那份光荣。

对于员工不要太吝啬一些头衔、名号,一些名号、头衔可以换来员工的认可感,从而激励起员工的干劲。日本电气公司在一部分管理职务中实行"自由加职衔制",就是说可以自由加职衔,取消"代部长、代理"、"准"等一般普遍管理职务中的辅助头衔,代之以"项目专任部长"、"产品经理"等与业务内容相关的、可以自由加予的头衔。

2. 能力激励

为了让自己将来生存得更好,每个人都有发展自己能力的需求。管理者可以通过培训激励和工作内容激励满足员工这方面的需求。

(1) 培训激励。培训激励对青年人尤为有效。通过培训,可以提高员工实现目标的能力,为承担更大的责任、更富挑战性的工作及提升到更重要的岗位创造条件。在许多著名的公司里,培训已经成为一种正式的奖励。

(2) 工作内容激励。用工作本身来激励员工是最有意思的一种激励方式。如果管理者能让员工干其最喜欢的工作,就会产生这种激励。管理者应该了解员工的兴趣所在,发挥各自的特长,从而提高效率。另外,管理者还可以让员工自主选择自己的工作。通过这种方式安排的工作,工作效率也会大大地提高。

3. 环境激励

(1) 政策环境激励。公司良好的制度、规章等都可以对员工产生激励。这些政策可以保证公司员工的公平性,而公平是员工的一种重要需要。如果员工认为他在平等、公平的公司中工作,就会减少由于不公而产生的怨气,提高工作效率,并且可以将企业文化贯彻到管理中,使其得到员工的认可并融入其中,使企业文化对员工来说是一种精神动力。

(2) 客观环境激励。公司的客观环境,如办公环境、办公设备、环境卫生等都可以影响员工的工作情绪。在高档次的环境里工作,员工的工作行为和工作态度都会向"高档次"发展。

4. 物质激励

物质激励是指运用物质的手段使受激励者得到物质上的满足,从而进一步调动其积极性、主动性和创造性。物质激励有资金、奖品等,通过满足要求,激发其努力生产、工作的动机。它的出发点是关心群众的切身利益,不断满足人们日益增长的物质文化生活的需要。物质激励是一种最基本的激励手段,因为获得更多的物质利益是普通员工的共同愿望,它决定着员工基本需要的满足情况。同时,员工收入及居住条件的改善,也影响着其社会地位、社会交往,甚至学习、文化娱乐等精神需要的满足程度。如增加员工的工资、生活福利、保险,发放奖金、奖励住房、生活用品、工资晋级等。

物质激励必须公正,不能搞"平均主义"。因为一个人对他们所得的报酬是否满意不是只看其绝对值,而要进行社会比较或历史比较,看相对值。通过比较,判断自己是否受到了公平对待,从而影响自己的情绪和工作态度。为了做到公正激励,必须对所有职工一视同仁,按统一标准奖罚,不偏不倚,否则将会产生负面效应。此外,必须反对平均主义,平均分配的奖励等于无激励。

首先,企业要对物质激励进行高度的关注,在企业内部构建系统的多元化回报与激励体系;其次,在对员工的内在需求现状调查研究的基础上,设计与实施有针对性的物质激励措施;最后,通过企业文化和组织氛围建设,在企业内部构建长效的激励动力源泉。

5. 情感激励

情感是人们对客观事物的态度的一种反映,它具有两极性,即积极的情感可以提高人的活动能力,消极的情感削弱人的活动能力。在工作中,具备积极情感的人通常有积极的心态和进取心,有着较高的工作效率,而具有消极情感的人通常工作效率较低。因此,人力资源管理工作的一项重要内容就是使被管理者尽可能保持积极情感。同样,人力资源管理者也可以运用情感激励的方式来培养带动被管理者的积极情感,消除、抑制消极情感。在进行情感激励时,管理者可以通过交谈等语言激励方式与被管理者沟通,了解被管理者的想法、状况,从而对症下药,改善关系。也可以通过非语言形式如动作、手势、姿态等激励员工。无论采取何种方式,管理者本人要具备良好的积极的情感,还要使自己处于一种情感移入状态,与被管理者达成情感共融。

6. 负激励(处罚)

激励并不全是鼓励,它也包括许多负激励措施,如罚款、降职和开除等。

负激励,是指当组织成员的行为不符合组织目标或社会需要时,组织将给予惩罚或批评,使之减弱和消退,从而来抑制这种行为。负激励是一种惩罚性控制手段。按照激励中的强化理论,激励可采用处罚方式,即利用带有强制性、威胁性的控制技术,如批评、降级、罚款、降薪、淘汰等来创造一种令人不快或带有压力的条件,以否定某些不符合要求的行为。

现代管理理论和实践都指出,在员工激励中,正面的激励远大于负面的激励。越是素质较高的人员,淘汰激励对其产生的负面作用就越大。如果用双因素理论来说明这一问题可能更易让人理解。淘汰激励一般采用了单一考核指标,给员工造成工作的不安定感,同时也很难让员工有总结经验教训的机会。同时还会使员工与上级主管之间的关系紧张,同事间关系复杂,员工很难有一个长期工作的打算。对犯有过失、错误、违反企业规章制度,贻误工作,损坏设备设施,给企业造成经济损失和败坏企业声誉的员工或部门,分别给予警告、经济处罚、降职降级、撤职、留用察看、辞退、开除等处罚。

结合不同激励对象各自的需求特点辩证地采取相应的激励方式,以达到激励的最佳效果。每一种激励方法就像个网眼,单靠一种方法难以发挥其作用,各种方法一起才构成一张激励之网。

【案例分享】

DELL公司的太太式培训

　　DELL公司培训销售人员是如何采取"太太式培训"的。他们把销售经理比喻为销售新人的"太太",销售经理像太太一样不断地在新人耳边唠叨、鼓励,才能让新人形成长期的良好销售习惯,从而让销售培训最终发挥作用。培训由培训经理和销售经理一起完成的。销售新人不仅向直线经理汇报,还要向培训经理汇报。培训经理承担技能培训和跟踪、考核职能(每周给销售新人排名,用e-mail把排名情况通知他们。给销售新人制造压力,没有压力,就没有动力),销售经理承担教练和管理职能,通过新人的最终执行,达到提高业绩的目的。先是为期三周的集中培训,由专家讲解销售的过程和技巧,邀请有经验的销售人员来分享经验。然后每周末召开会议,销售经理与培训经理都参加,检查新人上周进度,讨论分享工作心得,分析新的销售机会,制订下周的销售计划。销售经理与培训经理、新人们一起讨论新人的成长、下一步的走向,最终,"太太"在工作中能够自觉指导新人运用销售技巧,及时鼓励新人、有效管理新人。"太太式培训"的效果非常惊人,用数字可以说明这种培训的效果。DELL销售代表每季度平均销售额是80万美元,没有"太太式培训"的时候,新人第一季度平均销售为20万美元,经过这样培训,新人在第一季度的平均业绩可以达到56万美元,远远高于以前销售新人20万美元的销售额。

【知识链接】

企业激励员工的口号

1. 每一个成功者都有一个开始,勇于开始,才能找到成功的路。
2. 世界会向那些有目标和远见的人让路(香港著名推销商冯两努)。
3. 造物之前,必先造人。
4. 与其临渊羡鱼,不如退而结网。
5. 若不给自己设限,则人生中就没有限制你发挥的藩篱。
6. 赚钱之道很多,但是找不到赚钱的种子,便成不了事业家。
7. 蚁穴虽小,溃之千里。
8. 最有效的资本是我们的信誉,它24小时不停地为我们工作。
9. 绊脚石乃是进身之阶。
10. 销售世界上第一号的产品——不是汽车,而是自己。在你成功地把自己推销给别人之前,你必须百分之百地把自己推销给自己。
11. 即使爬到最高的山上,一次也只能脚踏实地地迈一步。
12. 积极思考造成积极人生,消极思考造成消极人生。
13. 人之所以有一张嘴,而有两只耳朵,原因是听的要比说得多一倍。
14. 别想一下造出大海,必须先由小河川开始。
15. 有事者,事竟成;破釜沉舟,百二秦关终归楚;苦心人,天不负;卧薪尝胆,三千越甲可吞吴。
16. 你的脸是为了呈现上帝赐给人类最贵重的礼物——微笑,一定要让微笑成为你工作最大的资产。
17. 以诚感人者,人亦诚而应。

18. 世上并没有用来鼓励工作努力的赏赐,所有的赏赐都只是被用来奖励工作成果的。
19. 即使是不成熟的尝试,也胜于胎死腹中的策略。
20. 积极的人在每一次忧患中都看到一个机会,而消极的人则在每个机会中都看到某种忧患。
21. 出门走好路,出口说好话,出手做好事。
22. 旁观者的姓名永远爬不到比赛的计分板上。
23. 上帝助自助者。
24. 怠惰是贫穷的制造厂。
25. 莫找借口失败,只找理由成功。(不为失败找理由,要为成功找方法。)
26. 如果我们想要更多的玫瑰花,就必须种植更多的玫瑰树。
27. 伟人之所以伟大,是因为他与别人共处逆境时,别人失去了信心,他却下决心实现自己的目标。
28. 世上没有绝望的处境,只有对处境绝望的人。
29. 回避现实的人,未来将更不理想。
30. 先知三日,富贵十年。
31. 当你感到悲哀痛苦时,最好是去学些什么东西,学习会使你永远立于不败之地。
32. 伟人所达到并保持着的高处,并不是一飞就到的,而是他们在同伴们都睡着的时候,一步步艰辛地向上攀爬的。
33. 世界上那些最容易的事情中,拖延时间最不费力。
34. 坚韧是成功的一大要素,只要在门上敲得够久、够大声,终会把人唤醒的。
35. 夫妇一条心,泥土变黄金。
36. 人之所以能,是相信能。
37. 没有口水与汗水,就没有成功的泪水。
38. 一个有信念者所开发出的力量,大于99个只有兴趣者。
39. 忍耐力较诸脑力,尤胜一等。
40. 环境不会改变,解决之道在于改变自己。

【知识与技能检测】

一、名词解释

1. 激励
2. 内容型激励理论
3. 过程型激励理论

二、思考题

1. 简述激励的类型。
2. 简要回答需求层次理论、期望理论和强化理论的主要内容。
3. 列举四种激励的方法。

三、实训题

1. 项目:坚持性训练自我激励法——一切皆有可能
2. 目的:通过自我激励训练,感受激励的含义
3. 内容

(1) 做好一件事并非他人专利,别人能做到,为什么自己不能?

(2) 按计划行事困难总是有的,别人能克服,为什么自己不能?

(3) 从小到大自己在学习中遇到的困难还少吗?以前遇到困难自己都没有害怕过,难道这次就怕了不成?

(4) 自己已经开了头,克服了许多困难,现在就不能坚持下去,战胜困难吗?

(5) 有志者事竟成。自己一定能把想做的事情做成。今天成功地坚持下来就意味着自己与目标又近了一步,这是走向成功的标志,这难道有什么问题?

(6) 以前一次次都坚持下来了,那么这一次自己也能成功地坚持下来。战胜困难,这难道还有疑问吗?

4. 模拟训练

每天选择两个时间段,将上述内容大声地诵读一遍,坚持一周、一个月、一年,就一定会有进步。

项目六 领导与沟通管理

【开篇案例】

赵兰是西南百货的总会计师,在公司已工作了20年,他待人和蔼,在公司名望较高,要求下属对自己的工作有很好地理解,年初她被提拔为商业厅副厅长。张颖毕业于一流大学会计系,在外企有7年总会计师的经验,被西南百货挖来接任赵兰的职位。但是在张颖就职后遇到很多问题,例如在她向下属要数据时,下属问她为什么要这些数据,她很不理解,认为她需要什么样的数据不需要告诉下属,这是她的权力。另一件事是一位下属提供的数据有误,使她在经理会上很丢面子,然后她当众批评了这位下属,等等。总之,张颖感觉下属不是很配合自己的工作,而且由于下属的不配合导致自己与其他部门的协调上出现了很多问题。

由于赵兰和张颖领导风格的不同导致了不同的结果,赵兰是参与式的领导风格,张颖的领导风格是集权式的,而下属需要的是参与式的领导风格,因此就会产生上述下属不适应张颖管理风格的问题。

任务一 领导心理与角色管理

项目目标

知识目标
- 了解领导的功能
- 了解领导者角色管理的内容

技能目标
- 能够正确认识领导者角色,消除角色障碍

【任务引入】

雷克在8年前还是公司唯一的工程师。随着公司的发展,公司又雇用了几名工程师,于是雷克就成了主管人员。由于自己并没有领导工作的经验,各种烦恼接踵而来。

雷克所在的部门规模不大,因此他虽然是主管人员,可仍同工程师们一起干活。后来他实在感到没办法处理那么多文书和日常事务,于是雇用了莎丽担任秘书,渐渐地雷克发现,自己越来越依靠莎丽处理办公室事务,诸如订购原料、确定任命、制订项目进展计划等,而自己则仍然把大部分时间都花在了具体业务上,如果工程项目难度大,自己索性亲自动手。

因为雷克太忙,莎丽把本来应该由雷克负责的工作都揽了过去,包括分配任务、处理工程师提出的问题等。事实上莎丽安排的工作进度比雷克在百忙之中费好大的劲排出的计划井井

有条得多。

一天,莎丽去找雷克商量采用新方法规划工作进度并监测工程进展的问题。雷克听后说:"你这个想法很好,但你的工作是当好秘书。我是经理,监测工程是我的责任。"莎丽回答:"你怎样称呼自己与我无关,但为了把部门的工作组织得有条不紊,我干的工作比你都得多。与其说你是部门经理,倒不如说你更像个工程师。""你在开玩笑吧。"雷克回答:"我是这个部门的经理,你是秘书。""我在这里担负的责任越来越多,一直盼望您能提拔我当行政助理。"莎丽回答。"工程师们是因为我的缘故才接受了你的进度安排。要是没有我在,你什么也别想干成。他们完成了任务,因为他们知道我是经理,是他们的领导!"雷克大声地说。"我们用不着争论。如果你要我安心秘书的本职,那好,对管理工作我一概不插手。"莎丽回答说:"假如我那么做了,你将不得不放弃业务工作,全力以赴搞管理。"

【任务分析】

雷克作为一名主管负有领导的职能,作为一名领导者他不应该深陷在原有工程师的具体工作中,更不可轻易授权给别人,而是应该放更多的时间和精力在制订和执行组织的计划、政策与方针及控制组织内部关系,沟通组织内上下的意见等相关领导工作上。

一、领导及领导功能

毛泽东指出:领导依照每一具体地区的历史条件和环境条件,统筹全局,正确地决定每一时期的工作重心和工作秩序,并把这种决定坚持地贯彻下去,务必得到一定的结果,这是一种领导艺术。美国前总统尼克松对"领导"是这样描述的:伟大的领导能力是一种独特的艺术形式,既要求有非凡的魄力,又要求有非凡的想象力,经营管理是一篇散文,领导能力是一篇诗歌。管理学的鼻祖彼得·德鲁克认为:领导就是创设一种情境,使人们心情舒畅地在其中工作,有效的领导应能完成管理的职能,即计划、组织、指挥、控制。著名的学者哈罗德·孔茨是这样定义领导的:领导是管理的一个重要方面,有效地进行领导的本领是作为一名有效的管理者的必要条件之一。在学术界引用较为广泛的是斯蒂芬·罗宾斯对"领导"的定义:领导就是影响他人实现目标的能力和过程。

综合各方对领导定义的表述,所谓领导是对群体或个体施加心理影响,使之努力实现组织目标并与环境保持一致的过程。领导力是权力和影响力的统一,是科学和艺术的结合。影响力是一个人在与他人交往过程中改变他人心理和行为的能力,是一种自然性的领导方式,受影响者心悦诚服,在心理和行为上表现出自愿、主动的特点;而权力是一种带有强制性的领导方式,下属在心理和行为上表现出被动和服从的特点。领导力就像一把双刃剑,既需要领导的职位所赋予的指挥性和强制性的权力支撑,又要有吸引追随者的内在影响力。同时,领导行为既是科学行为,也是艺术行为。领导行为的某些特质的确有一定的规律可循,因而领导行为是科学行为;对人施加影响的过程有技巧性的方式方法,所以领导行为也是艺术行为。无论是运用权力还是影响力,领导的最终目的都是为了实现某种目标。

领导者包括正式领导者和非正式领导者,领导的功能包括正式领导者的功能和非正式领导者的功能。正式领导者的主要功能是领导职工达成组织的目标,非正式领导者的主要功能是满足职工的个别需要。

正式领导者的功能具体表现在:①制订和执行组织的计划、政策与方针;②提供情报知识与技巧;③授权下级分担任务;④对职工实行奖惩;⑤代表组织对外交涉;⑥控制组织内部关系,沟通组织内上下的意见。非正式领导者的功能具体表现在:①协助职工解决私人问题(家庭或工作的);②倾听职工的意见,安慰职工的情绪;③协调与仲裁职工之间的关系;④提供各种资料情报;⑤替职工承担某些责任;⑥引导职工的思想、信仰及对价值的判断。

【知识链接】

管理的四大职能是:计划、组织、领导和控制。其中,领导作为一种管理活动,在此指管理者通过指导、激励、带领等方式对下属的思想、行为施加影响,从而去努力达成组织目标的过程,是有效管理工作中必不可少的一个环节。而领导包含的影响过程得到越来越广泛的认可,领导和管理之间是否有区别是其中的热点话题之一,很多专家、学者在这方面有不同的看法。美国哈佛商学院领导学教授约翰·科特提出领导和管理具有不同的功能:管理是用于应对复杂性的,领导则是用于应对变革的。管理者通过制订正式计划、设计规范的组织结构以及监督计划实施的结果,使组织达到有序而一致的状态。领导者通过开发未来前景而确定前进方向,他们把这种前景与他人交流,推动组织进行建设性的变革,并激励他人克服障碍达到这一目标的实现。斯蒂芬·罗宾斯认为:管理者和领导者是两类完全不同的人,管理者即使不能说以消极的态度也是以非个人化的态度面对目标,领导者则是以一种个人的、积极的态度面对目标。

管理者倾向于把工作视为可以达到的过程;领导者的工作则具有高度的冒险性,他们常常倾向于主动寻求冒险,当机遇和奖励很高时尤其如此。管理者喜欢与人打交道的工作,避免单独行动,离开群体他们会感到焦虑不安,他们根据自己在事件和决策过程中所扮演的角色与他人发生联系;而领导者关心的是观点,以一种更直接的方式与他人发生联系。简言之,领导与管理的关系可理解为"思想与行动":管理是有效地把事情做好,领导则是确定所做的事是否正确;管理是在成功的阶梯上努力往上爬,领导则指出所爬梯子是否靠在正确的墙上。明确领导和管理的区别有助于领导者对自己的角色进行定位,从而使领导者更加关注领导者应该做的事。

有关领导的理论很多,随着管理理论的发展,领导理论大致有四种理论学派:早期的特质理论和行为理论、近期的权变理论以及当前的领导风格理论。按照时间的顺序,在20世纪40年代末,也就是领导理论出现的初期,研究者主要从事的是领导的特制理论的研究,其核心观点是:领导能力是天生的。从20世纪40年代末至60年代末,主要进行的是领导行为理论的研究,其核心观点是:领导效能与领导行为、领导风格有关。从20世纪60年代末至80年代初,出现领导权变理论,其核心观点是:有效的领导受不同情景的影响。从20世纪80年代初至今,大量地出现了领导风格理论的研究,其主要观点是:有效的领导需要提供愿景、鼓舞和注重行动。

二、领导者的角色内容

在现实社会中,当上级组织宣布某人为领导者时,这个人就取得了领导者的社会地位与身份,这种领导者的社会地位与身份,就称之为领导者角色。领导者角色是借用了社会学中的角色概念而来的。每个人在社会生活中都扮演一定的角色,领导者角色与被领导者角色,都是一种社会组织内部的职务分工。在一个人担任了某种领导职务之后,他就应该具备领导者角色的知觉与意识,时刻想到自己已经是一个领导者了,应该承担领导者的责任,开始使用领导者的权利,履行领导者的义务,勤勤恳恳地做好本职工作。反之,如果某一个人的领导地位已经确立,但是他对自己所扮演的领导者角色的知觉与意识甚差,没有很好地承担领导者应该承担的责任,这就起不到一个领导者的作用。因此,作为领导者,要自觉地意识到自己在工作群体中担任着不同的基本角色,这些基本角色概括地讲有以下四种:群体组织者的角色、群体教育者的角色、群体利益代表者和维护者的角色、信息的使用者和传播者的角色。其中每一个角色都综合了多项领导职能。

（一）群体组织者的角色

领导者的职责就是要保证他所领导的工作群体有高度的组织水平。一个工作群体的工作成绩,大多取决于群体内部各部门整体地进行工作的组织水平。现代工作群体的精密分工,使每个工作群体只需完成某一项或某几项工作,因而领导者作为群体组织者的作用就更大了。处于不同层次的领导者,要扮演不同层次的工作群体组织者的角色。作为班组长等基层组织的领导者,应当善于给群体提出具体的目标,合理安排劳动力,确定解决具体任务的手段和方法,发挥群体成员的主动性与积极性。作为中高级组织的领导者,如公司经理、局长、市长、部长等,是通过基层或中层领导者来领导下属群体的,他们除了应该具有基层领导者的组织职能之外,还要具备协调者的职能,即通过基层或中层领导者来协调下属群体的活动。

（二）群体教育者的角色

领导者的教育职能是由我国社会主义社会的性质所决定的。我国的任何工作群体、任何一级领导者不仅要抓业务工作,同时还要抓思想政治工作,他们必须贯彻执行党和国家的路线、方针和政策,向下属解释各项方针、政策的具体内容及其意义。教育的内容应该是广泛的,其中包含了物质文明和精神文明各方面的内容,如培养下属的工作责任心、集体主义荣誉感和正确的工作态度等。此外,领导者还要培养下属形成符合社会准则的行为方式与道德品质。

（三）群体利益代表者和维护者的角色

社会主义社会的领导者,是国家、集体以及人民利益的代表者。为了扮演好这一角色,领导者要善于在工作中把国家、集体与个人的利益紧密结合起来。作为群体利益代表者的领导者,有权运用具体刺激因素鼓励那些工作质量好、数量多并遵守纪律的人,同时还应当对违反劳动纪律或劳动态度不好的人采取一定的惩罚和制裁措施,以维护认真工作、遵守纪律的工作人员的利益,促使不遵守纪律的人改变劳动态度。

（四）信息使用者和传播者的角色

领导者在工作中既要使用来自群体的内部信息,也要使用来自社会的外部信息。领导者根据这些信息及工作群体的具体状况做出决策。领导者的决策质量,在很大程度上取决于信息的客观性、及时性、准确性和目的性。

三、正确对待领导者角色,消除角色障碍

作为领导者必定会面临如何正确对待领导者角色的态度问题。由于领导者角色有一些优越感及某种权力,因而有些人领导者角色的意识虽然很强,但忘记了领导者角色要与他所承担的责任相一致,单纯地摆出领导者角色的架子,不做实事,这是不可取的。

社会心理学有一个重要理论,叫角色理论。角色理论认为,每一个人有多种角色,在家庭里可能是父亲、儿子、丈夫;到社会上可能是领导、群众,也可能是顾客、旅游者。一个人在不同的场合,就以不同的角色出现,不同的角色要求其有相应的不同的姿态行为。比如,一个领导者在他的下级面前,应该以一个领导者的角色出现,给下级下达指令等行为都是常态;到百货商店中,或进入乘公共汽车内,此时他的角色已经发生了变化,已经变成一个普通顾客、乘客

了,如果这时他仍以一个领导者的姿态出现,给售货员、售票员像在自己单位里那样下达指令,势必会引起人家的反感。心理学把这种现象称为角色障碍,也叫角色混淆。在人事工作中,角色混淆的现象是很多的,害处也是很大的。这就要加强教育,任何人都要了解自己的工作责任,明确自己的角色要求,坚持原则,实事求是,不能公私混淆,此外,要建立和健全各种回避制度。如亲属回避、限制亲属之间在特定的范围内一起工作等,这样,无论对组织、还是对个人都是十分有利的,群众也会增加信任感。

【案例分析】

某夫妻俩在一个工厂工作。丈夫是这个厂的厂长,妻子是这个厂技术科的科长。一次,厂长给是自己妻子的科长下达一项任务,讲明这是厂务会研究确定的。这位科长却认为,这项任务没"油水",拒不接受。技术科的其他人说,既然厂务会已经定了,咱们就接了吧!这位科长却说,管他什么会议定的,反正厂长得听我的。这位科长,她之所以不服从厂长下达的任务,就是混淆了厂长与科长、丈夫与妻子之间的角色关系。这就是亲属角色关系与工作角色关系的混淆。这种现象,目前在相当多的单位中存在,有的一家几代人在同一单位、甚至同一部门工作。人事工作中的角色障碍,不仅仅局限在亲属关系范围内,在老同事、老部下、老朋友以及其他一些角色关系变换中也常有发生。例如,原是自己部下的人后来成为自己的上级,就不能以下级的角色去配合工作;有的领导已经调任到新单位工作,但对原单位还是以领导的角色出现,对一些事情横加干涉等,给工作带来了消极、不利的影响。防止角色混淆,消除角色障碍,一靠教育,二靠制度。一般说来,人都是有情感的,因此,各种亲属友邻关系,是很容易导致角色障碍的。

任务二 领导风格理论与运用

知识目标
- 理解领导风格理论的特征
- 了解领导风格类型理论的应用意义

技能目标
- 能够清晰辨别领导的管理风格

【任务引入】

某校新来了一位安校长,他的做法和前任校长形成极大的反差。前任校长比较专断,大事小事都一人说了算。而安校长到校后就和四位副校长开会。他说:论教学,我不如老赵;论后勤,我不如老钱;论小学部,我不如老李;论初中部,我不如老孙。今后你们要各司其职,大胆工作,干好了是你们的成绩,出了问题,大家研究解决。这时,大家面面相看,心里都在问:那校长你干什么?三个月后,安校长在细致调查研究的基础上,启动改革措施,学校发生了很大的变化,安校长受到教师的尊敬与好评。

【任务分析】

安校长属民主型领导风格,因为安校长能够看到几位副校长的优势、特点,采取的是支持型和集体讨论决策的民主方式。

一、领导特质理论

早期的领导理论关注领导者个人特性(人格、进取心、领导意愿、正直与诚实、自信、体质、智慧、专业知识、自我监控等),并试图确定能够造就伟大管理者的共同特性,这实质上是对管理者素质进行的早期研究。

传统的领导特质论认为,领导特质是天生的,弗朗西斯·高尔顿早在1869年就认为领导者的特质是天生的。在早期美国管理学家吉赛利提出了八种个性特征和五种激励特征。他在其《管理者探索》中研究得出的八种个性特征——才智、首创精神、督察能力、自信心、决断力、适应性、性别、成熟程度等;五种激励特征——对工作稳定的需求、对金钱奖励的需求、对指挥别人权力的需求、对自我实现的需求、对事业成就的需求。在1969年吉布的研究认为天才领导者应该具有7种特质:善于言辞、外表英俊、高超智力、充满自信、心理健康、支配趋向、外向敏感等。此后又有一种"新特性论"。R. M. Stogdill把这些领导特性归纳为六类:①身体性特性;②社会背景性特性;③智力性特性;④个性特性;⑤与工作有关的特性;⑥社交性特性。

综上所述,领导特质理论的局限性:其一是对有效领导者所应具备特质的内容及相对重要性的认识很不一致甚至会相互冲突;其二是认为领导者是先天的,这有片面性;其三是忽视了被领导者及其他情境因素对领导效能的影响。

二、领导行为理论

行为理论研究的真正萌芽开始于19世纪40年代,那时,许多管理心理学家在调查研究中发现了领导者在领导过程中的领导行为与他们的领导效率之间有密切的关系,基于此,为了寻求最佳的领导行为,许多机构对此进行过大量的研究。

1. 领导方式理论的特征

领导方式理论是由美国依阿华大学的研究者、著名心理学家勒温和他的同事们从20世纪30年代起就进行关于团体气氛和领导方式的研究。勒温等人发现,团体的任务领导并不是以同样的方式表现他们的领导角色,领导者们通常使用不同的领导风格,这些不同的领导方式对团体成员的工作绩效和工作满意度有着不同的影响。勒温等研究者力图科学地识别出最有效的领导行为,他们着眼于三种领导方式,即专制型、民主型和放任型的领导风格。勒温认为,这三种不同的领导方式,会造成三种不同的团体氛围和工作效率。

(1)专制型领导。领导者主要是依靠权力和强制命令来进行管理,其主要特点是专断独裁,把权力集中在自己手上,支配着群体的决策过程,领导发号施令要求下属服从,忽视下属的意见,凭借奖惩权力来领导。

(2)民主型领导。领导者注意让下属参与进来,进行公开沟通,就拟议的问题同下属磋商,决策得不到下属的一致同意就不采取行动,其决策速度虽然较慢,但下属的满意度较高。

(3)放任型领导。他们给下属独立自主的权力,对他们采取放任自流的态度,既不加以约束,也不加以指导,下属自己决定目标以及实现目标的方法,领导者的作用仅限于为下属提供信息,充当群体与外部环境的联系人,以此帮助下属的工作。

勒温根据实验得出的结论是:放任型的领导方式工作效率最低,只能达到组织成员的社交目的,不能完成工作目标;专制型领导方式虽然通过严格管理能够达到目标,但组织成员没有责任感,情绪消极,士气低落;民主型领导方式工作效率最高,不但能够完成组织目标,而且组织成员之间关系融洽、工作积极主动、有创造性。领导者倾向于采取何种领导方式,往往也与其他情境要素有关。研究表明,下属分为不同的类型,对他们的领导就要采取不同的方式,而且,情境不同,领导的方式也就不同。三种领导方式的特征如表 6-1 所示。

表 6-1 领导方式的特征

	专 制 型	民 主 型	放 任 型
权力分配	权力集中于领导者个人手中	权力在团体之中	权力分散在每个员工手中,采取无为而治态度
决策方式	领导者独断专行,所有的决策都由领导者自己做出,不重视下属成员的意见	让团队参与决策,所有的方针政策由集体讨论做出决策,领导者加以指导、鼓励和协助	团对成员具有完全的决策自由,领导者几乎不参与
对待下属的方式	领导者介入到具体的工作任务中,对员工在工作中的组合加以干预,不让下属知道工作的全过程和最终目标	员工可以自由选择与谁共同工作,任务的分工也由员工的团队来决定,让下属员工了解整体的目标	为员工提供必要的信息和材料,回答员工提出的问题
影响力	领导者以权力、地位等因素强制性地影响被领导者	领导者以自己的能力、个性等心理品质影响被领导者,被领导者愿意听从领导者的指挥和领导	领导者对被领导者缺乏影响力
对员工评价和反馈的方式	采取"个人化"的方式,根据个人的情感对员工的工作进行评价,采用惩罚性的反馈方式	根据客观事实对员工进行评价,将反馈作为对员工训练的机会	不对员工的工作进行评价和反馈

勒温等人试图通过实验决定哪种领导方式是最有效的领导方式。他们分别将不同的成年人训练成为具有不同领导方式的领导者,然后将这些人充当青少年课外兴趣活动小组的领导,让他们主管不同的青少年群体。他们对进行实验的群体在年龄、人格特征、智商、生理条件和家庭社会经济地位等方面进行了匹配,也就是说,几个不同的实验组仅仅在领导者的领导方式上有所区别。这些青少年兴趣小组进行的是手工制作的活动,主要是制作面具。结果发现:放任型领导者所领导的群体的绩效低于专制型和民主型领导者所领导的群体;专制型领导者所领导的群体与民主型领导者所领导的群体工作数量大体相当;民主型领导者所领导的群体的工作质量与工作满意度更高。基于这个结果,勒温等研究者最初认为民主型的领导方式似乎会带来良好的工作质量和数量,同时群体成员的工作满意度也较高,因此,民主型的领导方式可能是最有效的领导风格。但不幸的是,研究者们后来发现了更为复杂的结果:民主型的领导方式在有些情况下是会比专制型的领导方式产生更好的工作绩效,而在另外一些情况下,民主型领导方式所带来的工作绩效可能比专制型领导方式所带来的工作绩效低或者仅仅与专制型

领导方式所产生的工作绩效相当。

【知识链接】

在实际的组织与企业管理中,很少有极端型的领导,大多数领导都是专制型、民主型和放任型的混合型。因此实际的领导者类型如图6-1所示。

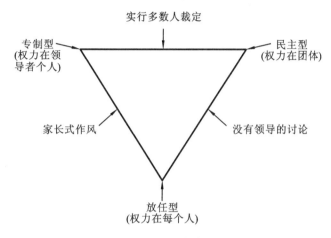

图6-1 领导者类型

勒温能注意到领导者的方式对组织氛围和工作绩效的影响,区分出领导者的不同方式和特性并以实验加以验证,这对实际管理工作和有关研究非常有意义。许多后续的理论都是从勒温的理论发展而来的。例如坦南鲍姆和施米特的领导行为连续体理论就是为解决勒温等人的研究中提出的问题而提出的理论。

但是,勒温的理论也存在一定的局限。这一理论仅仅注重了领导者本身的风格,没有充分考虑到领导者实际所处的情境因素,因为领导者的行为是否有效不仅仅取决于其自身的领导方式,还受到被领导者和周边环境因素的影响。

2. 利克特的四种领导体制

美国密歇根大学利克特教授认为,在所有的管理工作中,对人的领导是最重要的中心工作,其他工作取决于这一点。他认为,领导方式有四种类型,称之为四种领导体制。

(1)"专权独裁式"领导体制。"专权独裁式"领导体制权力是集中在最高一级,领导者对下属不信任,决策和组织的目标设置大多由高级管理阶层做出,以命令形式下达,并以威胁和强制方式推行。下级在恐惧、威胁的状态之中工作,动辄受罚,上下级之间缺乏信息交流和互相信任,因而易形成与正式组织目标相对立的非正式组织。这种领导体制是传统的领导方式,领导者是独裁者,以工作为中心。

(2)"开明专制式"领导体制。"开明专制式"领导体制是权力集中在最高一级领导者手中,他们授予中下层部分权力,决策一般由最高领导层制订,下级有一定程度的决策权。领导者和下属之间有类似主仆之间的信任,上级较谦和,下级还有恐惧、警戒心理,交往在上级屈尊和下级畏缩的气氛下进行。领导者采用奖惩结合的方式进行激励和控制。组织中也有非正式组织,但非正式组织却不一定反对组织目标。

(3)"协商式"领导体制。"协商式"领导体制是重要问题的决定权在最高领导者手中,中下层人员在次要问题上有决定权,也实行某种程度的参与制订计划。领导者和下属有相当程度的信任。上下级之间具有双向的信息沟通。组织中的非正式组织,对于正式组织的目标有时表示支持,有时也会做出轻微的对抗。第二种和第三种体制同第一种体制并无本质的不同,只有程度上的差别,都属于命令主义或权力主义,前三种制度可以统称为权力主义领导方式。

(4)"参与式"领导体制。"参与式"领导体制是领导者让下属参与管理,对下属完全信任,上下级处于相互平等的地位,有问题互相协商。决策是以各部门广泛参加的方式进行,但由最高领导最后决策。这种领导方式是效率最高的领导方式,它注重人际关系,领导者以人为中心,本质上是民主主义。

在组织内部不仅有上下级之间的双向沟通,而且有平行沟通。领导者让下属参与制订薪酬标准、设置目标、改进方法、评估计划的进展。

3. 领导风格连续统一体理论

坦南鲍姆和施米特提出了领导风格连续统一体理论。该理论认为,领导风格有多种多样,从以领导者为中心的专制风格到以下属为中心的民主风格,中间根据领导者授予下属自由权的程度不同有七种领导风格,并没有一种领导风格总是正确的,也没有一种领导风格总是错误的。这几种有代表性的领导风格包括:①领导者做决策并宣布决策;②领导者"推销"决策;③领导者提出计划并欢迎被领导者提出问题;④领导者提出一个可以变更的临时性决策,并把自己拟定的临时性决策提交给有关人员征求意见,允许被领导者对决策发挥某种影响作用,但最后的决定权保留在领导者的手中;⑤领导者提出问题,征求意见,然后决策;⑥领导者将被领导者能决定的事准确地陈述并加以限制,然后把决策权交给集体,但领导者也许不喜欢被领导者的决策;⑦决策权下放,领导者允许被领导者在更大的范围内参与决策。

在考虑上述七种领导风格中哪一种最为有用时,坦南鲍姆和施米特认为,要考虑以下三个方面的因素:①领导者个性因素,领导行为受领导自己的背景、知识、经验、个性的强烈影响;②被领导者的因素,例如,被领导者对独立性的需要程度,被领导者是否准备承担决策的责任等;③环境方面的因素,例如,组织规模的大小,组织在地理上的分布等。

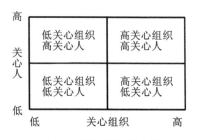

图 6-2 领导行为四分图

4. 领导行为四分图理论

领导行为四分图理论是 1945 年由美国俄亥俄州立大学工商企业研究所的学者提出的。他们用因素分析的方法,从多种领导行为因素中抽出了两个基本因素,发现了领导行为的两个互相独立的维度(关心组织和关心人),并采用了量表作为测量工具来评定这两个维度的领导行为,如图 6-2 所示。

5. 管理方格理论

在 1964 年,Blake 与 Mouton 在以往领导行为研究的基础上,提出了著名的"管理方格理论",他们用纵坐标表示对人的关心程度,横坐标表示对生产的关心程度。两者按程度大小各分成 9 等份,从而形成一个方格图,如图 6-3 所示。这样,在理论上能组合成 81 种不同的领导方式,在这 81 种领导方式中,可以选取 5 种典型的领导方式。

(1)1.1 方式为贫乏型(放任型)管理,对职工和生产任务都不太关心,领导者对职工漠不关心,领导本人也只以最低限度来完成必须做的工作。

(2)1.9 方式为俱乐部型管理,领导者非常关注职工的情况,支持、关心和体谅职工,但对任务的完成则很少关心,这种管理方式不重视指挥、监督、规章制度。

(3)9.1 方式为权威型(任务型)管理,领导者只注重任务的完成,但不注重人的因素,对

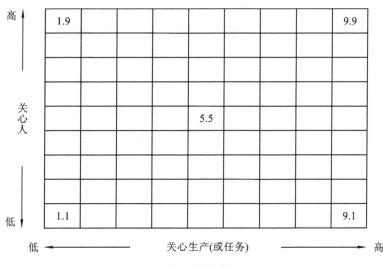

图 6-3 管理方格图

下属的士气和发展很少注意,即重任务轻人。

(4) 9.9 方式为团队型管理,对职工和生产都极为关心,努力使个人需要和组织目标最为有效的结合。

(5) 5.5 方式为中间型管理,领导对人的关心度和对生产的关心度能够保持平衡,追求正常的效率和令人满意的士气。这种管理方式缺乏革新精神,员工的创造性得不到充分发挥,在激烈的竞争中难以取胜。

三、领导权变理论

权变理论学者们针对前两种理论研究的不足,在研究领导与绩效的关系时把情境因素考虑在内。权变理论方面比较有代表性的有菲德勒模型、Paul Hersey 和 Kenneth Blanchard 提出的情境领导理论、George Graeo 提出的领导成员交换理论、Robert House 提出的路径-目标理论、Victor Vroom 和 Phillip Yetton 提出的领导者参与模型等。

菲德勒在研究领导时将领导风格分为关系取向和任务取向,并考虑了领导者与成员关系、任务结构和职位权力三种情境。通过调查研究得出结论:任务取向的领导者在领导者与成员关系比较好、任务结构比较高和职位权力比较强的情境,以及领导者与成员关系差、任务结构低和职位权力弱的情境下工作会取得比较好的工作绩效,关系取向的领导会在中等条件下取得比较好的工作绩效。

Paul Hersey、Kenneth Blanchard 和 Fred fiedler 对领导维度的划分相同,但考虑的情境不同,他们将下属的成熟度(即个体完成某一具体任务的能力和意愿的程度)设定为情境,并根据下属的成熟度界定出四种有效的管理方式:在员工非常成熟的情况下,采取授权的领导方式比较有效;在员工比较成熟的情况下,采用参与的领导方式比较有效;在员工不大成熟的情况下,采取推销的领导方式比较有效;在员工不成熟的情况下,采取指示的领导方式比较有效。

日常工作中,由于时间压力,领导者往往与下属中少部分人建立特殊关系,这些个体就成为圈内人士,他们受到信任,得到领导更多的关照,也更可能享有特权;而其他人员则成为圈外人士,根据这种现象,George Graeo 提出了领导者-成员交换理论。领导者-成员交换理论预测,"圈内"地位的下属得到的绩效评估等级更高,离职率更低,对主管更满意。

根据下属参与决策的程度，Vector Vroom 和 Phillip Yetton 提出了领导者参与决策模型。该理论认为领导行为必须根据具体情况加以调整。该理论将完全独裁到群体决策设定为五个等级，领导者可根据权变因素调整自己的行为。在该理论中，共有 12 个权变因素：质量要求、承诺要求、领导者信息、问题结构、承诺的可能性、目标一致性、下属的冲突、下属的信息、时间限制、地域的分散、激励-时间、激励-发展。

【知识链接】

理论界从另一个角度对领导进行了大量的探讨，称为魅力型—工具型领导理论。David A. Nadler 和 Michael L. Tushman 讨论企业变革时，根据领导在变革中的角色对魅力型领导和工具型领导进行了描述。魅力型领导有三个特点：提供远景、鼓舞和注重行动。①提供远景：包括创造未来的蓝图，或者陈述出人们所认同和能激发人们热情的未来状况，通过创造远景，加强人们的责任感，提供共同目标，并为人们设定成功的途径。显然，最简单的形式就是清晰地表达出诱人的必然的远景。这种远景要有挑战性、要有意义、要值得追求，并且可信，即必须让人们相信在追求远景中有成功的可能性。②鼓舞。在此领导的角色就是直接为组织的员工提供动力，激励他们行动。不同的领导鼓舞的方式不同，但最常用的方式是领导演示个人的激情和干劲，通过指导个人与大多数人的合作使激情凝聚在一起，表达出他们有能力成功的信心。③注重行动。领导从心理的角度帮助人们行动、面对挑战。设想个体有了远景并受到激励，他们可能在完成任务时需要精神上的帮助。领导必须能够分享组织的情感。他们要表现为支持员工，更重要的是他们要把他们的信心灌输于人们心中，以使人们有效地工作，能积极面对挑战。

与魅力型领导对应的是工具型领导，他们存在下列三个特征：第一个特征是结构化。领导投入时间建立团队，这种团队要与企业的战略相协同，同时创建一种结构，在这种结构中能清晰地表达出组织需要什么类型的行为。在这个过程中涉及设立目标、建立标准、定义角色和责任；第二个特征是控制，这涉及创造测量、监督、行为和结果的评估，以及管理行为的系统和程序；第三个因素是一致的回报，包括对员工行为与变革所要求的行为一致性问题所做的奖励和惩罚。

企业在变革过程中，魅力型领导似乎更有效，但魅力型领导也有其自身的缺陷，这些缺陷具体如下：

（1）期望的非现实性。在创造远景和鼓舞员工的过程中，领导可能创造的远景不现实或无法达到。如果领导不能坚持或完成期望可能会带来反面效果。

（2）依赖和反依赖。一个坚强的、明智和充满能量的领导会带来各种心理反应。有时一些个体甚至整个组织都会过度地依赖领导，每个人停止创造性行为，等待领导的指示，个体成为被动型和反应型。另一些人可能会因为领导过度强烈的个人表现和错误而引起不舒服感。

（3）不同意领导。魅力型领导的赞扬或批评行为是一种重要的行为，如果员工的观点与领导的观点不一致或冲突，这可能会破坏一致性。

（4）需要持续的魅力。魅力型领导可能会陷入维持魅力的误区，这会导致领导采取无效的行为，不然，领导的可信度就会受到威胁。

（5）存在潜在的背叛心理。如果事情并不像领导所设想的那样，员工就会对领导有一种潜在的背叛心理，员工会因为自己的期望失败而受到挫伤或被激怒。

（6）使以后领导丧失权力。魅力型领导的结果是使以后的管理丧失权力，因为他们没有以前的方向、远景、报酬和惩罚等意义性机制，只能被动地接受以前设定的方向。

(7) 领导个人能力的局限。当以个人为中心的领导方式建立以后,管理往往围绕个人的时间、激情、技能和兴趣展开,经过一段时间后,不同的竞争环境需要不同的讨论主题(市场、技术、产品、财务),而这些非单个个体所能掌握,不同的战略变革需要不同的管理和不同性格的个体,这些都会因为个人对组织的终身领导使战略变革受到限制。

由于魅力型领导具有其自身的缺陷,企业在变革过程中,仅仅魅力型领导是不够的,在变革初期,魅力型领导更有效,因为他们能设定远景,鼓舞士气,但企业变革的后期阶段就需要工具型领导来建立适当的队伍、辨识所需要的行为、建立测量工具、进行奖励和惩罚以使员工以一致的行为来完成他们的目标。

【案例分析】

某公司由于生意不景气,决定将所有人的工资削减15%,并在10周内保持不变,但不解雇员工。管理层起草了两份有关削减工资的说明,在A厂和B厂只念其中的一份。

其一:在A厂的说明是大家同获这个消息,想要各位了解这里正在发生的事。大家可能知道,工厂失去了一份关键的合同,收益会因此减少。每个人的工资也因此将减少15%。厂内每个人都一样,不过福利待遇不会动。但这次工资削减不会超过10周。希望经过这次困难后大家会比过去更强。管理层感谢大家一起共渡难关。

其二:在B厂的说明是在企业里,不可避免地需要采取降低成本的措施。不幸的是,现在是采取这种措施的时候了。这对每个人都不是件容易的事,但是总裁已经决定从星期一起实行普遍减薪。所有雇员,包括总裁在内,将共同做出努力以拯救公司。大家有理由相信这次减薪只会持续10周。管理者在回答几个问题后要赶飞机去参加另外一个会。

在宣布削减工资之前,每年偷窃率约为3%。但在宣布削减工资后,A厂的员工偷窃率保持不变,而B厂员工偷窃率却上升了250%。这说明A厂没有给员工太大的压力,并明确公司有困难,待渡过难关后会比过去更好,他们都希望能尽快实现目标。B厂管理人员一面说为了降低成本说这次减薪会持续10周,另一方面却说要赶飞机。这样容易引起工人极大的不信任,导致B厂员工偷窃率上升。

任务三　领导沟通与管理

知识目标
■ 了解领导者的素质与领导者的信息沟通
■ 熟悉领导者的沟通方式
■ 理解领导决策艺术

技能目标
■ 能够提高有效信息沟通的方法

【任务引入】

王岚是一个典型的北方姑娘,在她身上可以明显地感受到北方人的热情和直率,她坦诚,有什么说什么,总是愿意把自己的想法说出来和大家一起讨论,正是因为这个特点她在上学期间很受老师和同学的欢迎。今年,王岚从西安某大学的人力资源管理专业毕业,她认为,经过四年的学习自己不但掌握了扎实的人力资源管理专业知识,而且具备了较强的人际沟通技能,因此她对自己的未来期望很高。为了实现自己的梦想,她毅然只身去广州求职。

经过将近一个月的反复投简历和面试,在权衡了多种因素的情况下,王岚最终选定了东莞市的一家研究生产食品添加剂的公司。之所以选择这家公司是因为该公司规模适中、发展速度很快,最重要的是该公司的人力资源管理工作还处于尝试阶段,如果王岚加入,她将是人力资源部的第一个人,因此她认为自己施展能力的空间很大,但是到公司实习一个星期后,王岚就陷入了困境中。

原来该公司是一个典型的小型家族企业,企业中的关键职位基本上都由老板的亲属担任,其中充满了各种裙带关系。尤其是老板安排了他的大儿子做王岚的临时上级,而这个人主要负责公司的研发工作,根本没有管理理念更不用说人力资源管理理念,在他的眼里只有技术,最重要的是公司只要能赚钱,其他的一切都无所谓。但是王岚认为越是这样就越有自己发挥能力的空间,因此在到公司的第五天,王岚拿着自己的建议书走向了直接上级的办公室。

"王经理,我到公司已经快一个星期了,我有一些想法想和您谈谈,您有时间吗?"王岚走到经理办公桌前说。"来来来,小王,本来早就应该和你谈谈了,只是最近一直扎在实验室里就把这件事忘了。""王经理,对于一个企业尤其是处于上升阶段的企业来说,要持续企业的发展必须在管理上狠下工夫。我来公司已经快一个星期了,据我目前对公司的了解,我认为公司主要的问题在于职责界定不清;雇员的自主权力太小致使员工觉得公司对他们缺乏信任,员工薪酬结构和水平的制订随意性较强,缺乏科学合理的基础,因此薪酬的公平性和激励性都较低。"王岚按照自己事先所列的提纲开始逐条向王经理叙述。王经理微微皱了一下眉头说:"你说的这些问题我们公司确实存在,但是你必须承认一个事实那就是公司在赢利,这就说明公司目前实行的体制有它的合理性。""可是,眼前的发展并不等于将来也可以发展,许多家族企业都是败在管理上。""好了,那你有具体方案吗?""目前还没有,这些还只是我的一点想法而已,但是如果得到了您的支持,我想方案只是时间问题。""那你先回去做方案,把你的建议书放这儿,我先看看然后给你答复。"说完王经理的注意力又回到了研究报告上。王岚此时真切地感受到了不被认可的失落,她似乎已经预感到了自己第一次提建议的结局。果然,王岚的建议书石沉大海,王经理好像完全不记得建议书的事。王岚陷入了困惑之中,她不知道自己是应该继续和上级沟通还是干脆放弃这份工作,另找一个发展空间。

【任务分析】

沟通是一个信息交流过程,它是信息的传递与理解,是人与人之间、人与群体之间思想与感情的传递和反馈的过程,目的是以求思想达成一致和感情的通畅。并非所有的交流都是沟通。在交流中应做到善传己意,善达人意。有效的人际沟通可以实现信息的准确传递,达到与其他人建立良好的人际关系,借助外界的力量和信息解决问题的目的。但是由于沟通主客体自身和外部环境等因素,沟通过程中会出现各种各样的沟通障碍,如倾听障碍、情绪噪声、信息超载等。因此,为了达到有效沟通的目的就必须首先认识到沟通中可能存在的障碍,然后采取适当的措施以避免障碍,从而实现建设性的沟通。同样的情况下,上述案例中的王岚去找王经理之前可用异位思考法树立一个沟通低姿态,站在公司的角度上考虑一下公司存在问题的缘由,遵守沟通规则,做好与王经理平等对话,为公司解决此问题做好充分的心理准备。

一、领导者的素质

领导者素质,是指在先天禀赋的生理和心理基础上,经过后天的学习和实践锻炼而形成的,在领导工作中经常起作用的那些基础条件和内在要素的总和。

(一)领导者素质内容

在领导科学理论的研究中,人们一般把领导者的素质分为政治素质、思想素质、道德素质、文化素质、业务素质、身体素质和心理素质,以及领导和管理能力等。①政治素质包括要有正确的世界观、价值观与人生观;要有现代化的管理思想和强烈的事业心、高度的责任感、正直的品质和民主的作风;要实事求是,勇于创新。②知识素质包括应懂得马克思主义政治经济学的基本原理,掌握社会主义基本经济理论;应懂得组织管理的基本原理、方法和各项专业管理的基本知识;应懂得思想工作、心理学、人才学、行为科学等方面的知识,以便做好政治思想工作,激发职工士气,充分调动人的积极性。③能力素质包括具有较强的分析、判断和概括能力,决策能力、组织、指挥和控制的能力,具有沟通、协调组织内外各种关系的能力和不断探索和创新的能力,同时还应有知人善任的能力。④身体、心理素质方面包括领导者必须有强健的体魄,充沛的精力,对事业的责任心、自信心。

(二)领导者的素质培养

领导者的素质培养主要体现在这样几个方面。①吸收新知识。领导者要坚持有效地吸收人类文明中有用的信息、知识,具有一定智慧,成为知识和信息的合格载体。②重视理性。领导应重视理性思维的培养,这对把准大局、掌握重点、分清是非、度量轻重缓急很有裨益。③强调成效。现代领导应该重视成效,真抓实干。④开拓意识。领导者心怀世界的观念和意识更要加强。

(三)领导者的信息沟通

领导者的大部分工作时间都用来进行信息的沟通,有的领导者花在信息沟通方面的时间占白天工作总时间的 50%~90%,因而探讨这一问题具有重要的意义。

1. 领导者信息沟通的基本要素

领导者所需要的是有用的、准确的、完整的和及时的信息,而不需要无关的、有偏见的、非确定的或过时的信息。领导者的信息沟通就是将领导者的意见和观念传递给他人,传递信息的媒体可以是语言、文字、符号以及动作表情。在沟通过程中,有三个基本要素:信息源,即信息的发送者;信息及传递的内容;接受者。

2. 领导者信息沟通的目的

在一个群体中,领导者的信息沟通依其功能可以分为两类:一类称为指示式的沟通,其主要目的在于传达信息,同时将自己的知识、经验、意见等告诉对方,以便影响对方的知觉、思想及态度体系,进而改变其行为;另一类称为满足需求的沟通,其目的在于表达情感,解除内心紧张,取得对方的同情与共鸣,确定与对方的人际关系等。领导者通过信息沟通至少可以达到以下三个目的。①通过组织内的沟通可以了解职工的需求、员工的士气、各部门的关系、管理的效能等,从而为决策提供参考。②改变下属的态度。当工作群体内需要推行某一种政策时,领导者及时与他人进行信息沟通,有助于改变他们原有的态度从而表现出合作的行为。③建立与改善人际关系。信息沟通不仅能增进彼此之间的了解,同时个人也因思想和情感得以表达,从而感到心情舒畅以减少人与人之间的冲突。

3. 领导者信息沟通的方式

领导者信息沟通的方式可以分为正式沟通与非正式沟通两种。

(1) 正式沟通。正式沟通是由工作群体的组织机构本身所建立的沟通途径。其中又可以分为几种形态。①下行沟通。这种沟通方式是指由领导者直接向下属发布命令的,目的是便于下属了解任务的性质,增强下属完成任务的责任感,增强上下各级之间的联系。这种沟通方式容易在组织内形成一种"权力气氛",从而影响士气,但是,这种逐级自上而下的信息沟通方式,由于其中的节点很多,因而越往下传递其信息量的损失程度也越大。西方管理工作者调查了企业中信息沟通的情况后指出,信息量在远程传送中有如下的损失:在董事长处的信息为百分之百,传递到厂长时只剩下百分之四十的信息量,而传递到职工时仅有百分之二十的信息了。此外,在自上而下的信息传递中,会发生逐级增添许多细节的情况。②上行沟通。这是指下属向上级反映意见。领导者应该鼓励下属积极向上级反映情况,只有上行沟通渠道畅通,领导者才能掌握全面情况,做出符合实际情况的决策。这种沟通方式造成的信息损失的情况与下行沟通的情形正好相反,即很多细节被抽掉。③口头沟通与书面沟通。口头沟通,是指会谈、讨论、会议、演说以及电话联系等。④书面沟通是指布告、通知、刊物、书面报告等。在上下级信息沟通中,口头沟通与书面沟通都是必不可少的,而且各有优缺点。书面沟通比较正式,有关文字资料可以长期保留,可以反复阅读;口头沟通则比较灵活、迅速,双方可以自由交流意见。

(2) 非正式沟通。非正式沟通是在正式沟通渠道之外进行的信息传递和交流。例如私下交换意见、传播小道消息等。人们真实的思想和动机往往是在非正式的沟通中表露出来的,领导者应该重视非正式沟通。

二、提高有效信息沟通的方法

领导者在同下属沟通时要注意对方实际发生的心理过程,以此来评价沟通的效果。例如:在沟通时对方是否心不在焉,如果是的话沟通就是白白浪费时间;在沟通时对方是否了解了信息的真实含义,如果对方根本不了解,信息的实际沟通效果就会很差。领导者在沟通信息时,要直截了当地问对方:"听懂了没有?""听懂了些什么?"。在沟通时对方虽已听到但不一定赞同这种主张,为此领导者不要简单地叙述本人的见解,而是要说服对方接受自己的见解。在沟通后,下属是否能按有关指令具体执行,有执行行为才能说明进行了有效的沟通。此外,领导者在进行信息沟通时,要注意以下一些问题,以提高信息沟通的效率。

(1) 沟通前必须系统地思考将要沟通的信息对接受者及可能受到该项沟通之影响者的情况予以周密考虑。如果不能事先妥善地计划信息沟通的内容,沟通将难以取得良好效果。

(2) 检查沟通的真正目的。领导者必须检查一下,自己做这个沟通真正希望得到的是什么?

(3) 考虑沟通时的环境情况,如社会的环境。

(4) 计划沟通内容要应尽可能征求他人的意见,获得更多人的支持。

(5) 沟通时要注意内容,同时也要注意语气。对方不但受信息内容的影响,也受如何表达这项信息的方式的影响。

(6) 尽可能传达有效的信息。一般一件事对人有利者最易记住。为此领导者要使对方记住沟通的信息,就必须运用对方较易接受的用语。

(7) 应有必要的反馈跟踪与催促。领导者在信息沟通后必须取得反馈,应了解下属是否确已了解,是否愿意遵守,是否已采取适当的行动。

(8) 沟通时不仅要着眼于解决当前的需要,也应服务于未来。

(9) 领导者要言行一致,不能口头上说的是一回事,实际上做的又是另一回事。

(10) 领导者应该成为信息沟通中的一个"善听者",对于他人的陈述应专心致志,这样才能明白对方在说些什么。

三、领导者在信息沟通时的行为准则

领导者在与下属进行信息沟通时,要遵守以下的准则。

(1) 避免提出带有指控含义的问题而使下属处于被动地位,诸如:"在这之前你问过任何人吗?""谁让你这样做的?""为什么你老是用这种方法干?"

(2) 领导者在与下属沟通时不要用简单的方式随易地指责,如:"你这样做不对!""你怎么老是出错!"

(3) 领导者要注意自己的言行一致性。如果领导者喜怒无常,毫无忌惮地发脾气,言行不一,那么下属会有一种与领导之间的关系不可预测的感觉,从而产生自我防御机能,难以进行正常沟通。

(4) 沟通时要保持头脑冷静,当领导者发现下属犯了危害事业进展的严重错误时,必须冷静,等自己的情绪稳定后再与对方进行交谈。

(5) 领导者不能在有第三者在场时批评下属。领导者应该尊重下属,有批评意见最好在私下场合提出。

(6) 不要使用警告语与说教语。领导者要少用警告语,如:"我警告你……""你最好……否则……""你要小心一点"。同样,也不要用训示对方的说教,如:"你应该这样做""这才是你应该做的""我说这是你的责任"。

总之,领导者只有遵守上述行为原则,才能达到有效的沟通。

四、领导艺术

1. 领导艺术

领导艺术是领导者个人素质的综合反映,是因人而异的。黑格尔说过,"世界上没有完全相同的两片叶子",同样也没有完全相同的两个人,没有完全相同的领导者和领导模式。有多少个领导者就有多少种领导模式。钱锦国认为:任何一种管理模式的运用,不可能是要求下属们依葫芦画瓢就可以了,而是需要自上而下,使每位负有不同管理职责的人都能对该管理模式融会贯通,在不同环境下为同一个目标而因时制宜、不断改善。

领导艺术有规律可循,这些规律就是领导行为模式。领导模式就是领导方法。哪位领导者在错综复杂的矛盾中抓住了主要矛盾,就能把领导艺术演绎得出神入化。例如,牵牛要牵牛鼻子,十指弹钢琴,统筹兼顾,全面安排,这些就是所谓的模式化。

2. 领导决策的艺术

领导决策的艺术包括获取、加工和利用信息的艺术、对不同的决策问题采取不同决策方法的艺术、尽量实现经营决策的程序化等。

3. 合理用人的艺术

合理用人的艺术包括科学用人的艺术、有效激励人的艺术、适度治人的艺术。领导者的用人能力主要包括：①广纳贤士，领导者在选配人员时，要注意能力，广选博择，选用确实具有优良素质和卓越才能的人；②用人所长，领导者用人时要把着眼点放在他人的长处上，看重他人在某一方面的专长或特殊才能；③任人唯贤，领导者选配工作人员时，要任人唯贤，精于高效，同时也要因事配人，人尽其才。

4. 正确处理人际关系的艺术

必须正确处理好人际关系。处理好与上级的关系，每年工作的支持与关注总会多一些；处理好与下级的关系，才可以形成一个核心，朝着组织的目标一起努力。

5. 科学利用时间的艺术

一寸光阴一寸金，寸金难买寸光阴。时间就是生命，时间就是金钱。要养成记录时间的习惯，要学会合理安排时间，要善于消除浪费时间的因素，要提高会议效率。

【知识拓展】

领导十诫

（1）成功的组织变革通常是一个耗时而且极端复杂的八步流程，并非一蹴可就。如果想投机取巧跳过一些步骤，或者不遵守应有的顺序，成功的机会是非常微小的。

（2）虽然变革牵涉复杂且多步骤的流程，高效率的领导者总是能够随着环境变化来调整关键行动以达到变革的目的。缺乏对环境变化的敏感度以及一招半式闯天下的心态，通常是造成失败的原因。

（3）许多受20世纪历史以及文化影响的人——包括有能力、用意善良的领导者，常常在处理重大的变革时犯下可预见的错误。

（4）领导不同于管理。成功变革的驱动力来自于领导而非管理。缺少了领导，错误产生的比率将大增而成功概率则大幅下降，并不会因为变革的概念构架（如新策略、再造工程、组织再造、品质计量以及文化变革等）而有不同的结果。

（5）由于变革的概率大增，领导在管理工作中逐渐占有重要的分量。

（6）管理工作渐渐被视为计量安排与远景实践的综合体，因此领导人将通过各种方式实践远景。

（7）管理工作倾向在正式组织阶层中运作，而领导则不然。当变革牵涉打破组织藩篱、减少组织层级、增加委托服务以及提高领导能力之需求时，管理工作将把人们置身于更复杂的人际关系中。

（8）由于管理工作逐渐成为一项领导任务，而领导人通过复杂的人际互动关系遂行目的，因此管理工作渐渐成为依赖于他人，而非权力施展的游戏。

（9）当我们试图从网络与依赖性，而非阶层与正式授权的角度思考管理工作时，各种有趣的推论将纷至沓来。一些在传统观念上认为怪异且不合时宜的想法，如"管理"上司突然变成重要的思维了。

（10）管理或领导人的日常作息极少符合一般人对管理人、英雄式领导人或高阶主管的刻板印象，这个事实容易造成管理工作者或新进员工的混淆。

【案例分析】

魏征每次讲完话的时候,唐太宗都出去散步。有人问他:"皇上,魏大臣为什么每次讲完话,你都出去散步?"唐太宗说得很简单:"我怕我杀了他。"其实魏征是谏议大夫,他以前是唐太宗哥哥的人,唐太宗把自己的哥哥杀死以后,能够继续用魏征,这一点就证明他很包容。但是,魏征更了不起,他不因为他以前的主子就对李世民非常巴结,他照样批评李世民,但是李世民知道魏征讲的话是对的,只好出去散步,进行深呼吸。

亚里士多德曾说过:问题不在情绪本身,而在情绪本身及其表现方法是否得当。

作为领导者,明知自己脾气不是很好时,就可做一个这样的简单约束:要做出一个重要的决策,而且这个决策会让人痛苦时,尽量在抽屉里面放一个晚上,第二天再拿出来,隔一个晚上让情绪沉淀沉淀,情况可能就完全不一样了。

【知识与技能检测】

一、名词解释

1. 领导
2. 领导素质
3. 领导功能

二、思考题

1. 简述管理方格图理论的基本观点。
2. 简述领导与管理的联系与区别。
3. 什么是领导风格?

三、案例分析

1999年3月,北京市政府发出《关于向北京开关厂厂长黄国诚学习的决定》的通知,号召企业界以黄国诚为榜样,学习他心系企业、高度负责、敢为人先、勇于创新、求真务实、志在一流、甘做公仆、无私奉献的精神。黄国诚,1957年毕业于湘潭电力学校,在北京开关厂历任技术员、车间主任、总工程师、副厂长等职,1994年出任厂长。几年来,他带领北京开关厂全体员工奋力拼搏,使工厂走出困境,走向辉煌。

思考题

(1) 运用领导理论说明黄国诚的个性品质是否具有领导有效性的现代品质。
(2) 联系黄国诚的经历,思考领导者的品质是如何形成的。

四、实训题

项目:管理者领导风格测试和练习。

目的:有效的管理者善于调整自己的领导风格,使之顺应员工和具体情况的需要。本项目的目的在于通过这个练习,可以帮助识别各种领导风格的一些明显的特点,帮助每个人确定自己的领导风格。

项目主要内容:首先准备一些深受众人瞩目的领袖人物的画像,比如刘邦、刘备、诸葛亮、曹操、毛泽东、周恩来、邓小平等,也可以选择不同行业内人们比较熟悉的领导者,如杰克·韦尔奇、比尔·盖茨、马云等。通过对广为人知的领导者的领导风格的评判,识别每种领导风格的典型特征,再结合自身的情况,确定每个人自己的领导风格。

训练步骤:4~6人一组,每组对谁是最有效的沟通者、最有才能的谈判者、最有效的问题解决者、最信任的领导者、最会对工作进行积极评价、最适合做你上级的人进行选择和评价。结合这些领导者所处的政治、社会、军事、经济和科技环境,阐述他们成功的理由。讨论:哪个领导者善于处理他所面对的管理问题？你想成为什么样的领导者？什么样的障碍阻碍你成为你想成为的那个类型的领导者？

项目七　组织结构与组织文化

【开篇案例】

生生不息的华为文化

华为成立于1988年,经过10年的艰苦创业,华为建立了良好的组织体系和技术网络,市场覆盖我国内地,并延伸到我国香港乃至欧洲、中亚。公司现有员工逾15万人,其中研究开发人员占45%。在发展过程中,华为一直坚持以"爱祖国、爱人民、爱公司"为主导的企业组织文化,发展民族通信产业,1995年获得中国电子百强第26名。1996年产值达26亿元,1997年超过50亿元,早在1999年就已达到120亿元左右。

目前,华为在大容量数字交换机、商业网、智能网、用户接入网、SDH光传输、无线接入、图像多媒体通信、宽带通信、高频开关电源、监控工程、集成电路等通信领域的相关技术上,形成一系列突破,研制了众多拳头产品。1996年交换机产量达到250万线,1997年达400万线(含出口)。华为的无线通信、智能网设备和SDH光传输系统大批量装备于我国的通信网。华为不仅在经济领域取得了巨大发展,而且形成了强有力的企业组织文化。因为华为人深知,文化资源生生不息,在企业物质资源十分有限的情况下,只有靠文化资源,靠精神和文化的力量,才能战胜困难,获得发展。

一、民族文化、政治文化企业化

华为人认为,企业组织文化离不开民族文化与政治文化,中国的政治文化就是社会主义文化,华为把共产党的最低纲领分解为可操作的标准,来约束和发展企业高中层管理者,以高中层管理者的行为带动全体员工的进步。华为管理层在号召员工向雷锋、焦裕禄学习的同时,又奉行"决不让雷锋吃亏"的原则,坚持以物质文明来形成千百个"雷锋"成长且源远流长的政策。华为把实现先辈的繁荣梦想、民族的振兴希望、时代的革新精神作为华为人的品格。坚持宏伟抱负的牵引原则、实事求是的科学原则和艰苦奋斗的工作原则,使政治文化、经济文化、民族文化与企业组织文化融为一体。

二、双重利益驱动

华为人坚持为祖国昌盛、为民族振兴、为家庭幸福而努力奋斗的双重利益驱动原则。这是因为,没有为国家的个人奉献精神,就会变成自私自利的小人。随着现代高科技的发展,决定了坚持集体奋斗不自私的人,才能结成一个团结的集体。同样,没有促成自己体面生活的物质欲望,没有以劳动来实现欲望的理想,就会因循守旧,故步自封,进而滋生懒惰。因此,华为提倡欲望驱动,正派手段,使群体形成蓬勃向上、励精图治的风尚。

三、华为的组织文化之魂

同甘共苦、荣辱与共、团结协作、集体奋斗是华为企业组织文化之魂。成功是集体努力的结果,失败是集体的责任,不将成绩归于个人,也不把失败视为个人的责任,一切都由集体来共担,"官、兵"一律同甘苦,除了工作上的差异外,华为的高层领导不设专车,吃饭、看病一样排队,付同样的费用。在工作和生活中,上下平等,不平等的部分已用工资形式体现了。华为无人享受特权,大家同甘共苦,人人平等,集体奋斗,任何个人的利益都必须服从集体的利益,将个人努力融入集体奋斗之中。自强不息,荣辱与共,胜则举杯相庆,败则拼死相救的团结协作精神,在华为得到了充分体现。

四、华为基本法

从1996年初开始,公司开展了"华为基本法"的起草活动。"华为基本法"总结、提升了公司成功的管理经验,确定华为二次创业的观念、战略、方针和基本政策,构筑公司未来发展的宏伟架构。华为人依照国际标准建设公司管理系统,不遗余力地进行人力资源的开发与利用,强化内部管理,致力于制度创新,优化公司形象,极力拓展市场,建立具有华为特色的企业组织文化。

任务一　组织设计与变革

知识目标
- 理解组织设计的概念
- 了解组织设计的形式
- 掌握组织设计的工作设计

技能目标
- 能够合理运用不同形式的组织设计开展工作

【任务引入】

IBM矩阵式的组织结构

近些年来,IBM、HP等著名的外国企业都采用矩阵式的组织结构。尽管在管理学的教科书上可以看到对矩阵组织优劣的探讨,但很难有切身的感受。

1987年,加州伯克利大学电子工程专业出身的叶成辉在美国加入IBM旧金山公司,成为一名程序员。因为不喜欢编程等技术类的工作,梦想着做生意、当经理(比较喜欢跟人沟通),他便主动请缨到销售部门去做,经过了差不多5年时间的努力,获得提升,成为一线的经理。随后,叶先生回到IBM香港公司,做产品经理。由于个人斗志旺盛,业绩不错,差不多每两年他都能够上一个台阶,如今叶成辉已经是IBM大中华区服务器系统事业部AS/400产品的总经理。

从旧金山到香港,再到广州到北京;从普通员工到一线经理,再提升到现在做三线经理;从一般的产品营销,到逐步专注于服务器产品,再到AS/400产品经理,10多年来,叶成辉一直在IBM的"巨型多维矩阵"中不断移动,不断提升。他认为,IBM的矩阵组织是一个很特别的环境,IBM是一个巨大的公司,很自然地要划分部门。单一地按照区域地域、业务职能、客户群落、产品或产品系列等来划分部门,在企业里是非常普遍的现象,从前的IBM也不例外。"近七八年以来,IBM才真正做到了矩阵组织。"这也就是说,IBM公司把多种划分部门的方式有机地结合起来,其组织结构形成了"活着的"立体网络——多维矩阵。IBM既按地域分区,如亚太区、中国区、华南区等;又按产品体系划分事业部,如PC、服务器、软件等事业部;既按照银行、电信、中小企业等行业划分;也有销售、渠道、支持等不同的职能划分,等等,所有这些纵横交错的部门划分有机地结合成为一体。对于这个矩阵中的某一位员工比如叶成辉经理而言,他就既是IBM大中华区的一员,又是IBM公司AS/400产品体系中的一员,当然还可以按照另外的标准把他划分在其他的部门里。

IBM公司这种矩阵式组织结构带来的好处是什么呢?叶成辉先生认为,非常明显的一点就是,矩阵组织能够弥补企业进行单一划分带来的不足,把各种企业划分的好处充分发挥出来。显然,如果不对企业进行地域上的细分,比如说只有大中华而没有华南、华东、香港、台湾,就无法针对各地区市场的特点把工作深入下去。而如果只进行地域上的划分,对某一种产品比如AS/400而言,就不会有一个人能够非常了解这个产品在各地表现出来的特点,因为每个地区都会只看重该地区整盘的生意。再比如按照行业划分,就会专门有人来研究各个行业客户对IBM产品的需求,从而更加有效地把握住各种产品的重点市场。

"如果没有这样的矩阵结构,我们要想在某个特定市场推广产品,就会变得非常困难。"叶成辉说,"比如说在中国市场推广AS/400这个产品吧,由于矩阵式组织结构的存在,我们有华南、华东等各大区的队伍,有金融、电信、中小企业等行业队伍,有市场推广、技术支持等各职能部门的队伍,以及专门的AS/400产品的队伍,大家相互协调、配合,就很容易打开局面。首先,我作为AS/400产品经理,会比较清楚该产品在当地的策略是什么。在中国,AS/400的客户主要在银行业、保险业,而不像美国主要是在零售业和流通业;在亚太区,AS/400的产品还需要朝低端走,不能只走高端;中国市场上需要AS/400的价位、配置以及每个月需要的数量等,只有产品经理,才能比较清楚。从产品这条线来看,我需要跟美国工厂订货,保证货源供应;从产品销售的角度看,AS/400的产品部门需要各相关地区的职能部门协助,做好促销的活动,然后需要各大区、各行业销售力量把产品销售出去。比如,我需要在媒体上做一些访问,就要当地负责媒体公关的部门协助。再如,我认为'莲花宝箱'(为中国市场量身定制的AS/400)除了主打银行外,还要大力推向中小企业市场,那么就需要跟中国区负责中小企业的行业总经理达成共识。当然,'莲花宝箱'往低端走,还需要多分销渠道介入,这时,就需要负责渠道管理的职能部门进行协调。从某种意义上讲,我们之间也互为客户关系,我会创造更好的条件让各区、各行业更努力推广AS/400。"

任何事情都有它的"两面性"。矩阵组织在增强企业产品或项目推广能力、市场渗透能力的同时,也存在它固有的弊端。显然,在矩阵组织当中,每个人都有不止一个老板,上上下下需要更多的沟通协调,所以,IBM的经理开会的时间,沟通的时间,肯定比许多小企业要长,也可能使得决策的过程放慢。叶成辉进一步强调,"其实,这也不成为问题,因为大多数情况下还是好的,IBM的经理们都知道一个好的决定应该是怎样的。"另外,每一位员工都由不同的老板来评估他的业绩,不再是哪一个人说了算,评估的结果也会更加全面,每个人都会更加用心去做工作,而不是花心思去讨好老板。同时运用不同的标准划分企业部门,就会形成矩阵式组织。显然,在这样的组织结构内部,考核员工业绩的办法也无法简单。在特定客户看来,IBM

公司只有唯一客户出口，所有种类的产品都是一个销售员销售的；产品部门、行业部门花大气力进行产品、客户推广，但是对于每一笔交易而言，往往又是由其所在区域的IBM员工最后完成的。问题是，最后的业绩怎么计算？产品部门算多少贡献，区域、行业部门又分别算多少呢？叶成辉说："其实，IBM经过多年的探索，早已经解决这个问题了。现在，我们有三层销售——产品、行业和区域，同时，我们也采取三层评估，比如说经过各方共同努力，华南区卖给某银行10套AS/400，那么这个销售额给华南区、AS/400产品部门以及金融行业部门都记上一笔。"当然，无论从哪一个层面来看，其总和都是一致的。比如从大中华区周伟焜的立场来看，下面各分区业绩的总和，大中华区全部行业销售总额，或者大中华区全部产品（服务）销售总额，三个数字是一样的，都可以说明他的业绩。

在外界看来，IBM这架巨大的战车是稳步前进的，变化非常缓慢。叶成辉认为，这其实是一种误会。对于基层的员工，对于比较高层的经理，这两头的变化相对比较小，比较稳定。比如说一名普通员工进入IBM，做AS/400的销售，差不多四五年时间都不会变化，然后，可能有机会升任一线经理。再比如亚太区的总经理，也可能好多年不变，因为熟悉这么大区域的业务，建立起很好的客户关系，也不太容易。所以，外界就觉得IBM变动缓慢。但是，在IBM矩阵内部的变化还是很快的。中间层的经理人员差不多一两年就要变化工作，或者变化老板，变化下属，这样就促使整个组织不断地创新，不断地向前发展。叶成辉说："我在IBM公司10多年，换了10多位老板。每一位老板都有不同的长处，从他们那里我学到了很多。其实，IBM的每一位员工都会有这样的幸运。"矩阵组织结构是有机的，既能够保证稳定发展，又能保证组织内部的变化和创新，所以，IBM公司常常流传着一句话：换了谁也无所谓。

【任务分析】

不同的战略需要不同的组织构架，战略是通过组织构架得以贯彻的。要想成功，公司就应该因地制宜，使其组织构架与其战略相匹配。否则，绩效会出现问题。换句话说，企业无论实行全球标准化、国际或跨国战略，都必须采用一种组织构架与其战略相匹配。

一、现代企业组织设计的内容

现代企业组织设计的含义包括组织的含义、设计的含义和现代的含义，如图7-1所示。

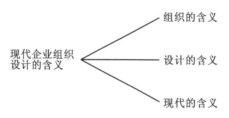

图7-1 现代企业组织设计的含义

1. 组织的含义

所谓组织是指组织结构。所谓组织结构，港台称为组织架构，内地亦称组织体制。但这些措辞并没有本质的区别，可统一称为组织结构。

2. 设计的含义

（1）新企业的设计。所谓设计一般指向新企业，比如说对一种新产品或者对一个新企业进行一套设计。

(2) 老企业的再设计。老企业根据变化了的内部条件和外部环境,也要进行一些组织的变革。这种组织变革实际上也是一种设计,但只是一种在原先设计基础上的再设计。

3. 现代的含义

所谓现代是指在现代组织理论指导下的组织设计,它主要是针对传统组织理论而言的。

(1) 组织理论。组织理论是管理理论的一个重要组成部分。管理的职能包括计划、组织、控制、领导,组织是其中的一个重要部分。所以组织理论是管理理论的一个重要部分。

(2) 传统组织理论。传统组织理论又称古典组织理论,是指以泰罗、华约尔为代表的科学管理时代的组织理论。

(3) 现代组织理论。现代组织理论,是针对传统组织理论而言的,指近二三十年发展起来的组织理论,以及在这个理论指导下的新观念、新制度、新方法。

二、现代企业组织设计的主要内容

1. 概述

现代企业组织设计的内容主要包括六个方面。这六个方面又可以分为两组,即结构本身设计和运行制度设计。

2. 六项主要内容

(1) 职能设计。职能设计是指企业的经营职能和管理职能的设计。企业作为一个经营单位,要根据其战略任务设计经营、管理职能。如果企业的有些职能不合理,那就需要进行调整,对其弱化或取消。

(2) 框架设计。框架设计是企业组织设计的主要部分,运用较多。其内容简单来说就是纵向的分层次、横向的分部门。其纵向和横向的一般模式如图 7-2、图 7-3 所示。

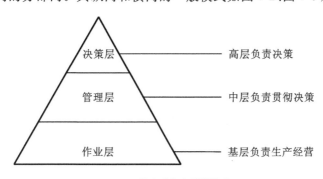

图 7-2 纵向"金字塔"模式

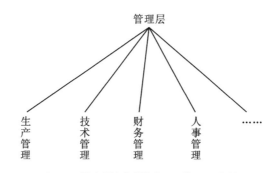

图 7-3 横向"链条"模式(以管理层为例)

(3) 协调设计。协调设计是指协调方式的设计。框架设计主要研究分工,有分工就必须要有协作。协调方式的设计就是研究分工的各个层次、各个部门之间如何进行合理的协调、联系、配合,以保证其高效率的配合,发挥管理系统的整体效应。

　　(4) 规范设计。规范设计就是管理规范的设计。管理规范就是企业的规章制度,它是管理的规范和准则。结构本身的设计最后要落实、体现为规章制度。管理规范保证了各个层次、部门和岗位,按照统一的要求和标准进行配合和行动。

　　(5) 人员设计。人员设计就是管理人员的设计。企业结构本身设计和规范设计,都要以管理者为依托,并由管理者来执行。因此,按照组织设计的要求,必须进行人员设计,为组织配备相应数量和相应素质要求的人员。

　　(6) 激励设计。激励设计就是设计激励制度,对管理人员进行激励,其中包括正激励和负激励。正激励包括工资、福利等,负激励包括各种约束机制,也就是所谓的奖惩制度。激励制度既有利于调动管理人员的积极性,也有利于防止一些不正当和不规范的行为发生。

3. 结构本身设计和运行制度设计的关系

　　结构本身设计包括职能设计、框架设计和协调设计,其实质是从企业的职能出发,设计部门和岗位之间的分工和合作。运行制度设计包括规范设计、人员设计和激励设计,其实质是从结构的本身设计出发,设计规章制度、人员的配备和控制。运行制度是为了保证结构本身能得以顺利运行。

　　结构本身设计和运行制度设计互为表里。如果说结构本身是硬件,那么运行制度就是软件,两者共同保证了企业组织的高效率运转。

三、现代企业组织设计的重要特征

　　现代企业组织设计的重要特征是全过程设计。全过程设计区别于传统的企业设计,具有显著的优点。

1. 传统企业设计的缺点

　　传统组织设计的内容比较单一,仅侧重于框架结构的设计。框架设计虽然是组织设计的主体部分,但并不是组织设计的全部。现代组织设计较传统设计而言,不但包含框架结构的设计,而且发展成为统一的全过程设计。

2. 全过程设计的优点

　　(1) 在框架设计前增加了职能设计。较传统的组织设计而言,现代企业组织设计在框架设计前增加了职能设计,这不但使得框架设计有了科学的依据,而且避免了传统的组织设计就事论事的弊端。

　　传统的框架设计由于缺少对职能设计的科学研究,往往流于只依凭经验和感觉的误区。例如:有些公司在工作忙不过来时,就扩大机构、增加人员;反之,就缩小机构、减少人员。这种做法仅凭经验感觉,就事论事,无疑是不科学的。

　　(2) 从框架设计中分离出协调设计。传统的组织设计,把协调设计和框架设计结合在一起。从理论上说,分工和协作本身是一个问题的两个方面,两者是统一的。所以,把协调设计和框架设计作为一个整体来考虑,也具有其理论上的意义。但是,从实践上说,把协调设计和框架设计结合在一起的效果并不理想,往往重视了分工而忽视了协调,协调仅一笔带过。

　　现代的组织设计在总结经验的基础上,把协调设计从框架设计中剥离出来,单独作为一个步骤来研究。这就要求在研究分工之后,再专门来研究协调方式。分工和协调作为两个步骤,实际上是在分工的基础上强化了协调,达到了分工和协调并重的目的。

【案例讨论】

某领导班子研究结构改革,讨论三个改革方案:一是四部一室(即四个业务部门和一个办公室),二是五部一室,三是六部一室。最后大家认为:四部一室太先进,六部一室太保守,中间状态最合适。这样,五部一室的分工方案敲定,组织设计结束。结合本节内容,谈谈这种做法的成因和可能导致的后果。

(3) 结构本身设计和运行制度设计相结合。传统的组织设计也包括规章制度的设计、人员的招聘培训、工资奖励制度,这实际上就是规范设计、人员设计和激励设计。但这种运行制度设计往往和结构本身设计相分离。这就容易导致组织关系不顺的后果。组织关系不顺的原因有两种:一种是结构本身不合理;另一种是结构本身虽然合理,但运行制度不合理,例如人员的素质达不到要求,工资奖励制度不能调动工作的积极性等。运行制度不合理往往就是由运行制度设计和结构本身设计相分离造成的。因此,组织设计应该把结构本身设计和运行制度设计结合起来,以保证组织设计的顺利实现。这种结合实际上就是全过程设计。如果把结构本身设计叫做静态设计,那么组织的全过程设计就是动态设计,这种动态设计无疑是科学的。

3. 组织与人事的划分

从企业的实际情况看,现代企业组织设计的主要内容往往由两个机构来共同承担,即组织与人事。现代企业组织设计内容如图 7-4 所示。

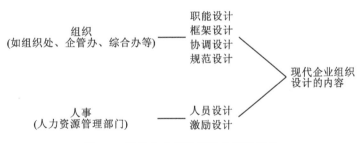

图 7-4 现代企业组织设计内容示意图

【案例讨论】

日本的新热钢铁公司设立了一个重要部门,称为总务部。它不是生活后勤的总务,而是生产和经营的总务,既管机构的设置,又管人员的招聘、培训和工资奖励。试结合组织和人事的分工,以及现代企业组织设计的全过程特征,谈谈对企业组织设计的认识。

四、企业职能结构的转型

1. 企业一线、二线、三线比例结构的含义

(1) 企业一线、二线、三线的含义。企业的一线、二线、三线是个通俗的说法。企业一线一般指生产经营部门,企业二线一般指技术后方,企业三线一般指企业的后勤部门,如图 7-5 所示。

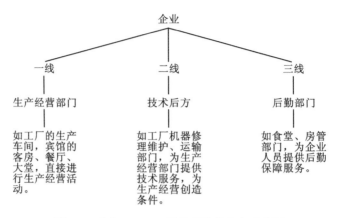

图 7-5　企业一、二、三线比例结构含义示意图

（2）比例结构的含义。所谓比例结构就是企业里有限的资源、资金、人员在企业里的合理分配，如表 7-1 所示。

表 7-1　企业一线、二线、三线比例结构表

比 例 结 构	资源	人员	资金
一线			
二线			
三线			

2. 全能型结构比例

（1）大而全、小而全的"三三制"。所谓"三三制"，是指企业的一线、二线、三线的结构比例各占 1/3。在这种比例结构中，二线和三线的比重太大，实际上是一种大而全、小而全的全能型结构。这是一种落后的比例结构，也是我国传统国有企业存在的问题之一。

（2）全能型结构比例的弊端。全能型的结构比例显然是落后的，其弊端表现为以下两个方面：其一是一线高效益、二线低效益、三线负效益。全能型的结构比例，一线的比重太小，这将导致整个企业效益低下；其二是全能型的结构比例导致了企业领导精力的分散，企业的主业是搞生产经营，但全能型、大而全、小而全的格局将使领导无法集中精力在生产经营上，这显然对企业是不利的。

3. 从全能型结构比例转向专业型

企业一线、二线、三线的全能型比例结构中，二线、三线的比重太大，这将导致整个企业效益低下，因此，必须按照专业型的方向进行改革。

（1）专业化、商品化、社会化的"三化"原则

"专业型"改革的"三化"原则包括专业化原则、商品化原则和社会化原则，专业化原则例如利用固有资源开办出租汽车公司。商品化原则例如租用办公用车。社会化原则例如办属于社会公益的医院及幼儿园。

（2）职能分离。按照专业型改革的"三化"原则，如果二线和三线的比重太大，那就要进行职能分离。例如可以剥离一些职能，让位于社会上的其他专业公司。

通过对职能的逐步分离，建立合理的比例结构，最终实现企业一线、二线、三线的比例结构，从全能型转向专业型。

【案例讨论】

北京中美吉普公司是个汽车制造厂,生产轿车,但却不配备轿车。公务用车通过"打的"和租赁解决,以节省开支。这显然是一种商品化的做法。试结合本节内容,另举一些符合"三化"原则的事例。

五、企业生产经营职能比例结构的调整

1. 企业一线生产经营职能比例结构的含义

(1) 一线生产经营职能的含义

一线生产经营职能主要包括技术开发、生产制造和营销等职能,如图7-6所示。

图 7-6　一线生产经营职能含义示意图

(2) "橄榄型"企业和"哑铃型"企业生产经营职能比例结构的区别

"橄榄型"企业的生产经营职能的比例结构是"两头小、中间大","哑铃型"企业的生产经营职能的比例结构是"两头大、中间小",如表7-2所示。

表 7-2　"橄榄型"企业和"哑铃型"企业生产经营职能比例结构表

比例结构	经营职能 技术开发	生产制造	营销
橄榄型	小	大	小
哑铃型	大	小	大

2. 从"橄榄型"企业转向"哑铃型"企业

一线生产经营的开发、生产和营销职能的比例结构必须进行合理的设计。从整体上说,就是要从"橄榄型"企业发展到"哑铃型"企业。

"橄榄型"企业比例结构普遍存在于传统企业里,其具体表现是技术开发能力小,营销能力小,而制造能力却很大。有限的资金和人力,主要用来购买设备、建厂房、找工人,以提高制造加工能力。但这种结构的经济效益比较低,因为产品的加工这个环节投入多而附加值小。反之,产品的开发和营销则投入小、产出大。因而,"哑铃型"企业的比例结构较"橄榄型"企业的比例结构更有利于提高企业的经济效益。

【案例讨论】

某民营高新技术企业,把绝大部分资金投入在技术开发上,产品生产则采用外包的方式。这种方式就是西方所讲的虚拟结构,企业本身的加工能力非常小或根本没有,但却可以通过开发和营销获取高额利润。

试结合上述案例,谈谈"哑铃型"企业的比例结构较"橄榄型"企业的比例结构的优势。

六、组织的改革

(一) 组织改革的含义和目的

组织改革的含义指为适应内外环境的变化,而对组织的元素所做的调整与修正的过程。广义的组织改革指国家经济体制改革、政治体制改革的社会变革。狭义的组织改革指组织内部的变革。组织结构、功能、技术设备、组织管理、组织成员的心理、思想变革(更重要),社会变革影响着组织或企业内部的变革。

组织目的是推动改革的重要原因,也是检验改革是否成功的重要指标。组织最基本目标是使组织更好地适应社会实践活动的要求,满足社会发展的需要。组织的具体目标包括完善组织结构、优化组织管理功能、营造组织和谐的社会心理气氛和提高组织效能。

(二) 组织改革的动力

组织改革的动力来自组织的外环境系统和组织内部力量,主要包括外环境、组织的内部力量和组织改革的条件。

外环境包括一般环境和特殊环境,一般环境包括一国家的政治、经济、文化、教育、社会发展等。特殊环境包括某一行业领域、某一系统组织有关的因素。影响外环境的因素有社会政治因素、社会经济的发展、科学技术的影响、市场变化因素。

影响组织内部力量的因素有组织结构的变化、管理分系统的作用、社会心理系统与人的因素。组织改革的条件包括决策缓慢、信息沟通渠道堵塞、结构不合理、职责不清、人员矛盾、效率低下、缺乏创新。

(三) 改革程序和系统模式

改革的基本程序包括确定问题、组织诊断、改革的执行、改革效果的评价。系统模型构成包括:输入,即变革的动力;中介,即变革的调节因素;输出,即变革的后果。

改革的方法包括改变结构、改变技术、调节和控制外部环境和改变人的心理。改变结构即建立、协调、合并部门,优化管理层次;改变技术即直接工作技术(新机器、设备、工艺);管理技术即现代化的信息收集和处理系统、监控系统、办公系统程序管理;通过开发新市场、收集信息和优化功能调节和控制外部环境来实现组织改革。通过态度、观念和心理素质、应变能力来改变人的心理。

改革的阻力包括员工的个人心理阻力和组织对改革的阻力。

(1) 员工的个人心理阻力:职业心向、保守心理、习惯心理、嫉妒心理、求全责备心理、中庸之道心理、心理承受能力低等。

(2) 组织对改革的阻力包括对已有权力和地位的威胁、来自组织结构惯性的障碍资本(资金)的限制、经济亏损造成处境困难、社会经济环境造成的阻碍、组织间的协议和关系造成的阻碍等。

克服阻力的方法包括以下3种方法。

(1) 转变员工的观念,增强改革意识,重科学知识、重人才、重贡献,开拓创新。

(2) 加强企业管理、消除改革的阻力,发掘领导和员工的创造力,支持员工参与制定改革计划,利用团体意识和团体动力推动改革,合理安排改革的进度和时间,处理好群体压力和个人愿望的矛盾。

(3) 治理经济环境、消除改革障碍、治理经济环境、整顿经济秩序,是进行改革障碍的重要内容,是深化改革的重要条件。按照不同时期的经济发展状况,调整经济发展战略和经济政策。保持社会的公平和政府的廉洁,建立并坚决执行反不正当竞争的法规,查处非法经营行为,建立社会主义商品生产的新秩序。

(四)组织发展

组织发展简称 OD,是根据组织内外环境的变化,为提高组织效能,解决组织本身的问题并达到组织目标,运用管理科学和行为科学的知识,长期地有计划地改善和更新企业组织的过程。组织的发展是企业组织长期的、全面、过程的变革创新和发展,是组织结构、人文、科技、管理系统的相互作用的结果。组织的改革往往是发生在组织发展的各个阶段以及组织发展阶段更替的关键时期。因此两者的研究问题不完全相同。

组织发展的特点包括:①是人们之间相互作用的过程;②是以有计划地再教育手段来实现改革的策略;③是一个动态系统;④是让组织成员学习和掌握制定目标与计划的技能。

组织发展的内容包括以人为中心,以任务和技术为中心、以组织结构为中心。

【案例分析】

上海汽车工业销售总公司组织结构的变革

上海汽车工业销售总公司(原名为上海汽车工业供销公司),是上海汽车工业(集团)总公司下属生产企业的物资供应和产品销售的专业公司,是国家计委和国家工商行政管理局核准的全国小轿车经营单位,它主要承担上海大众汽车有限公司生产的桑塔纳牌汽车的国内总经销。

随着上海汽车工业的迅速发展,上海汽车工业销售总公司已从原来只从事单纯的供销专业公司,逐渐转向为一个集整车销售、配件经营、储运分流、材料供应、组织串换、采购协调、库存管理、财务核算以及汽车租赁等为一体的大型综合性物资流通公司的方向发展。该公司在1992年和1993年的销售额均居全国物资流通企业的百强之首。仅在1993年,该公司的销售收入就达 134.9 亿元,实现利润 6.25 亿元,上交营业税 1.03 亿元。1994年,该公司以汽车大市场为活动舞台,发展桑塔纳小轿车大流通,在全国主要的中心城市中相继建立了20多个合资、独资的销售分公司,与全国 400 多家经销商建立了长期稳定的业务关系,在全国形成了一个纵横交错和分布合理的销售大网络。与此同时,公司在储运分流上也加快了发展的步伐,逐渐建立了一个布局合理而高效的滚装船、火车专列和公路大型驳运车等先进运输和中转的分流机制;在管理上,公司致力于现代化的科学管理,已采用美国著名的 IBM 公司的 AS/400 系列小型计算机进行业务管理,与上级公司和全国各分销公司联网,实现了卓有成效的现代信息网络化的管理。

随着公司的快速发展,公司的高层领导已逐渐意识到,原来的组织机构暴露了许多弊端与不足,如不对原来的组织机构进行变革,则必会严重影响公司的有效运转和进一步发展。为此,公司领导组织各部门的管理人员和有关专家,根据公司的现状和未来的发展,研讨公司组织机构的变革与创新问题。

一、公司组织结构变革的原因

经过分析,公司领导、各部门管理人员以及专家们一致认为,基于下面三个主要原因,必须对公司的组织结构进行变革与创新。

（一）公司的目标有了变化

上海汽车工业供销公司原是上海汽车工业总公司所属生产企业的物资供应和产品销售的专业公司，性质比较单一，仅负责总公司系统内的材料采购和产品销售。但自从成为桑塔纳销售的全国总经销后，公司的经营业务范围已大大地扩大了，仅桑塔纳整车的销售业务量就大大增加，在1995年要实现销售桑塔纳整车15万辆，1997年要达到30万辆，除此之外，还要经销国内外各种型号的小轿车，公司在浦东新建立的一个小分公司还被指定为"走私罚没车"的专门经销点，另外公司还要经销数以万计的轿车零部件，以及管理与销售相匹配的储运仓库、全国储运系统和运输体系等。公司已由原来经营单一的供销公司变为一个大型的综合性的集整车销售、零部件销售和储运为一体的企业。原来的上海汽车工业供销公司改名为上海汽车工业销售总公司，这一名称的改变不仅只是名称的改变，而是深刻地反映出该公司目标的变化和业务的扩大。

（二）公司经营环境的变化

上海汽车工业供销公司的组织结构带有明显的计划经济的传统模式。随着我国社会主义市场经济的完善，在剧烈的市场竞争条件下，要担负起桑塔纳在全国总销售的职责，要实现年销售量15万辆、30万辆的目标，要开辟桑塔纳和其他型号轿车及零部件的销售市场，就必须改变"计划配给"型的机制，就必须以市场、顾客为导向，以营销为中心，主动地找市场、找用户并提供及时的储运和良好服务，这就需要建立起一个新的适应于市场需要的有效的组织机构体系。

（三）原公司的组织管理功能存在着严重的缺陷和问题

随着公司目标的变化和经营管理业务的扩大，原有的组织机构就逐渐暴露出其缺陷和问题。公司的领导经过对原有的组织机构进行诊断后，认为原有的组织机构存在着下列一系列的问题。

（1）沟通不畅。公司内上情难于下达，下情难以上通，上下指令或意见的沟通层次多，既费时，又往往信息受到堵塞或被歪曲。

（2）总经理工作负担过于繁重。以前，总经理主管财务部，又要兼顾储运以及多个小公司的经营，事无巨细，一切都要管，无暇规划公司的长期战略目标和计划。

（3）决策缓慢。对某一问题的解决，或对某一事件进行决策，都要涉及各个部门的人员参加，意见多难以统一，因此决策缓慢，影响时效。

（4）会办费时。如一项购车事宜，须涉及销售、财务、储运、仓库等许多部门，一旦情况有变，各个部门彼此发通知，层层转达，延误时间。

（5）手续繁杂。工作处理的程序繁杂，公文旅行，常引起用户的不满和抱怨。

（6）权责混乱。部门之间职责重叠，如业务一部、业务二部的权责一直无法划清。

（7）权力过分集中。公司集中办理的事情过多，所有附属小公司遇到的问题，不管大小，都需到本部有关机构解决，而公司本部办事手续繁杂，致使整个工作效率受到严重的影响。

（8）本位主义严重。各部门之间沟通少，过于重视本部门局部利益。

上述所有的问题都与原公司的组织结构设置有关。现将原公司的组织机构设置如图7-7所示。

二、公司组织机构变革的目的和要求

经过公司和部门领导以及专家的共同研究，认为公司组织结构的变革应达到如下几个目

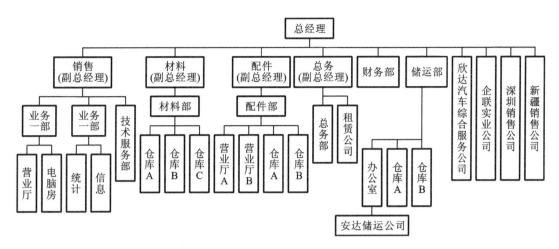

图 7-7 原公司的组织机构设置

标和要求。

(1) 减少直线管理层次,明晰各级主管人员的职责,责任与权限相对称,副职对正职负责,下级对上级负责,形成明确的指挥链。

(2) 改进协调与合作的功能,从组织最高层到最低层都应完善有效地协调和合作网络。

(3) 改进与完善组织的沟通渠道,以使纵横信息沟通及时准确。

三、组织变革的具体实施

在公司和部门领导以及专家反复研究的基础上,明确了公司组织机构变革的重要性、问题的症结以及变革所要达到的目的,在此基础上向公司职工宣传,并听取职工的意见,绝大多数职工都支持变革。为了使变革更加稳妥,并使广大职工都能逐步适应,公司决定分阶段地推行组织机构的变革。

第一阶段:重点变革原销售部门业务一部和业务二部的职责,对原销售部进行重组。重组后的销售部门如图 7-8 所示。

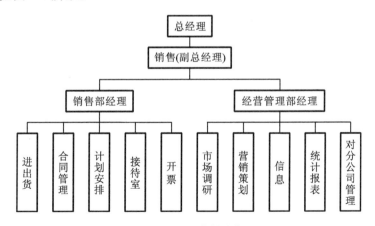

图 7-8 重组后的销售部门

第二阶段:随着公司的不断发展,使市场营销的其他职能,如营销调研、产品市场引导和顾客服务等更为突出,而且随着公司在全国各省已逐渐建立了代理公司(分公司),且分公司的销售量也越来越大,对这些分公司的管理也显得越来越重要。因此,有必要对变革后营销部的组织结构加以调整和完善,再次调整后的结构如图7-9所示。

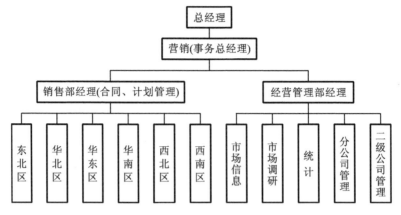

图 7-9 再次调整后的结构

从实践来看,再次调整后的经营部的组织机构又有了一定的改进,根据市场细分,把营销与销售结合起来,较有效地了解市场,对各个市场能做出快速而有效的反应,各层管理层的职责分明,上层较易协调,调动了各级管理人员的积极性和管理水平,对公司的营销工作起到了较大的推动作用。

第三阶段:在经销部组织机构改革取得成效的基础上,使公司的管理干部和广大职员看到了变革的必要以及变革所带来的好处,为此公司领导便推行全公司的组织机构变革。公司变革后的组织结构如图7-10所示。

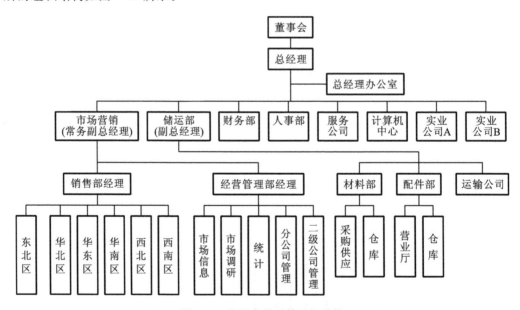

图 7-10 公司变革后的组织结构

该公司还在考虑建立参谋顾问部、项目管理小组,以及完善审计部等机制。该公司在组织结构中进行了一些变革,对公司的工作起到了较大的推动作用。在此同时,该公司的领导也认识到,要使公司能较好地适应环境变化的需要,还须不断地变革其组织结构。

思考题

(1) 该公司进行组织机构变革的具体原因是什么？
(2) 该公司组织机构变革为什么要从销售部开始？
(3) 该公司组织结构变革采取了哪几个步骤？

任务二　组织文化的建设

项目目标

知识目标
- 理解企业组织文化建设的主要内容
- 了解企业组织文化建设的八大原则
- 掌握企业组织文化建设的方法流程

技能目标
- 能够实际运用组织文化建设方法进行企业文化创建

【任务引入】

九阳电器的企业组织文化建设之道

济南九阳电器有限公司（以下简称九阳电器）董事长王旭宁认为企业不论大小，都应重视企业文化的建设。企业文化不是一次运动，不是用三年两年时间就能够形成的。最好是从企业"小的时候"就开始着手企业文化的建设，因为"大了"以后，再去建设企业文化就比较困难了。一个企业文化底蕴有多深，企业发展就有多大，浅薄的企业文化不可能发展成强势企业，九阳电器的目标是要做一个百年企业。综观世界上的百年不衰的企业，他们都有一个共同特点，即重视企业文化建设，不以追求利润为唯一的目标，都有超越利润的社会目标。这是他们共同的企业价值观，也是企业文化的核心之一，这也正是九阳电器努力学习的典范。

对于九阳电器来说，企业文化概括为八个字，即"人本、团队、责任、健康"。"人本"就是既要尊重员工，又要发挥其潜能；"团队"是鼓励员工自觉地融入团队中，在九阳电器，自私的、本位的、不协作的员工是不受欢迎的，也是没有前途的；"责任"是做有责任感的企业，对员工、消费者、合作者与社会负责任，并在企业经营中努力让他们感到满意，同时倡导每一位员工都要做有责任感的人；"健康"是让员工拥有健康的身心和健康的生活方式，企业拥有健康的机制，以保证长期生存和发展。

具体来说，首先，公司针对方方面面不利的因素，从一开始就注意制度文化建设，并设定了严格管理、降低成本、提高质量、创世界一流企业的方针和目标。通过严格管理，规范员工行为，使公司员工把公司制度变成自觉的规范，进而统一到共有的价值取向上来。其次，在价值取向的建设当中，公司在成立时就设定了公司的经济发展和国家的社会经济发展相适应，和社会环境相协调，以及企业要和顾客利益共存，企业要和劳动者共存这样一些价值观念。通过培训，在教育和规范大家行为基础上，把公司共有的价值观念融入日常管理和工作中去，使员工的价值观念达到一致。最后,把个人的价值和个人的发展,有效地融入公司的发展当中去。如九阳电器把立足岗位,自我改善这项活动和ZD小组无缺陷活动作为企业文化的一个重要组成部分加以实施和推广;把公司员工立足自我改善作为企业发展的一个重要动力,使得员工在生产过程中,成为质量管理的主体,他们是生产者,又是产品质量保证者和确认者。在整个生产过程中,员工通过企业文化建设得到了较好的培训,提高了员工的素质,这就实现了企业实施以人为本的企业文化中人本管理的有效循环。通过企业的文化建设,进而带动起企业生产的高效率、产品的高质量、服务的高水平、企业的高效益,进而回归到员工的高收入上。九阳电器这些年的成功,也正好验证了企业文化建设的重要性。

【任务分析】

这个案例说明:做好组织文化的建设工作,是一个组织可持续发展的重要保障。组织文化建设,它既是组织管理的基础,又是组织管理的灵魂。有了组织文化,员工就可以在组织的整个管理过程中立足于岗位的自我管理,立足于岗位的自我改善,有效地实现个人的价值,把个人的价值和个人的发展有效地融入公司的发展当中去,同组织的发展目标有机地结合起来。

组织文化,在企业中也称为企业文化,是在一个企业的核心价值体系基础上形成的,具有延续性的共同的认知系统,是全体成员遵循的共同意识、价值观念、职业道德行为规范和准则的总和。这种共同的认知系统使员工之间能达成共识,形成心理契约,使每一个员工知道企业提倡什么、反对什么,怎样做才能符合组织的内在规范要求。在这种共同认知下形成的一种文化氛围中,即使不认同的人也不能假积极,假着假着,就变成真的,就身不由己了,把假积极变成真积极就是文化特有的功能。

企业组织文化建设,是21世纪企业管理的最具远景的发展方向,是提升企业管理水平的有效手段,它所产生的巨大作用是有目共睹、有口皆碑的。

可口可乐的总裁说:"假如有一天可口可乐所有生产设备荡然无存,我只需要两样东西,就能在三年内重新建起一个同现在一样规模的可口可乐,这两个东西,一个是可口可乐的品牌,一个就保存在亚特兰大一家银行保险库里的秘方。"

美国石油大王洛克菲勒说:"我可以一无所有,甚至可以剥光我的衣服,再把我放到沙漠里,但只要让我遇到一只驼队,我就还会成为百万富翁,因为我的名字值钱。"

进行企业组织文化建设,重点从四个方面做起:一是熟悉企业组织文化建设的内容;二是遵循企业组织文化建设的原则;三是掌握企业组织文化建设的流程;四是把握好企业组织文化建设的时机。

当然,如果没有对企业组织文化建设的重要性和让企业组织文化在企业落地生根的思想和行动,就是建设再好的企业组织文化模型也是无用之功。

一、企业组织文化建设的主要内容

企业组织文化建设是一个庞大的工程,它包含的内容很多,美国哈佛大学教育研究院教授泰伦斯·迪尔和麦肯锡咨询公司顾问艾伦·肯尼迪把企业组织文化整个理论系统概述为5个要素,即企业环境、企业价值观、企业英雄人物、企业组织文化仪式和文化网络。企业环境是指企业的性质、企业的经营方向、外部环境、企业的社会形象、与外界的联系等方面。价值观是指企业内成员对某个事件或某种行为好与坏、善与恶、正确与错误、是否值得仿效的一致认识。价值观是企业组织文化的核心,统一的价值观使企业内成员在判断自己行为时具有统一的标准,并以此来选择自己的行为。英雄人物是指企业组织文化的核心人物或企业组织文化的人格化,给企业中其他员工提供可供仿效的榜样,对企业组织文化的形成和强化起着极为重要的作用。文化仪式是指企业内的各种表彰、奖励活动、聚会以及文娱活动等,它可以把企业中发生的某些事情戏剧化和形象化,来生动地宣传和体现本企业的价值观,使人们通过这些生动活泼的活动来领会企业组织文化的内涵。文化网络是指非正式的信息传递渠道,主要是传播文化信息。它是由某种非正式的组织和人群,以及某一特定场合所组成,它所传递出的信息往往能反映出职工的愿望和心态。

企业组织文化建设的内容主要有三个层面:核心层面、行为(制度)层面、视觉传播层面。

1. 核心层面主要有以下几点内容

(1) 企业精神。企业精神是企业之魂,企业组织文化的核心,是全体职工认同信守的理想目标、价值追求、意志品质和行动准则,是企业经营方针、经营思想、经营作风、精神风貌的概括和反映。企业精神在整个企业组织文化中起着支配的地位,对企业经营哲学、管理制度、道德风尚、团体意识和企业形象起着决定性的作用。

企业精神通常用一些既富于哲理、易于理解、简明扼要的语句来表达。如海尔的企业精神:"敬业报国、追求卓越";王府井百货大楼的"一团火"精神,就是用大楼人的光和热去照亮、温暖每一颗心,其实质就是奉献服务;西单商场的"求实、奋进"精神,体现了以求实为核心的价值观念和真诚守信、开拓奋进的经营作风。

(2) 企业使命。所谓企业使命是指企业在社会经济发展中所应担当的角色和责任,是指企业的根本性质和存在的理由,说明企业的经营领域、经营思想,为企业目标的确立与经营战略的制订提供依据,也可以说是企业生存的目的和定位。它包括企业的经营哲学、企业的宗旨和企业的形象。

世界著名管理学家德鲁克对管理所下的经典定义是:"管理就是界定企业的使命,并激励和组织人力资源去实现这个使命。界定使命是企业家的任务,而激励与组织人力资源是领导力的范畴,二者的结合就是管理。"使命的定位足以影响一个企业的成败。著名领导力大师弗兰西斯女士认为:一个强有力的组织必须要靠使命驱动。企业的使命不仅回答企业是做什么的,更重要的是为什么做,是企业终极意义的目标。崇高、明确、富有感召力的使命不仅为企业指明了方向,而且使企业的每一位成员明确了工作的真正意义,激发出内心深处的动机。试想"让世界更加欢乐"的使命,令多少迪士尼的员工对企业、对顾客、对社会倾注更多的热情和心血。通用电器的使命是以科技及创新改善生活品质,在对顾客、员工、社会与股东的责任之间求取互相依赖的平衡。中国移动通信的企业使命是创无限通信世界,做信息社会栋梁。上海家化公司的使命是奉献优质产品,帮助人们实现清洁、美丽、优雅的生活。这些企业都把奉献社会、提升民众生活质量作为企业使命的定位点,让客户感到可亲,让员工肩负责任,并为之去奋斗和努力。

(3) 企业目标。企业目标就是实现其宗旨所要达到的预期成果,没有目标的企业是没有希望的企业。美国行为学家J.吉格勒指出:设定一个高目标就等于达到了目标的一部分。

企业目标就是企业发展的终极方向,是指引企业航向的灯塔,是激励企业员工不断前行的精神动力。企业目标是企业资源分配的依据,能起到激励员工,明确工作努力的方向,衡量经营活动成效的作用。如:天津中远公司目标是创国际一流企业,跻身世界500强;TCL的企业目标是创全球名牌、建国际企业。中小企业目标制订一般是5~10年要达到的目标,也可以分为短期目标和长远目标。

(4) 经营哲学。经营哲学也称企业哲学。一个企业在激烈的市场竞争环境中,面临着各种矛盾和多种选择,要求企业有一个科学的方法论来指导,有一套逻辑思维的程序来决定自己的行为,这就是经营哲学,它是指导企业行为的基础。例如,日本松下公司的企业哲学是"讲求经济效益,重视生存意志,事事谋求生存和发展"。北京蓝岛商业大厦以"诚信为本,情义至上"的经营哲学为指导。蒙牛的经营哲学是"百年蒙牛、强乳兴农"。

经营哲学的制订要对市场环境、竞争环境、科学技术发展趋势等经营要素进行科学的分析,并结合企业的经营管理情况、资源情况来制订,是一个非常严肃的工作,它关系着企业经营的成败,切不可随意提上一两句话就确定为企业的经营哲学。

(5) 价值观念。企业的价值观,是指企业员工对企业存在的意义、经营目的、经营宗旨的价值评价和为之追求的整体化、差异化的群体意识,是企业全体员工共同的价值准则。企业价值观决定着员工的行为取向,关系企业的生死存亡。只顾企业自身经济效益的价值观,就会急功近利,搞短期行为,使企业失去后劲,导致灭亡。

我国老一代的民族企业家卢作孚(民生轮船公司的创始人)提倡"个人为事业服务,事业为社会服务,个人的服务是超报酬的,事业的服务是超经济的"。从而树立起"服务社会,便利人群,开发产业,富强国家"的价值观念。北京西单商场的价值观念以求实为核心,即"实实在在的商品、实实在在的价格、实实在在的服务"。在经营过程中,严把商品进货关,保证商品质量;控制进货成本,提高商品附加值;提倡"需要理解的总是顾客,需要改进的总是自己"的观念,提高服务档次,促进了企业的发展。海尔的核心价值观是"创新"。张瑞敏先生在一次报告中说,海尔十七年来只做了一件事——"创新"。

(6) 企业道德。企业道德是指调整本企业与其他企业之间、企业与顾客之间、企业内部职工之间关系的行为规范的总和。它是从伦理关系的角度,以善与恶、公与私、荣与辱、诚实与虚伪等道德范畴为标准来评价和规范企业的。企业道德作为企业成员群体的组织道德具有内聚自我约束功能、均衡调节功能、导向激励功能,对于企业成员的道德品质和社会公德的形成具有重要的影响。企业道德与法律规范和制度规范不同,不具有那样的强制性和约束力,但具有积极的示范效应和强烈的感染力,当被人们认可和接受后具有自我约束的力量。因此,它具有更广泛的适应性,是约束企业和员工行为的重要手段和工具。

中国老字号同仁堂药店之所以三百多年长盛不衰,在于它把中华民族优秀的传统美德融于企业的生产经营过程之中,形成了具有行业特色的职业道德,即"济世养身、精益求精、童叟无欺、一视同仁"。

(7) 经营理念。所谓经营理念,是管理者追求企业绩效的根据,是对顾客及竞争者、员工价值观与正确的经营行为的确认。并在此基础上形成企业基本设想、发展方向、共同信念和经营目标。企业经营理念即是企业运营中系统的、根本的管理思想。每个企业的管理活动都要有一个根本的原则,一切的管理都需围绕这个根本的核心思想进行,这个核心思想就是企业经营理念。事实证明,一套明确的、始终如一的、精确的经营理念,可以在组织中发挥极大的效能。

譬如说闻名全球的麦当劳,他们的经营理念"QSCV"。Q是quality(品质),S是service(服务),C是clean(清洁),V是value(价值)。石家庄海联动物蛋白饲料有限公司的经营理念是先做人,后经商,宁可不做,不骗顾客。沃尔玛的经营理念是:尊重每个员工,顾客是上帝,每天追求卓越。日本丰田公司的经营理念是:优良的产品、优良的思想、世界的丰田。美国惠普公司的经营理念是尊重个人价值。

(8) 管理理念。企业管理理念是企业管理活动的指导思想,是指在一定的生产方式下,企业依照一定的原则、程序和方法,对自身的人、财、物及其经济活动过程进行有效的计划、组织、指挥、激励、协调和控制,并以合理的劳动实现既定的目标的观念。企业管理理念从工业经济时代的以物为本,向新环境下的以人为本、以知识为本转化。从经营的角度上说,管理的根本目的在于提高企业的经营效益。

蒙牛的管理理念是科学化、市场化、系统化。上海石化的管理理念的核心内容是"精细管理"。精细管理的基本内涵是:以精益求精作为经营管理活动的价值取向;以精雕细刻作为经营管理过程的基本要求;以精良优质作为经营管理成果的衡量标准。山东省药用玻璃股份有限公司企业管理理念是"管理学习化、工作标准化、考核证据化"。

(9) 服务理念。服务理念是指企业在产品或服务交付客户后,在客户使用中的技术保障的指导思想,是企业服务活动的总纲。当今的市场竞争中服务竞争是价格战后的唯一选择,是留住顾客的有效办法。玉柴集团的服务理念是"机器在您手中,服务刻我心中"。海尔的服务理念是"用户永远是对的"。

关于企业组织文化的核心层面还可以细分一些内容,如:质量管理理念;企业用人原则(海尔的用人原则:"人人是人才,赛马不相马");环境保护理念;企业的典型形象等。企业可以根据自身的情况来确定需要建立哪些内容。

2. 行为制度层面

企业组织文化建设的第二个层面是行为制度层面。企业组织文化建设的行为制度层面包括两个方面。

一方面是指渗透于企业一般管理经营制度中的企业组织文化核心层面的要求内容。如:生产现场管理制度中的环境行为;财务管理制度中的做人准则;客户服务制度中的企业道德和价值观念等。企业制度是在生产经营实践活动中所形成的,对人的行为带有强制性,并能保障一定权利的各种规定。从企业组织文化的层次结构看,企业制度属中间层次,它是精神文化的表现形式,是物质文化实现的保证。企业制度作为职工行为规范的模式,使个人的活动得以合理进行,内外人际关系得以协调,员工的共同利益受到保护,从而使企业有序地组织起来为实现企业目标而努力。

另一方面是专指企业组织文化的相关制度,如企业人际关系行为准则、员工着装规定、维护企业利益制度等,这方面的内容很多,需要根据企业所在行业、生产特点、环境特点、经营性质来确定如何建立。

3. 视觉传播层面

企业组织文化建设的第三个层面是视觉传播层面。这一层面的主要内容有三个方面:第一个方面,企业的内部形象特征,主要是通过对员工的宣传、教育、培训产生影响,从而体现企业员工的精神面貌,如员工参与企业管理的热情,员工维护企业利益的主人公精神,员工乐于奉献的敬业精神等。

第二个方面,企业的外部形象特征,如招牌、门面、广告、商标、服饰、营业环境等,这些都给人以直观的感觉,是企业内部要素的集中体现。北京西单商场以"诚实待人、诚心感人、诚信送人、诚恳让人"来树立全心全意为顾客服务的企业形象,而这种服务是建立在优美的购物环境、可靠的商品质量、实实在在的价格基础上的,即以强大的物质基础和经营实力作为优质服务的保证,达到表层形象和深层形象的结合,赢得了广大顾客的信任。

第三个方面,这一层面主要体现的是企业通过报纸、杂志、电视、广播、公关、客户口碑等手段展示、宣传企业形象。

二、企业组织文化建设的八大原则

企业组织文化建设不能想当然,它要根据一定的原则和要求来建设,以确保其严谨的科学性、高度的概括性、至上的指导性。企业组织文化建设主要应遵循以下原则。

1. 以人为本的原则

企业组织文化是以人为载体的,人是文化生成与承载的第一要素。企业组织文化中的人不仅仅是指企业家、管理者,也体现于企业的全体员工。企业组织文化建设中要强调关心人、尊重人、理解人和信任人。只有坚持以人为本的原则,企业组织文化建设才算是找到了基础,才能很好地得到落实与发展。如松下公司强调的七种精神:"产业报国,光明正大,和亲一致,积极向上,礼节谦让,顺应同化,感谢报恩",这里的每一种精神都能够让人接受,也体现了人的价值的一面,让员工感觉距离很近。

2. 易生共识的原则

企业组织文化建设的目的是提升企业的凝聚力、亲和力和员工的高效工作精神,所以,文化建设的内容和要求要在创新、差异的同时,让员工和管理者产生最大的共识。通过文化建设,能够使企业的全体成员形成共同的价值观念,形成一致的奋斗目标,从而形成向心力,使企业成为一个具有战斗力的整体。如,要强调建立文明的卫生环境、和谐的人际关系、助力于员工自身价值实现的培训,就符合大多数人的希望与追求,让其产生共识,提升落实与执行的积极性。

3. 差异特色原则

人们常讲民族的东西才是世界的,纵观世界成功的企业都有着自己特色的企业组织文化,如:诺基亚的"科技以人为本";沃尔玛的"顾客永远是对的",等等,都体现了自己企业的独到的经营理念。

每个企业都有自己的历史传统和经营特点,企业组织文化建设要充分利用这一点,建设具有自己特色的文化。企业有了自己的特色,被员工和顾客所公认,才能在企业之林中独树一帜,才有竞争的优势。企业不论大小,在进行企业组织文化建设时切忌不可照搬别人的文化,而应结合本企业的行业、经营地域、人员结构等特点,深入挖掘自己的特点,来建立形成自己的企业组织文化。

4. 可操作性原则

企业组织文化建设绝对不是空洞的口号,核心层面的理念要能起到对企业经营的全方位指导作用,行为制度层面要具有可操作性,不单单是让员工看得到,更重要的是能做得到。如,前些年,国家为制止官员的大吃大喝,规定招待要"四菜一汤",由于不具有可操作性,只能以失败告终。

5. 系统性的原则

企业组织文化建设是一个庞大工程,也是一个系统工程,从企业核心理念的建立到企业的视觉形象,都是要把企业的经营核心思想与制度、形象标志建立统一起来,形成一个整体。企业组织文化建设的核心层是其他所有内容的根本,企业的制度和形象都要以此为依托来建设与实施。

6. 长远稳定原则

立足长远,保持稳定是企业组织文化建设的一个重要原则,企业组织文化建设不能三天打鱼,两天晒网,也不能是搞"拍头式",激动起来就做,工作忙了就放,除了讲究工作的长期性外,更主要的是内容上的稳定性。海尔、蒙牛的企业组织文化建设基本是十年左右一个周期,其核心思想更是指导了企业的整个发展过程,这也是很多企业在做企业组织文化时要请专业人员参与的原因。

7. 增效增誉原则

企业是一个经营组织,增加利润是企业经营的主要目标,企业组织文化建设应具有经济性。所谓经济性,是指企业组织文化必须以提高企业的经济效益为目标,要有利于提高企业生产力和经济效益,有利于企业的生存和发展,有利于提升企业的社会声誉。企业组织文化建设的最终目标,不应离开企业经济目标的实现和谋求企业的生存和发展。

8. 适应社会要求原则

马克思说:"人们自己创造自己的历史,但他们并不是随心所欲地创造,而是在直接碰到的从过去继承下来的条件下创造。"企业组织文化建设也是这样,它应该是在不违背社会传统文化的基础上进行提炼开发,否则企业组织文化就会失去存在的基础,也就没有生命力。企业组织文化建设不能离开社会、民族的文化要求,不能离开人们公认的人生价值观念。

这些原则要贯彻于企业组织文化建设的全过程,只有不违背这些原则,建立起来的企业组织文化才能符合企业的发展要求,才能具有可操作性和对企业的指导性,从而形成企业的灵魂。

三、企业组织文化建设的方法流程

在企业组织文化的建设中,不但要遵循原则,还要有一定的方法,这样可以节约时间和成本。建立企业组织文化的方法很多,但归纳起来主要有下面几个步骤。

第一步,深入调查研究,提炼核心理念。企业的核心理念,是企业组织文化建设的核心,是企业的灵魂,所以要进行深入细致的调查、研究、论证,才能提炼出来。要克服两种错误倾向:一种是自然主义倾向,这种倾向认为,企业组织文化、企业理念是企业长期生产经营活动中自然形成的,企业没办法、也不应该进行人为的设计;另一种是主观主义倾向,这种倾向认为企业组织文化、企业理念就是人为的设计。两种错误倾向中,前者导致企业组织文化建设中的无作为现象,一切凭其自然发展,缺乏明确的理念指导;后者导致企业组织文化建设中的突击现象,企业可以在一夜之间设计出很响亮的理念、口号,也可以印刷出很漂亮的企业组织文化手册。这两种倾向都会导致一个共同的结果:在员工心理上,企业组织文化、理念都是空白。

正确的方法应该是两者的有机结合。也就是说,企业组织文化建设不能独立于生产经营活动之外独立进行。任何突击式的企业组织文化建设都可能使企业组织文化独立于生产经营活动之外,效果自然不会好。通过人为的主动提炼、设计和引导,能够使自然形成的文化理念明晰化,使员工对企业组织文化、理念的理解深刻化,认同彻底化。因此,正确处理文化、理念的自然沉淀和人为设计的关系,是企业组织文化建设方法中的关键问题。

企业组织文化首先要从历史中提炼。在企业的经营发展中,一定会沉淀一些支撑员工思想的理念和精神。这些理念和精神,包含在企业创业和发展的过程之中,隐藏在一些关键事件之中。把隐藏在这些事件中的精神和理念提炼出来,并进行加工整理,就会发现真正支撑企业发展的深层次精神和理念,这就是企业的精神和理念。按照这种原理,可以设计出提炼企业精神的方法。

首先,找一些从企业创业到发展全过程都参加的人,让他们每个人谈一谈企业在创业历程中,对企业发展的最重要的一件事是什么?最难忘的一件事是什么?最受感动的一件事是什么?然后,让每个人再谈一谈自己认为对企业贡献最大的人是谁,这个人最宝贵的精神是什么,从他身上得到最大的启发是什么?此时,由专人把每个人讲的故事进行记录,把重复率最高的故事整理出来,进行初步加工,形成完整的故事。接下来,找几个刚来企业的员工,最好是大中专学生,把整理好的故事讲给他们听,并向他们提问:"这个故事你听说过没有?你听了之后,你最深的感受是什么?哪个情节最感动、最难忘?这个故事体现了一种什么精神?用什么词可以表达你的感受?"把他们的回答记录下来。最后,请专家和有关企业领导集中封闭起来对记录的内容进行研究、加工,从中提炼出使用率最高的代表故事精神的词。这些词经过加工,就是企业精神或企业理念,按照提炼出来的反映精神或理念的核心词,重新改编故事,在尊重历史的前提下,进行文学创作,写出集中反映核心词的企业自己的故事。假如提炼出"拼搏"一词,"拼搏"就用一个故事来诠释。当然,可能还有"创新""团结"等,每一个词,都用一个甚至几个故事进行诠释。

当然,企业组织文化建设还要从未来出发进行设计。对行业进行分析,对竞争对手进行分析,对自己的发展目标进行定位,找到现状与目标的差距。进一步回答:要想缩短差距,实现目标,企业必须具备什么精神,应该用什么理念指导自己?按照这种要求,设计出面向未来的文化理念。把从历史中提炼的文化理念和从未来出发设计的理念结合,进行加工整理,就形成企业的核心理念。

以海尔为例。其核心精神(企业精神)为"敬业报国,追求卓越"。这种追求卓越的精神在生产管理系统表现为"零缺陷,精细化,有缺陷的产品就是废品";在营销系统表现为"先卖信誉,后卖产品",在产品开发系统表现为"客户的难题就是开发的课题",在服务系统表现为"零距离、零抱怨、零投诉",在市场开发系统表现为"创造需求,引导消费""自己做个蛋糕自己吃"……每一个理念都有相应的典型事件与之对应。所以,海尔的企业组织文化建设就与生产经营活动密切联系起来了,避免了一般企业组织文化建设的单纯形式化。

第二步,制度渗透,建立制度。企业的核心理念进行充分的研究论证形成后,要做两方面的工作:其一是要对企业现有的制度逐个进行分析,去除与核心理念不相适应的部分,按照企业组织文化的核心理念进行修改,使之能体现核心理念的思想与要求,将企业的核心理念渗透其中;其二是建立新的企业组织文化制度、行为准则,规范员工的职业道德,养成良好的工作习惯,如企业的价值观、企业员工的道德要求等准则或制度。

第三步,营造视觉形象,设计实施方案。营造视觉形象,设计好有利于形成良好公司视觉形象的实施方案,工作量很大,如:员工服装、商标、包装、标语、广告语等;设计公司文化手册,制订媒体宣传方案、员工培训方案,实施员工培训等。另外,还要制订企业组织文化的具体实施方案,以便于有计划地组织落实、执行。

第四步,定期论证,不断完善。企业组织文化建设不是一步到位的,要在企业经营过程中,根据发展的需要进行不断的完善,要形成定期分析、论证制度。像海尔、蒙牛这些成功企业的文化建设都是经历了多次的改进和论证才形成的,而且,今后还要不断地修正。

企业组织文化建设的主要步骤就是这四步,实施的方法可以根据公司的经营情况、财力情况来逐步进行,可以先行实施一部分内容,如公司的核心理念,可以先提炼出主要的、当前急需的,但后期建设不能断,要逐步完善,形成自己的体系。

四、企业组织文化建设的切入时机

企业组织文化建设可以随时随地进行，没有严格的时间、时点上的要求，但是，选择恰当的时机进行建设，会更有利于落实，效果也会更好。以下几种情况是对国内外成功企业组织文化建设的经验总结，得出的企业组织文化建设的最佳启动时机。

（1）企业的发展进入成长或快速增长期。此时企业的组织规模迅速膨胀，人员大量增加，资本迅速扩张，已开始兼并其他企业，这时就需要有与企业发展同步的企业组织文化，否则就会出现文化危机。

（2）企业出现重组、大股东入股等产权结构发生重大变革。变革后，企业再不能沿袭原来的价值理念，应适时导入与产权机制相一致的企业组织文化。

（3）企业发展战略发生重大转移时，如从单一性产业向多业性产业转移、从低价位市场战略向名品牌市场战略转移等，为适应这种转移，企业要重新定位自己的企业组织文化。

（4）如果企业为求得新发展，实施"二次创业"计划，需要建立或启动新的企业组织文化战略，以助于实现跳跃式发展和质的转变，这也是进行企业组织文化建设或改进的有利时机。

（5）企业的市场环境发生重大变化，如企业由国内市场转向国际市场时。走向国际竞争的企业必须适应全球化的市场、不同社会制度及人文环境等要求，建立起与之相适应的企业组织文化，这也是进行企业组织文化建立、更新的有利时机。

（6）企业从垄断经营走向市场竞争时。以前形成的行业垄断性行业，如银行、电信、航空、铁路等，在市场经济条件下，将打破垄断，改变原有的企业组织文化状态，塑造新的企业组织文化。

（7）企业的生产、生活、工作环境发生重大改变时，如迁入新的办公大楼、新厂房落成时，或企业发展实现阶段性目标，或周年庆时，如企业达到阶段性目标或到十年、二十年进行回顾和总结时，而以前没有进行系统的企业组织文化建设，可以成为开创新的企业组织文化的契机。

（8）企业处于停滞状态需要突破时。企业发展的某一阶段出现停滞状态，此时重塑企业组织文化可能起到强大的振兴作用。另外，由于种种原因，企业管理失效、矛盾丛生，到一定阶段，有的企业出现机构臃肿、职责不清、管理混乱、人际关系恶化等现象，急需大力推行企业组织文化变革，用新文化赋予企业新的生命。

任务三　工作团队建设及其管理

项目目标

知识目标
- 了解团队的概念
- 掌握团队建设的方法

技能目标
- 能运用各种方法对团队进行有效的管理

【任务引入】

迁徙的雁群

迁徙的雁群一字排开成 V 字形飞行,大雁每一次扇动翅膀,都是对尾随同伴的一次激励,可以减少 70% 的空气阻力。当某只大雁偏离队伍时,它会立即发现单独飞行的阻力,马上飞回队伍,重新借用同伴提供的向上气流。飞行在队伍中的大雁会发出鼓励的叫声,使雁群保持一定的速度。当前导的大雁疲倦时,它会退到队伍的后面,而另一只大雁则会代替它飞到前导位置。当某只雁生病或受伤时,就会有两只大雁伴随在它旁边,康复后自己组成队伍再开始飞行,或者去追赶上原来的雁群。

【任务分析】

与拥有相同目标的人同行,能够更容易地到达目的地,因为彼此之间能互相推动;紧跟大队伍,乐于接受他人的协助,并帮助别人,相信互助能更轻松地到达目的地;工作中应该多正面鼓励别人,实现最完美的自我表现;艰巨的任务需要轮流付出,要尊重和保护每个人的才能和资源;相互扶持才能增强群体的凝聚力和战斗力。

一、团队的概念

(一)群体的概念

1. 群体的定义

组织中的群体是两人或两人以上的集合体,他们遵守共同的行为规范,在情感上互相依赖,在思想上互相影响,而且有着共同的奋斗目标。群体分为正式群体和非正式群体。

2. 群体的类型

群体的类型有:命令型群体(学校领导班子)、任务型群体(为任务而共同工作)、利益型群体(共同关心的具体目标)、友谊型群体(球迷协会)等。

3. 群体的产生

人们加入群体是为了满足如下社会需要:安全需要、情感需要、尊重和认同需要、完成任务的需要。

4. 群体思维

群体思维是一种与群体规范有关的心理症状,它主要是指由于群体压力,而使群体中少数人新颖的或不受欢迎的观点,难以充分地表达出来。群体思维是一种损害了许多群体的疾病,它会严重影响到群体绩效。例如,某人在会议或集体活动中,原准备发表一通自己的看法和"高论",但当他发现自己的意见和观点与处于控制地位的大多数人的观点不一致时,多半会修改或放弃自己原有的意见和观点。

5. 社会懈怠

个体在群体中工作不如单独一个人工作时更努力地倾向。"搭便车者"指乘机搭上群体努力的大车而不费自己的力气。当人们发现自己的贡献无法衡量时,活动的效率就会降低。

20 世纪 20 年代末,德国心理学家马克斯·瑞格尔曼比较了拔河实验中的个人绩效和群体绩效。他要求被试者尽力拉绳子,并测量拉力。被试者有时独自拉,有时以 3 人或 8 人为一组拉。结果是:个体平均拉力是 63 公斤;3 人的总拉力为 160 公斤,人均为 53 公斤;8 人的总拉力为248公斤,人均只有31公斤,只是单人拉力力量的一半。瑞格尔曼把这种个体在团体中不卖力的现象称为"社会懈怠"。

(二) 团队概述

在非洲的草原上如果见到羚羊在奔跑,那一定是狮子来了;如果见到狮子在躲避,那就是象群发怒了;如果见到成百上千的狮子和大象集体逃命的壮观景象,那是什么来了?——蚂蚁军团!

1. 团队的定义

团队是由一群具有优势互补才能的人所组成,致力于共同的宗旨和目标,合理利用每个成员的知识和技能而协同工作,并且愿意共同承担责任的正式群体。团队的特点:优势互补、共同目标、相互协作、共担责任。

龙舟队、旅行团、足球队、候机旅客、乐队、NBA赛季后组成的明星队,这其中哪些是团队?

2. 团队与群体的区别

团队和一般群体不同,它是一个有机整体,团队成员除了具有独立完成工作的能力之外,同时具有与他人合作共同完成工作的能力。团队的绩效源于团队成员个人的贡献,同时永远大于团队成员个人贡献的总和,即"1+1>2"。而群体中成员没有协同工作的要求,群体的绩效是群体成员个人绩效的总和。

3. 团队发展的五个阶段

团队发展的五个阶段包括形成阶段(目的、结构、领导),震荡阶段(突显内部冲突),规范阶段(形成内聚力),执行阶段(努力完成任务),解体阶段(为解散准备)。

4. 有效团队的基本特征

有效团队的基本特征包括①相互间信任;②共同的承诺;③良好的沟通;④应变的能力;⑤合适的领导;⑥内外的支持;⑦明确的目标;⑧相关的技能。具体表现为:通过合作解决问题,按时完成团队计划,有效地交流和反馈,树立信心并士气高昂,展现出良好的团队精神。

成功没有完全属于自己的,都是团队的成功,要时刻想到的是团队。一个积极向上、充满斗志的团队能够鼓舞每一个人的信心和热情。

5. 有效团队的成员特征

有效团队的成员特征包括①富有责任感;②合作精神;③乐于助人;④恰当地沟通;⑤尊重他人;⑥信任他人;⑦恰当应对冲突;⑧正确对待分歧;⑨忠诚,正确对待批评;⑩积极进取。

团队的作用是"1+1>2",团队为员工提供了实现自己理想的平台,每一个员工的所有工作都应以实现团队的目标为中心。

(三) 团队精神

1. 团队精神三要素

以团队可以提高成员的工作能力和工作绩效,团队精神可以使组织充满活力、凝聚力和战斗力,团队力量的发挥是组织赢得市场竞争的必要条件。团队精神主要体现在以下三个方面。

(1) 合作精神。合作精神也就是团体意识或大局意识,成员间良好的互尊互信、优势互补的合作态度。成员信奉团体的价值,在为了同一目标而积极进取的过程中,能够顾全大局,"强者"帮助"弱者",克服"木桶理论"的短板效应,提高组织的凝聚力和战斗力,通过合作完成工作任务,个体利益统一在整体利益之中,合作是团队的基础。

(2) 奉献精神。组织的高效率运转,需要成员不断开发自己的潜能,充分发挥创新能力,自动自发地为组织服务,为团队贡献自己的智慧和力量。在实现组织目标的同时,体现自己的人生价值。没有个体的真诚奉献,便没有团队的卓越绩效,奉献是团队的实质。

(3) 共享精神。团队合作的前提是共同目标下的共同承诺,从而形成共同的价值观和行为规范,为实现团队的目标而共同努力工作。承诺就是责任,共同的承诺就是共担责任,共享就是团队成员共担责任的同时也共同享有团队奋斗的成果,共享是团队的纽带。

团队精神强调的是组织内部成员间的合作态度,为了一个统一的目标,成员自觉地认同肩负的责任并愿意为此目标共同奉献,团队精神是企业文化的重要组成部分。

2. 团队精神与集体主义

团队精神与集体主义意识有着微妙的区别,团队精神比集体主义更强调个人的主动性,而集体主义则强调共性大于强调个性。团队精神并不要求团队成员牺牲自我,诚信、创新是内在的、自律的,因而不可能在强制的条件下发挥出来,必须以个人的自由、个性的独立为前提,在统一目标的认同下,人们通过合作和共同的承诺而形成一个有机的团队整体。

3. 团队精神的作用

在组织中培养员工的团队精神,对于提升员工的职业道德水平和绩效能力,具有积极意义。团队精神的作用有以下几点。

(1) 目标导向功能。团队精神的培养,使员工能够齐心协力朝着一个目标努力,整体的目标分解成各个小目标或工作任务,在每个员工身上得到落实。

(2) 凝聚功能。任何组织群体都需要一种凝聚力,传统的管理方法是通过组织系统自上而下的行政指令,淡化了个人感情和社会心理等方面的需求,而通过团队精神对群体意识的培养,通过员工在长期实践中形成的习惯、信仰、动机、兴趣等文化心理,来沟通人们的思想,引导人们产生共同的使命感、归属感和认同感,来逐渐形成共同的价值观和行为规范,产生一种强大的凝聚力。

(3) 激励功能。团队精神要求员工积极进取,自觉地向优秀的员工学习,从而能够得到团队的认可,获得团队中其他员工的尊敬,以实现激励功能。

(4) 控制功能。个体行为需要控制,群体行为需要协调。通过团队精神所形成的价值观念和组织氛围,去影响和约束员工的个体行为。制度约束是外在硬性的,而意识约束是内在软性的,这种控制更为持久也更深入人心。

(四) 团队的类型

斯蒂芬·罗宾斯根据团队存在的目的,拥有自主权的大小,将团队进行以下分类。

1. 多功能型团队

多功能型团队由同一等级、不同部门的员工组成,为完成一项特定的任务,常用于新产品开发中。其优点是不同领域员工之间交换信息,激发出新的观点,解决面临的问题,协调复杂的项目;其缺点是团队成员之间建立信任、合作需要时间。

【案例分享】

麦当劳危机管理团队

麦当劳危机管理团队成员由麦当劳营运部、训练部、采购部、政府关系部等部门的资深人员组成,他们平时模拟当危机到来时怎样快速应对,比如广告牌被风吹倒,砸伤了行人,这时该怎么处理？一些人员考虑是否把被砸伤的人送到医院,如何回答新闻媒体的采访,当家属询问或提出质疑时如何对待？另外一些人要考虑的是如何对这个受伤者负责,保险谁来出,怎样确定保险？所有这些都要求团队成员能够在复杂问题面前做出快速行动,并且进行一些专业化的处理。

2. 问题解决型团队

问题解决型团队的核心任务是提高产品质量、生产效率,改善企业工作环境等。在这样的团队中成员就如何改变工作程序和工作方法相互交流,提出一些建议,团队成员几乎没有什么实际决策权。

戴明博士20世纪50年代开始推广质量改善方案,丰田管理体系和质量圈帮助日本产生了经济奇迹。质量改善的思想包括自我意识、对不同能力的认可和相互的信任,鼓励团队为提高质量而提出建议、检验建议、实施建议,其中还包括理解管理者会在必要时考虑并支持他们的努力,从而改善工作流程。

【案例分享】

质 量 圈

质量圈大概有3至9人,质量圈会定期开会讨论与质量有关的工作问题,研讨检验解决问题的方法。团队成员需要经过专业知识和技能的培训,试验和测试需要预算。团队领导人要有丰富的经验,是工作的促进者,而不是统治者。质量圈需要特殊的技术,包括:流程图、鱼刺图、头脑风暴法、因果分析、帕雷托分析等。质量圈的理念在20世纪80年代的美国很流行。近几年高科技公司在革新时采用了革命性的方式,而非循序渐进的方式。美国麻省理工学院的尼古拉斯·尼格罗庞蒂指出:渐进主义是革新最坏的敌人。

3. 自我管理式团队

自我管理式团队一般由5～15人组成,团队成员共有坚定的目标,自行决定工作任务分配、控制工作节奏、绩效评估等,具有自我监督的能力,共同担负完成某项任务的全部责任。因为总会有人出面解决问题,团队领导不需事必躬亲,只是从旁协助支持,与团队成员共享一切责任与权利,建设自我管理团队是组织获得成功的一种全新模式。

这种团队优点是增进了成员的灵活性;工作分类减少,操作效率提高;出勤率提高、离职率降低;高水平的群体忠诚度和工作满意度;减少管理层,产生扁平式组织结构。缺点是需要较多的时间去建立,较高的培训投资,早期效率较低,一些成员无法适应一个团队,经理有失去权力和工作的威胁。

巴西SEMCO公司老板塞姆勒1993年在幽默著作《反动派》描述如何由控制严格的公司变成以自理团队为主的公司。在塞姆柯的自理式团队中,没有传统的金字塔式管理结构,没有经理人或团队领导,只有协调员,团队中准许部分员工与团队自定薪水。

4. 虚拟团队

虚拟团队是指在不同地域的个人通过信息技术进行合作的共同体。虚拟团队成员跨时间、地区甚至跨组织地协同工作。虚拟团队的核心特征是目标、人和相互联系的信息技术(桌面视听会议、合作软件系统和网络技术)。

全球虚拟团队柯达公司的单一用途照相机设计小组,先是在纽约的罗彻斯特,后来通过电脑与德国的两名工程师连接。创立时空独立的虚拟团队,对欧洲市场的机遇快速反应。天腾电脑从伦敦、东京和美国的城市招募信息系统开发者组成虚拟团队,在伦敦程序编码,在美国测试,在东京矫正错误,一项任务一天24小时都有人参与。

二、团队建设

随着企业员工的素质和能力的增强,承担的责任和拥有的权力更广泛,企业对外面临降低成本的压力增大,信息技术的发展带来工作自动化和迅速组织变革,管理中间层的消失和鼓励基层人员的自我管理,企业越来越强调人本价值——正是在这种变革的背景下,团队形式得以风行。

20年前,当沃尔沃、丰田、通用食品等公司把团队引入它们的生产过程中时,曾轰动一时。近年来,团队的概念日益受到人们的青睐,它几乎成了将个体利益与整体利益相统一,从而实现组织高效率运作的理想工作状态的代名词。依靠团队建设,提高组织运行效率,更充分地开发和运用员工的才能,促进企业各项工作健康而顺利地发展,也已经成为许多现代企业坚定不移的战略选择。

(一) 团队建设的五要素及团队目标的设计

1. 团队建设的五要素

团队建设的五要素指对于任何成熟团队都具备五个基本要素,简称"5P",即团队目标、团队定位、团队计划、团队职权、团队人员。

(1) 团队目标。把工作上相互联系、相互依存的人们组成一个相互合作的群体,使之能够以更有效的合作方式,达成个人的、部门的、组织的和企业的目标。

(2) 团队定位。团队目标决定了团队在现有组织结构中的位置,根据目标制订团队规范和确定团队任务。

(3) 团队计划。团队如何分配和行使职责和权限?团队成员分别做哪些工作?如何做?

(4) 团队职权。对团队负有的职责和享有的权限进行界定。

(5) 团队人员。需要选择什么样的人员?真正了解你的人员,整合已有人才资源。

2. 团队目标的设计

SMART(聪明的、系统的、完善的)目标计划:S(specific)指明确具体的;M(measurable)指可衡量的;A(acceptable)是可接受的;R(realizable)为可实现的;T(time limited)指有时间限制的。在确定SMART目标计划后,组织成员进行讨论,推动成员对目标达到一致认同,并阐明每个员工应达到什么目标与如何达到目标,共同树立具有挑战性又可实现的团队目标,团队成员能够自觉自愿地献身于这个目标。

愿景包括团队的未来目标、使命及核心价值,是团队最终希望实现的图景,是凝聚和激励队员共同奋斗的力量源泉。

在团队建设中,有人做过一个调查,问团队成员最需要团队领导做什么,70%以上的人回答是希望团队领导指明目标或方向;而问团队领导最需要团队成员做什么,几乎80%的人回答是希望团队成员朝着目标前进。从这里可以看出,目标在团队建设中的重要性,它是团队所有人都非常关心的事情,有人说:没有行动的远见只能是一种梦想,没有远见的行动只能是一种苦役,远见和行动才是世界的希望。

（二）团队建设的途径

1. 人际关系途径

通过开展良好的交流与培训，实现成员间充分的理解和尊重，形成相互信赖的气氛，公开、坦诚地讨论团队内部关系与冲突，确保团队成员能够以诚实的私人方式进行相互交往，来推动团队工作。

2. 任务导向途径

根据团队所要完成任务的需要，按照技能和技能潜力选拔队员，研究完成此项任务所需要的技能和工作流程，形成具体的目标，并确立指导方针和行为准则，以保证任务的顺利完成。

3. 价值观途径

团队建设的核心任务是在成员之间就共同价值观和某些原则达成共识，建立明确具体的团队目标，使全体成员努力为实现此目标而协同工作。团队共识必须具有在未来进一步发展的能力，以适应新的环境和新的情况。

4. 角色界定途径

团队成员以个性和智力的不同担任着不同的团队角色，团队的效能取决于团队成员认同并适应团队内的各种相关力量的程度，只有具备了范围适当、功能平衡的团队角色时，团队才能充分发挥其技术资源的优势。

（三）团队角色分析

20世纪70年代梅雷迪斯-贝尔滨发现了8个团队的角色：推进者、塑造者、信息者、创新者、协调者、实干者、监督者、完善者。

1. 团队的8个角色功能

（1）实干者：能高效地组织实施团队的工作计划，善于将头脑中想法或计划变成行动。

（2）协调者：喜欢听取别人的建议，能够弥补提议者的不足，促进成员间的交流与合作，培养团队精神。

（3）推进者：团队控制者，能保证每一团员的潜能得到发挥，能充分利用团队的资源来实现团队目标。

（4）创新者：即"楔子"，能关心团队重大问题，喜欢想一些新的主意和策略，总是在为团队寻找解决问题的突破性的方法。

（5）信息者：善于对团队外部的意见、资源和环境变化进行调研，为团队提供信息支持，建立对团队有益的外部联系。

（6）塑造者：能够塑造团队的工作方式，使大家专注团队的目标和首要任务，总想使团队的言论行为有一定的模式和规范。

（7）监督者：团队的专家，善于分析问题，能够监听评价各种想法和建议，避免大的失误，保证团队做出合理决策。

（8）完善者：为完成工作而努力，注重内部工作的细节，能够保证团队不轻易犯疏忽性错误，能使团队始终有一种紧迫感。

2. 团队角色分析的优点和缺点

团队角色的优点是当整个团队的工作量适当地分配到每一个成员身上，而且每一个成员都能满足所承担的角色要求时，团队才能高效稳定地运行起来。团队角色的缺点是当团队面临特殊情况时，团队成员通常会放弃原有的固定角色；每个人并非只扮演一种角色，而是各种角色的混合体;重个人,轻团队。

对西游记团队角色分析,其结果是唐僧:理性,自制力强,反应速度慢,性情平稳,行为内向沉着,有条理,不善言谈,人际交往适度,热衷于完成需要意志力和注意力的任务,有时显得冷漠和不近人情,缺少变通能力,有压抑自己情绪的倾向,情绪失控则很可怕。他起到塑造者和完善者的作用。孙悟空:感性,精力旺盛,攻击性强,跟着感觉走,不能自我克制,易感情用事,脾气暴躁,行为外向热情,心境变化剧烈,不太顾及别人的感受,遇到挫折容易心灰意冷,有时显得以自我为中心,能够长期工作而不知疲倦。他起到创新者和推进者的作用。猪八戒:开朗活泼,率真,善于交流,行为外向,注意力很容易受到外在环境的影响,也能够较快地适应外界环境的变化,情绪不稳定,兴趣多变,反应敏捷,能够关注团队的活动过程。他起到信息者和监督者的作用。沙僧:比较敏感,但沉着冷静,情绪体验深刻而细腻,行为内向,做事认真细致,不喜欢跟人交流,喜爱独处,总是考虑别人的感受,有时显得多愁善感,内心防御机制较强。他起到协调者和实干者的作用。白龙马:沉默寡言,任劳任怨,埋头苦干,忠心耿耿,认准了人,跟对了队伍,一直走下去,终成正果。

三、团队管理

(一) 团队规范

团队规范是指团队的价值观念与行为规范,也是团队对于个人行为方式的期望,在于提高团队的自我管理、自我控制的能力,以利于充分发扬合作、贡献和共享的团队精神。团队有热炉法则,热炉法则即预先警告,有言在先,达成共识;言出法随,"不碰不烫,一碰则烫";一视同仁,"谁碰烫谁,不讲情面";前后一致,言而有信,一以贯之。如何将一车沙子变成一块石头:团队的基础是信任,水是融合剂;领导者是搅拌工;愿景是黏合剂。

(二) 团队冲突

当一个团队内存在着现实的或感知的差异,并且导致情绪性反应的结果,就意味着出现了冲突。冲突中会有恶性冲突和良性冲突。

1. 恶性冲突

持不同意见的双方的目的和途径不一致,在冲突的过程中不分场合、途径,过多地纠缠于细枝末节,是团队内耗的主要原因,严重时还可能会导致团队的分裂甚至解体,这类冲突是管理层应当尽量避免的冲突。

2. 良性冲突

双方有共同的奋斗目标,通过一致的途径及场合了解对方的观点、意见,大家以争论的问题为中心,在冲突中互相交换信息,最终达成一致,这类冲突对于企业目标的实现是有利的,应当加以鼓励和适当引导。如 GE 公司前任 CEO 杰克·韦尔奇建设性冲突的开放式辩论风格为开放、坦诚、不分彼此以及建设性冲突是团队合作成功的必须要素。团队成员必须反对盲目的服从,每一位员工都应有表达反对意见的自由和自信,将事实摆在桌上进行讨论,尊重不同的意见。

3. 冲突发生的原因

差异的价值观、习惯认同、文化习俗,团队内部沟通不良,组织结构存在功能缺陷,权力和资源分配的竞争性等都会引起冲突。现将冲突发生的原因具体归纳如下。

(1) 人的个性。人存在着潜在的侵略意识,人们常把组织当做冲突的场所。

(2) 有限资源的争夺。上层管理者的时间往往也是被争夺的一种稀有资源。

(3) 价值观和利益的冲突。老年员工与青年员工之间的冲突；营销部门希望更新产品，生产部门要生产标准化，因此产生利益冲突。

(4) 角色冲突。组织中的个人和群体由于承担的角色不同，各有其特殊性的任务和职责，从而产生不同的需要和利益，因而发生冲突。

(5) 追逐权力。人们常常为了取得某项权力而攻击对方，抬高自己，打击别人。

(6) 职责规定不清。职责规定不清使两个部门对工作互相推诿或争相插手，从而引起冲突。

(7) 组织出现变更。譬如机构精简和合并，原来的平衡被打破。如大公司并购小公司。

(8) 组织风气不正。组织风气正，则多为建设性冲突，且冲突程度适中；组织风气不正，人际关系庸俗化，则多为破坏性冲突，且冲突程度失控。

冲突的程度与人的互依性、目标差异和知觉差异有关。马克思说：人们奋斗所争取的一切，都同他们的利益有关。

4. 冲突的处理

托马斯二维模式以试图使他人的关心点得到满足为横坐标，以试图使自己的关心点得到满足为纵坐标，定义冲突行为的二维空间，并组合成五种冲突处理策略。

(1) 竞争策略即只满足自身利益，为达到目标而无视他人利益，常含有权利因素，应付危机或双方实力相差很大时往往有效。

(2) 回避策略即试图置身于冲突之外，无视矛盾的存在，或保持中立。当冲突双方依赖性很低时，回避可避免冲突；当双方依赖性很高时，则会影响工作，降低绩效。

(3) 迁就策略是指只考虑对方的利益或屈从对方意愿，恭维对方、不指责、提供帮助等。

(4) 妥协策略是指妥协实质上是一种交易，双方的目标都是在现有条件下获得最大利益。消极影响是双方可能因妥协满足了短期利益，但牺牲了长期利益。

(5) 合作策略指以互补共得为特征的协调各方利益的努力。合作是积极理解对方的需求，尽可能地满足双方的利益。合作的目的是为了双赢。合作性协商有以下主要好处：坦率和真诚的互动有助于关系的真正改善；使冲突成为革新和改善关系的动力；增加沟通和扩大信息流；解释争端可能增进趋同情感和信任气氛。

（三）团队授权

1. 什么是授权

授权是20世纪90年代兴起的一种管理思潮，这种思想强调赋予部下更多的职权去充分支配自己的时间和自己的活动，给予下属做出决策和采取行动的责任与权利。团队成员对授权的感知有：①群体的有效性；②群体行为的重要性和价值；③工作时的独立性和自主性；④完成工作及目标达到的重要性及影响力。

2. 授权的三个因素

授权的三个因素包括"谁来做"，即对任务和环境进行分析，选择合适的人；"做什么"，即向被授权人交代任务；"怎么做"，即授予权利，建立责任和成功的标准。

3. 授权的原则

授权的原则具体如下。

(1) 授权明确：授予哪些权力，期望达到何种效果，完成任务的时间期限、绩效标准。

(2) 职责与职权对等：有权无责，随心所欲；责大权小，下级无法承担权利运用的责任。

(3) 单一隶属的授权：一仆难事二主。

(4) 建立反馈机制：职责分派给下级，但责任不能转嫁给别人；既要授权，又不要失控；要及时监控、辅导和支持被授权人开展工作，授权不是放权。

(5) 授权公开：告知被授权人和所有受到授权影响的人，授予了什么权力，以及权力的大小。

4. 无法成功授权的原因

无法成功授权的原因具体如下。

(1) 缺乏计划。主管没有花时间制订授权计划，分不清哪些职责该授权，哪些工作该自己去完成。

(2) 缺乏充分沟通。授权时的沟通和授权后的跟踪过程沟通。

(3) 主管害怕失败或被取代。要克服不愿放弃自己喜欢干的事情的心理和害怕失去权力的恐惧感。

（四）团队激励

美国哈佛大学教授詹姆士在一篇研究报告中指出：实行计时工资的员工仅发挥其能力的20%～30%，而在受到充分激励时，可发挥80%～90%的能力。除了金钱激励以外，一个更能发挥自身能力的工作岗位，更大的决策自主权，更加灵活的工作日程等也是激励因素。

1. 团队激励原则

团队的激励原则具体如下。

(1) 满足需求，激发动机。团队队员努力工作的可能因素包括自己做出的努力能否达到或超出管理目标的可能性；若达到目标，获得奖赏的可能性；外在报酬满足心理需求的可能性；工作中满足心理需求的可能性；对这些需求的满足所做的评价。

(2) 按劳分配，克服平均。按劳分配是制订激励措施的重要原则。这种分配方式也可以保护人才的积极性。

2. 激励的方式

激励方式包括以下几点。

(1) 目标激励。组织的目标与个人的需求完美结合起来，可以产生巨大的动力。有长远的愿景目标，有中期目标、近期目标，还有大目标、中目标、小目标，这些目标要实现必须与员工的能力、任务相结合。

(2) 奖惩激励。奖励是正强化，是直接激励。惩罚是负强化，是间接激励。赞赏要比批评的收效大。

(3) 数据激励。运用数据显示成绩，有可比性和说服力，可激励员工的进取心。数据激励还可运用在促销上，如为调动顾客购物的积极性，规定凡购物满200元者，奖励青稞酒2瓶。

(4) 团队领导行为激励。领导行为通过榜样作用、暗示作用、模仿作用等心理机制激发下属的动机，调动下属的工作、学习的积极性，这种激励称为领导行为激励。如华纳梅克是费城一家大商店的经理，在巡检中亲自接待顾客。

(5) 典型激励。树立团队中的典型人物和事例，经常表彰各方面的好人好事，营造典型示范效应。如设龙虎榜等。

(6) 创造良好的沟通渠道。架起沟通的桥梁，真心倾听。

(7) 学会赞美。要充分相信雇员的能力，给雇员提高的机会。

皮格马利翁是古希腊神话里的塞浦路斯王子，他爱上了自己雕塑的一个少女，并且真诚地期望自己的爱能被接受,这种真挚的爱情和期望感动了爱神阿芙狄罗忒,就给了雕像以生命。这种由信任、关心、激励因素因构成的期待心理所引起的人的思想与行为方面的变化叫作皮格马利翁效应。积极的期望,就会有积极的发展。皮格马利翁效应告诉我们在人际交往中,一旦善意知觉对方,有意识或无意识地寄以期望,对方会产生出相应于这种期望的特性。

四、团队工作的 12 个陷阱

请检查下列关于团队的假设是否正确。

(1) 团队需要一个强硬的领导,即使领导者对团队成员有一定程度上的胁迫。
(2) 只有在所有的团队成员都能够参加的时候,团队才是合适的。
(3) 单个成员必须做他们认为正确的事情,即使该事情与团队决定相矛盾。
(4) 团队要达成一致意见经常需很多的时间,并且常常会形成明确的决定。
(5) 几个成员同时踊跃发表自己的意见是团队健康、有活力的表现。
(6) 团队应该花时间为成员建立明确的团队角色。
(7) 如果没有清晰的目标,团队要想获得成功是很困难的。
(8) 当团队能够避免冲突时,团队就越成功。
(9) 一个团队应该规定固定开会的时间,通过会议来了解团队成员的感觉和关系。
(10) 团队会议不应该积极让性格安静的成员参加,当他们有东西贡献时就会主动参加的。
(11) 有效团队的成员之间有彼此的个人喜好。
(12) 团队已经建立了一种工作模式,花时间去改变它就是非建设性的行为。

【知识与技能检测】

一、名词解释
1. 组织设计
2. 组织文化

二、思考题
1. 简述现代企业组织设计的重要特征。
2. 简要回答团队建设的五要素。

三、实训题
1. 项目类型:团队协作竞技型
2. 道具要求:报纸、胶带
3. 场地要求:一片空旷的大场地
4. 游戏时间:10 分钟左右
5. 详细游戏玩法:12~15 人一组,利用报纸和胶带制作一个可以容纳全体团队成员的封闭式大圆环,将圆环立起来,全队成员站到圆环上边走边滚动大圆环。
6. 活动目的:本游戏主要为培养团队协作一致、密切合作、克服困难的团队精神,增强队员间的相互信任和理解。

项目八　员工心理健康与疏导

【开篇案例】

上了弓的弦

老王有一次到内蒙古一座小城旅游，看到一个店铺里面摆放的全都是弓箭，他感到很新奇，便在店里面东瞧西看起来。店里墙壁上挂着的几张弓都是上好弦的，每张都绷得紧紧的；货架上面摆放的那些弓都未上弦，弓背就显得直一些，店主见他对弓箭感兴趣，便从货架上拿起一张弓递到他手上，说："你仔细看一看，这可都是真正的弓箭，价格也不贵。"他问道："这弓能把箭射多远？"店主说道："力气大的人，能射出一百多米，力气小一些的，也能射出七八十米。用铁铸的箭，一下子可以射死一只羊。"

老王把玩着手里的那张弓，爱不释手，决定买两张带回去，一张自己留着玩，一张送给一位朋友。跟店主谈好价钱后，他让店主拿两张上了弦的弓，店主认真地说："这几张上了弦的弓挂在那儿主要是做样品的，一张弓上好了弦后，都是绷得紧紧的，长时间这样放着，弓背和弓弦的效用就差了，力道也减少了，根本就射不出多远。买弓应买那没上弦的，现用现上弦就可以了。"老王笑着说："我买这张弓，也不是要用来射杀什么，就是为了玩，不必非得有实用价值。"店主笑了笑，便摘下墙上的几张弓，放在他面前，又拿出几张未上弦的弓叫他随便挑，挑了一阵后，他挑了一张未上弦的弓和一张上了弦的弓，最后老王又买了一捆木箭。回到家后，老王找了一个空旷的地方，用两张弓试着射了几箭，那张现上弦的弓，一箭射出了九十多米，而先前上好弦的弓仅把箭射出了四十多米。

细想一想，在现实生活中，人也是这样，一个人要是始终绷紧神经，老是处于紧张状态，就会导致身心疲惫，在需要冲刺的关键时刻，往往有心无力，难免会败下阵来。因此我们就需要学会心理调节，保持自身的心理健康。

任务一　对心理健康的基本认识

知识目标

■ 理解心理健康的含义

■ 了解心理健康的衡量标准

技能目标

■ 能够鉴别员工的心理健康状态

■ 学会保持自身的心理健康

【任务引入】

深圳富士康员工相继跳楼自杀事件震动了社会各界,一时间,企业员工心理健康问题受到广泛重视,一直被企业忽视的员工帮助计划开始受到关注。2010年1月23日,凌晨4时许,富士康19岁员工马向前死亡。警方调查,马向前系"生前高坠死亡"。2010年3月17日,富士康龙华园区,新进女员工从3楼宿舍跳下,跌落在一楼受伤。2010年3月29日,龙华厂区,一男性员工从宿舍楼上坠下,当场死亡,23岁。2010年4月6日,观澜C8栋宿舍饶姓女工坠楼,仍在医院治疗,18岁。2010年4月7日,观澜厂区外宿舍,宁姓女员工坠楼身亡,18岁。2010年4月7日,观澜樟阁村,富士康男员工身亡,22岁。2010年5月6日,龙华厂区男工卢新从阳台纵身跳下身亡,24岁。2010年5月11日,龙华富士康厂区外某出租屋,富士康离职女员工跳楼。2010年5月14日,富士康梁姓员工从富士康福华宿舍7楼楼顶坠楼,送往医院抢救无效死亡。2010年5月21日清晨,富士康21岁的男性员工坠楼,于当日4时50分死亡。2010年5月26日又发生一起员工坠楼事件,发生在晚上11时左右,地点位于富士康深圳龙华厂区大润发商场前。这也是2010年年初开始的第12起坠楼事件,这12起事件造成10死2重伤。为什么偏偏这家企业如此频繁地发生跳楼事件?这背后的原因到底是什么?

【任务分析】

随着当今社会竞争的加剧,现代生活节奏的加快,工作压力、心理危机、情感纠纷、人际关系、人格因素等问题,已成为影响员工心理健康的主要因素。世界卫生组织曾预测,21世纪影响中国最严重的疾病是心理疾病,我国员工心理健康问题成为企业必须面对的重大问题。特别是党的十七大提出"注重人文关怀和心理疏导"的时代要求后,在越来越多的企业中形成了关注员工心理健康的共识。

一、心理健康的含义

随着社会的发展和人类对自身认识的深化,人们对健康概念的认识不断丰富和完善。在现代社会中,健康不仅指生理健康,还包括心理健康、社会适应,三者的和谐统一构成了健康的基础。心理健康的标准是动态的,不同年龄、不同社会文化、不同时代具有不同的标准。健康是生理健康与心理健康的统一,二者是相互联系、密不可分的。当人的生理产生疾病时,其心理也必然受到影响,会产生情绪低落、烦躁不安、容易发怒的情绪,从而导致心理不适;同样,长期心情抑郁、精神负担重、焦虑的人也容易产生身体不适。因此,健全的心理与健康的身体是相互依存、相互促进的。

(一)健康的概念

古希腊哲学家曾为幸福下过这样一个定义:身体无痛苦,灵魂无纷扰。用当今的话说,就是身心健康。

1989年世界卫生组织(WHO)将健康定义为:健康不仅仅是身体没有缺陷和疾病,而更多的是身体上、精神上和社会适应上处于的良好状态。

因此,健康是生理健康、心理健康和适应社会三方面的统一,三者是相互联系,密不可分的。当生理产生疾病时,心理也必然受到影响,会情绪低落、烦躁不安、容易发怒,从而导致心理不适;同样,那些长期心情抑郁、精神负担重、焦虑的人易产生身体不适,因此健全的心理有赖于健康的身体,而健康的身体有赖于健全的心理。可以说,心理健康是生理健康的基础,生理健康是心理健康的有力保障,社会因素是联系心理健康和生理健康的重要桥梁,三者的和谐统一构成了人类健康的基础。

(二)心理健康的定义

心理健康是健康的重要组成部分,国内外许多学者从各自关注的不同角度对心理健康进行过多方面的阐述和探索。1946年第三届国际心理卫生大会指出,所谓心理健康,就是指在身体、智能以及情感上与他人心理健康不相矛盾的范围内,将个人心境发展成最佳状态。

心理健康是指一种生活适应良好的状态。从广义上讲,心理健康是指一种高效而满意的、持续的心理状态。从狭义上讲,心理健康是指人的基本心理活动的过程中内容完整、协调一致,能适应社会,与社会保持同步。

二、心理健康的标准

关于心理健康的标准,不同学者的观点不同,并且随着社会文化和时代的不同,心理健康标准也在不断地发展和变化。比如,在封建社会,安贫乐道可能是一种理想的保持心理平衡的观念,但是在现代社会,如果安于现状而不思进取,就可能在激烈的社会竞争中被淘汰。

由于心理健康涉及诸多的心理因素,人们对心理健康标准有不同的看法。下面介绍一些学者对心理健康标准的看法。

(一)心理健康的十条标准

美国心理学家马斯洛和米特尔曼提出的心理健康的十条标准被公认为是"最经典的标准"。这十条标准是①充分的安全感;②充分了解自己,并对自己的能力作适当的估价;③生活的目标切合实际;④与现实的环境保持接触;⑤能保持人格的完整与和谐;⑥具有从经验中学习的能力;⑦能保持良好的人际关系;⑧适度的情绪表达与控制;⑨在不违背社会规范的条件下,对个人的基本需要作恰当的满足;⑩在集体要求的前提下,较好地发挥自己的个性。

(二)世界心理卫生联合会提出的心理健康标准

世界心理卫生联合会提出的心理健康的四条标准包括:①身体、情绪十分协调;②适应环境,人际关系中彼此能谦让;③有幸福感;④在职业工作中,能充分发挥自己的能力,过着有效率的生活。

一般说来,心理健康的人都能够善待自己,善待他人,适应环境,情绪正常,人格和谐。心理健康的人并非没有痛苦和烦恼,而是他们能适时地从痛苦和烦恼中解脱出来,积极地寻求改变不利现状的新途径。

在理解与应用心理健康标准时,应注意这些原则:①衡量心理健康与否没有普遍适用的绝对标准,只有将其心理状态和行为表现放到当时的客观环境、社会背景中加以分析,通过与社会认可的行为模式比较,以及与其本人一贯的心理状态和人格特征加以比较,才能判断出来;②心理健康是动态的,健康与否只反映某一阶段的状态,是可改变的;③心理健康与否没有绝对的界限,大多数人处于中间状态,即亚健康状态,即在特定时期内有或轻或重的心理障碍。

三、员工心理健康状况

21世纪步入全球化竞争时代,经济、科技飞速发展,知识经济勃兴,高技术企业猛增,人们生活和工作的节奏越来越快,压力加重,使企业员工的心理问题也越来越突出。

从调查结果来看,我国员工的心理健康状况令人担忧。中国人力资源开发网2004年首份

《中国"工作倦怠指数"调查结果》发现,有70%的被调查者出现工作倦怠;智联招聘发布的《2013年中国职场心理健康调研报告》显示,相比而言,高层管理人员的心理较普通员工更为健康,地市级城市职场人比北京、上海、广州等大城市职场人的心理健康状况更好。同时,员工在工作中体验到的幸福感和个人生活幸福感在逐年下降。对于新入职的员工,其工作稳定性远不如其他员工。频繁出现的心理健康问题主要有:精神上的压力;感觉不开心、郁闷;缺乏成就感。

国内外的实践表明,心理疾病是威胁个人生命健康的大敌,是破坏企业组织效率的大敌。如果员工心理健康存在问题,就会导致员工工作积极性和工作热情的下降,工作绩效和工作满意度的降低,还会引起企业人际关系的紧张,导致离职现象。企业管理层的心理问题更可能导致决策失误而引起严重的经济损失,特殊行业员工的心理问题甚至还可能给社会和环境造成灾难,从而给企业带来严重的形象损失和经济责任。

心理疾病已经严重威胁着员工的正常生活,关注员工的心理健康迫在眉睫。采取措施帮助员工缓解已经形成的心理问题,以及建立良好的心态和掌握必要的应对策略,才能确保企业持续发展。

四、员工常见心理问题

1. 心理压力问题

企业中最突出的心理问题是压力。据调查,我国有60%以上的员工感受到来自工作的压力。经营竞争、管理竞争、职务竞争、岗位竞争、就业竞争、升学竞争等压力,几乎压得人们喘不过气来。员工的压力可能来源于工作本身,可能来源于工作中的人际关系,也可能来源于家庭和日常生活的各个方面。压力已是企业心理问题的核心。压力过大会引起很多消极反应,比如容易疲劳、沮丧,记忆力、创造力下降,工作热情和积极性下降,还可能产生各种身体反应。虽然这些反应是员工个人的负担和痛苦,但无疑极大地影响着工作效率。

2. 沟通和人际关系问题

在当今企业,沟通和人际关系比以往任何时候都重要。沟通和人际关系有几个方面,一是与客户的沟通和关系,二是同事之间的沟通和关系,三是上下级之间的沟通和关系。这三个方面都是很重要的。沟通和人际关系直接关系到客户服务质量、信息传递的速度和质量、组织气氛和企业文化的健康,与组织运行的效率是息息相关的。

3. 心理危机问题

在某些特定的时期,企业存在心理危机,比如企业裁员、并购以及员工遭遇空难等灾难性事件。这时,员工会产生弥散性的心理恐慌。另外,在裁员沟通、绩效沟通的过程中,管理者也会产生焦虑、紧张、抑郁、冲动等心理障碍。

4. 职业倦怠问题

员工无法应付外界超出个人能量和资源的过度要求,而产生的生理、情绪情感、行为等方面的耗竭状态,是一种在工作的重压之下身心俱疲、能量被耗尽的感觉。其生活常态表现为:超时工作、睡眠不足、压力巨大、健康负债;身体上表现为多梦、失眠、不易入睡;经常腰酸背痛、记忆力明显衰退和脾气暴躁,通常也称作"职业枯竭"或"职业疲劳"。

5. 员工的个人问题

比如恋爱、婚姻家庭、子女教育、个人心理困扰等问题。这些虽然是员工的个人问题,却是影响员工压力和情绪的重要因素。

任务二　个体工作的压力管理

项目目标

知识目标
- 理解压力的概念
- 了解压力的来源
- 了解压力的后果
- 掌握压力应对策略

技能目标
- 学会解压技巧

【任务引入】

在一次压力管理培训课上，培训老师拿起一杯水，然后问台下的学员："各位认为这杯水有多重呢？"

有人说是半斤，有人说是一斤，老师则说："这杯水的重量并不重要，重要的是你能拿多久？拿一分钟，谁都可以；拿一个小时，可能觉得手酸；拿一天，可能就得进医院了。其实这杯水的重量是一样的，但是你拿得越久，就越觉得沉重。这就像我们承担着压力一样，如果我们一直把压力放在身上，不管时间长短，到最后都会觉得压力越来越沉重而无法承担。我们必须做的是放下这杯水，休息一下后再拿起这杯水，如此我们才能拿得更久。所以各位应该将承担的压力过一段时间后适时地放下，并好好地休息一下，然后再重新拿起来，如此才可能承担得更久。"

【任务分析】

压力与情绪已成为 21 世纪企业管理最为迫切的课题之一。中国企业家调查系统公布的中国企业经营者身心健康状况调查报告显示，相当数量的企业经营者对自己身心健康状况表示担忧，处于亚健康状态的企业经营者并不罕见。存在不同程度心理健康问题的企业经营者中，中小型企业、国有企业以及中青年企业经营者的比重较大，主要表现为：工作过于繁忙、心理压力过重、心理疲惫不堪、时常烦躁易怒等；部分企业经营者相当程度地存在负面情绪，如心情沮丧、疑虑重重、挫折感强、悲观失望等。一些与心理健康状况有关的慢性疾病如慢性胃炎、高脂血症、神经衰弱等在企业经营者中具有较高的发病率，几种常见慢性病如高血压、高脂血症、慢性胃炎等的患病比重呈上升趋势；不少企业经营者感觉孤独，极少借助心理咨询专家获得帮助。

北京易普斯企业咨询服务中心对 IT 行业 2 000 多名员工所做的调查表明，有 20% 的企业员工压力过高，至少有 5% 的员工心理问题较严重。有 75% 的员工认为他们需要心理帮助。现阶段我国已经成为高自杀率的国家，卫生部曾经发表的研究报告指出，中国自杀率大约为十万分之二十三,远超过世界平均的十万分之十三。

在日常生活中,当你遇到情绪难以控制、压力无法承受的情况时,你是放任放纵,还是控制和疏导?"人生不如意十之八九",生活在竞争激烈的现代社会,每个人都要面对来自工作、生活、学习和情感等多方面的压力。沉重的压力导致人们情绪不良,学习效率下降,生活质量降低,甚至引发疾病等不良后果,严重影响了生理健康和心理健康。那么,该如何面对压力,管理情绪呢?

一、工作压力的内涵

(一) 工作压力定义的界定

压力,最初是一个物理学的概念,是指垂直作用在物体表面上的力。直到 20 世纪 30 年代,医学界才有了压力的概念。"stress(压力)"一词来源于拉丁文"stringere",意思是痛苦。人们现在用的"stress"是"distress"(悲痛、穷困)的简称。心理学家汉斯·赛尔耶是第一个使用术语"stress"来表示这种潜在的破坏力量的人。随后,1962 年 Kahn 等将压力概念运用于企业管理中来探讨工作中的压力问题。目前,工作压力已纳入医学、心理学、社会学、组织行为学、管理学等不同学科的研究范围。

像心理学研究中的许多其他概念一样,研究者在研究工作压力时也有许多不同的见解。有些研究者将工作作为一个刺激变量看待,有些人则将其看作反应变量,有些人认为它是环境变量,有些则认为它是个体和环境交互作用的产物。例如,Lazarus 和 Launier 对工作压力的定义强调压力的来源,他们认为压力是需要或超出正常适应反应的任何状况。而 Quick 对压力的定义则强调压力的后果,他们把压力反应定义为:在面对压力源时对机体自然能力资源的普遍的、有规律的、无意识的调动。有些研究者对工作压力给予操作性的定义,将某些工作特点定义为工作压力,如工作负荷、工作复杂性、角色冲突、角色模糊等。Summers 等人在研究中强调了工作压力中个体由于正常生活方式的改变而引起的感觉,而并不强调改变本身。他们对工作压力的定义是当个体被迫偏离正常的或希望的生活方式时体验并表现出的不舒适的感觉。

各学者对压力的定义差别并不大,总体来说压力不是一个令人高兴的词语,学者们都赋予压力以消极的、不愉快的、负面的情感体验等含义。

综合来看,所谓工作压力亦称工作应激、职业应激,是指在工作过程中,当工作的要求与员工本身的能力、资源或需求不能契合时,个人所对应产生的不良情绪及生理反应,也就是让工作者感到需要付出较大努力的工作要求以及由于适应要求所产生的各种不良生理和心理的反应。

(二) 工作压力的产生

工作压力是怎么产生的呢?它源于组织要求和个体要求的需要,促使个体采取相应的行动,但在个体采取行动的过程中会受到各种各样的限制因素的阻碍,因此,需要能否满足就取决于个体掌握的支持条件与限制因素的力量对比。

当限制因素大大超过支持条件的力量时,需要得不到满足,过度压力就产生了,当限制因素与支持条件的力量差不多时,个人能充分利用支持条件实现需要,积极压力就产生了,当个人感觉自己能轻而易举地实现需要时,压力不足就会出现。

工作压力是需要、限制及支持的结果变量,组织的目标就是把工作压力保持在适度水平,提高员工的绩效。工作压力的产生过程如图 8-1 所示。

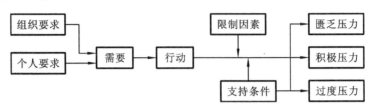

图 8-1 工作压力产生过程图

二、工作压力产生的因素

工作压力的产生主要有三个方面的因素:社会因素、组织因素和个人因素。

(一) 社会因素

工作特点和个人因素是引起工作压力的两个方面,另外,社会和环境的变化也是产生压力的一个重要方面,这方面的研究在工作压力研究领域中较少见,但应该引起研究者的重视。产生压力的社会因素有双重职业、组织机构减少、竞争增加、技术变化。另外,社会角色的变化,公司破产、机构调整、个体患病或残疾、决定退休,都是产生压力的社会因素。产生工作压力的环境因素主要指政治、经济、自然形势的不确定和危机,社会动荡或社会职业竞争态势加重,知识更新加快并呈现出"加速度"发展态势,股市的大幅度涨跌及金融危机等。这些环境因素具有不受个体意愿所控制的特点,都明显地增加了现代人的工作压力。

(二) 组织因素

组织内部有许多因素会引起员工压力感,如工作量大,工作要求高、工作责任过重,人事竞争的压力,人际关系紧张,领导对自己的不理解和不信任等,都会给职业人士带来压力与焦虑不安。当然,组织的性质与不确定性也有较大的关系。工作和工作环境本身是造成压力的来源。根据社会交换理论中的相互性原则,当组织不能满足员工的需要、甚至给员工造成压力时,员工交换给组织的将是低工作效率、不满、离职。

大量研究发现引起压力的组织因素包括角色冲突、角色模糊、角色超负荷、时间压力、低能力运用、低参与、低控制、管理中的监督问题、组织气氛、群体矛盾。研究者们对各种组织因素都进行了深入的研究并设计了相应的测量。如对于管理与监督问题的调查中所涉及的内容有:认为管理者是一个好的计划者的程度,对群体的代表表现出一致性,建立好的工作程序,明确责任,在压力下表现良好,帮助雇员表现良好,为个体工作提供反馈。在 Summers 等人的研究中发现组织程序的特点和角色特点比个人特点(如性别、工作年限)和组织结构特点与压力有更密切的联系,这说明组织政策和组织程序,如培训质量和工作表现反馈等,是工作压力的重要来源。

传统的工作压力研究者认为由于环境与家庭、学校是不一样的,因此工作本身对个体造成的压力越高则心理压力越低。

(三) 个人因素

比如家庭关系中出现的婚姻问题、家庭成员之间的纠纷以及疾病、子女教育方面的焦虑、经济收入和开支问题、员工本人的个性特点等,都是引发心理压力的重要个人因素。

工作压力主要来源于现实环境等外在因素,还是来源于当事人的内心?从心理学的角度说,虽然内外因素都是压力产生的原因,但从本质上说,压力的根本来源在于个体心理,也就是来源于当事人的个性与心态等内在因素。

单个压力本身可能无足轻重,但如果已在一个很高的压力水平上,它就可能成为"压倒骆驼的最后一根稻草"。如果要评估一个员工所承受的压力总量,就必须综合考虑他所经受的机会性压力、限制性压力和要求性压力。与强调外部因素或工作特点本身的研究者不同,一些研究者认为外部压力因素并不普遍适用于所有的工作者。某个压力源对一个人来说可能是有压力的,而对另一个人来说则可能构不成压力。例如 Schaubroeck 等人发现虽然增加对工作的控制被认为是减轻工作压力的一种方法,但他们的研究发现,只有对具有较高自我效能感的个体才有这种作用,而对于自我效能感较低的个体,由于他们缺乏控制工作的能力,因此要求个体有较高的控制工作能力反而会增加他们的压力。

三、工作压力的形成

工作压力形成的原因有许多,概括来讲,有以下几个方面。

1. 工作时间过长或不灵活

在现实生活中有好多岗位由于其特殊性,员工不得不长时间地工作,经常加班加点,由于长时间地从事一种工作,人们产生了厌烦心理,开始讨厌工作,工作压力也随之产生了。

2. 太多或太少的工作责任

委与员工一定的责任,员工会有受到重视的感觉,但责任太多又会给员工造成一定的压力,合理安排责任成了一个组织应该考虑的问题。

3. 工作内容单一,缺乏兴趣

有许多公司对工作岗位的设计不合理,不注重员工的工作丰富化,只注重工作业绩,殊不知时间一长,工作效率反而下降,员工对工作失去了兴趣。

4. 培训不足,学习提升的机会不多

许多组织在招聘来员工以后,就会让员工高强度地工作,可如今社会知识和技术更新速度很快,好多员工在工作一段时间之后,就会发现自己的知识水平已经老化,可是组织并没有意识到这一点,没有派员工去培训,这样无形中就给员工造成了一种压力。

5. 工作和生活不平衡

当今社会,人们的工作节奏快了,好多人为了工作放弃了休闲娱乐,生活中有好多事情都来不及处理,这样,工作和生活就出现了矛盾,有好多人都为之苦恼。

6. 缺乏来自同事的支持,和同事沟通不够

每一个员工都是在一定的环境中工作的,周围环境的和谐与否直接关系到员工工作心情的好坏。如果整个团队能和谐共处,互相支持,遇到事情及时沟通,那么组织中的员工就会开心工作,工作压力就会减轻。

7. 工作前景不明朗

作为员工,自己的发展和组织有很大的关系。自己的工作目标和组织的工作目标息息相关。作为领导要经常与员工描述组织的目标和发展前景,这样员工可以根据组织的规划来调整自己的目标。如果员工对组织的发展一无所知,员工就会觉得自己脱离组织,没有归属感,这样无形中就形成了一种压力。

8. 组织混乱、公司重组、工作变动

由于公司管理不善,可能会引起组织混乱,员工工作没有头绪。如果公司重组可能引起员工不能静心工作,一旦员工的工作有变动,员工就得去适应新的工作环境和岗位,这样也会引发员工的工作压力。

四、工作压力的作用和后果

在现代社会中,由于竞争激烈、科技发展迅速、社会体制不断变化,使每一个工作着的人都感到不同程度的压力。压力是一把"双刃剑",积极压力和消极压力产生出截然相反的效果。积极压力会激励工作人员,激发工作者的潜能,提高工作效率,而压力匮乏或消极压力会使绩效下降。

对工作压力的研究表明压力对工作者的健康可以造成很大的损害,50%～80%的疾病都是心理、躯体疾病或是与压力有关的疾病,除了对身体的伤害之外,过多的工作压力对组织的影响也是消极的,如引起工作者的不满、消极情绪、高离职率和缺勤等问题,由于工作压力对个体及组织都有着不容忽视的影响,有关学者对这一问题做了大量研究。

过高的工作压力对个体的影响可以从情绪上、行为上以及身体上这三个方面反映出来。无论对个体哪方面的影响都会直接对工作产生消极的影响。

工作压力对情绪的消极影响表现在降低工作者对组织的承诺、内在满意感及工作动机,同时会出现离职倾向与情感衰竭,而对行为的影响可表现在缺勤、离职,以及工作绩效降低。工作压力在身体上产生的消极后果是各种生理上的不适,如抑郁症状、严重头疼、头晕、疲劳、炎症。虽然很多研究者都怀疑工作压力可能会增加患病的概率,然而在实际研究中却较少发现相关证据,研究者认为这一结果的原因之一可能在于研究中所涉及的工作压力还没有严重到改变机体功能的程度。

由于工作压力所引起的对工作本身的影响除了缺勤、离职和工作效率下降外,还会引起企业之间人际关系紧张、高事故率、较差的组织气氛、低士气、工作中的敌对情绪等问题,如表8-1表示。

表8-1 工作压力的主要来源及可能后果

压力源	主要因素	可能后果
工作条件	工作超负荷或负荷不足;工作的复杂性及技术压力;工作决策与责任;紧急或突发事件;物理危险;时间变化	生产线歇斯底里症;精疲力竭;生物钟紊乱;健康受到威胁;烦恼和紧张增加
角色压力	角色模糊;角色冲突	焦虑和紧张增加;低工作满意度与低绩效;过于敏感
人际关系	缺乏接纳与支持;勾心斗角,不合作;领导对员工不关心	孤独、抑郁;敏感;人际退缩
职业发展	升职或降职;工作安全性与稳定性;抱负受挫	失去自信;焦虑增加;工作满意度与生产力降低
组织系统	结构不合理,制度不健全;派系争斗;员工无参与决策权	动机和生产力低下;挫折感;对工作不满意
家庭工作交互影响	引起压力的生活事件(如婚姻、家庭问题等)	焦虑和紧张增加;身心疲惫

【知识链接】

心理学有个著名的"豆芽菜理论":人才的成长恰如发豆芽,豆芽放在湿布上,上面还必须要压上石头。没有石头的压力,豆芽长得又长又细,味道很差;有了石头的压力,豆芽才会长得又白又胖,味道鲜美。这说明适当的压力是员工进取的有效动力。

故事一:鲶鱼效应

西班牙人爱吃沙丁鱼,但沙丁鱼非常娇贵,极不适应离开大海后的环境。当渔民们把刚捕捞上来的沙丁鱼放入鱼槽运回码头后,用不了多久沙丁鱼就会死去。而死掉的沙丁鱼味道不好销量也差,倘若抵港时沙丁鱼还存活着,鱼的卖价就要比死鱼高出若干倍。为延长沙丁鱼的活命期,渔民想方设法让鱼活着到达港口。后来渔民想出一个法子,将几条沙丁鱼的天敌鲶鱼放在运输容器里。因为鲶鱼是食肉鱼,放进鱼槽后,鲶鱼便会四处游动寻找小鱼吃。为了躲避天敌的吞食,沙丁鱼自然加速游动,从而保持了旺盛的生命力,如此一来,沙丁鱼就一条条活蹦乱跳地回到渔港。

这在经济学上被称作"鲶鱼效应"。

一个公司,如果人员长期固定,就缺乏活力与新鲜感,容易产生惰性。尤其是一些老员工,工作时间长了就容易厌倦、疲惰、倚老卖老,因此有必要找些外来的"鲶鱼"加入公司,制造一些紧张气氛。当员工们看见自己的位置多了些"职业杀手"时,便会有种紧迫感,知道该加快步伐了,否则就会被替换掉。这样一来,企业自然而然就生机勃勃了。

故事二:"高压"下成才

宋徽宗是一位喜欢书画并且有很深造诣的皇帝,有一天他问随从:"天下何人画驴最好?"随从回答不出来,退下后急寻画驴出名者,焦急中得知一名叫朱子明的画家有"驴画家"之称,即召朱子明进宫画驴。朱子明得知被召进宫是为皇上画驴时,吓出一身冷汗,原来他根本不会画驴,他本是画山水的画家,因为同行戏弄而给他起了个"驴画家"的绰号,并非擅长画驴才得的"驴画家"。但皇上之命不可违,情急之下的朱子明苦练画驴技术,先后画了数百幅有关驴的画,最后竟阴错阳差地得到皇上赏识,真正成了天下第一画驴之人。

五、工作压力的应对

应对是应用行为或认知的方法努力处理环境与人们内部之间的需求,解决二者之间的冲突,包括评价压力的意义、控制或改变压力的环境、解决或消除问题、缓解由于压力而出现的情绪反应。

多数应对的研究采用了 Lazarus 对应对的分类,即以问题为中心的应对和以情绪为中心的应对。以问题为中心的应对是通过改变自己的行为或改变环境来改善个人和环境的关系。以情绪为中心的应对是调节由于压力引起的情感上的不适。Lazarus 认为应对是受背景和过程影响的,而不是一种如传统研究所认为的个性特征或行为风格。人们的应对反应总是受某一特定情境的要求而出现的。假如个体将某一情境评价为可以受个体的控制,问题为中心的应对将占主导位置,而当个体认为自己对所处情境不能做任何事时,情绪为中心的应对将占主导地位。Lazarus 与同事的研究发现个体的应对方式随着压力情境的变化而变化,并随着时间的改变而改变。

应对方式包括采取积极行动、回避、任其自然、寻求信息及帮助、应用心理防御机制等。应对资源包括健康及良好的机能状态、个人的生活态度、解决问题的能力及判断能力、信仰及价值观、社会支持系统及物质财富等。应对的功能有两种：解决问题或缓解情绪。应对的结果会影响个人的人生态度及观念、各种社会能力及身心健康。

（一）个人应对措施

个人应对措施主要是指个体从自身的角度出发，去寻找有效的管理压力和降低其负面影响的一系列策略和方法。这些策略和方法主要包括以下内容。

1. 进行有效的时间管理

时间管理在压力问题上处于中心位置，根据杰克弗纳的观点，时间管理就是"有效地应用资源，包括时间，以便我们有效地取得个人重要的目标"。一般情况下，缺乏做事时间，是压力源的一个重要途径。进行有效的时间管理要做到：①为所要做的事情设定轻重缓急次序；②放弃一些次要的事情；③积极采取行动，改变拖延习惯；④创造一个有效率的工作环境。

2. 善于运用社会支持系统

要善于运用社会支持系统，如向社会寻求情绪的支持、实质的支持（物质帮助）、信息支持等。

3. 认知重建

要进行认知重建，如改变不合理信念（如绝对化）的要求、过分概括化等。

4. 进行放松练习或适当的运动

要进行放松练习或适当的运动，缓解压力和降低对个体自身的负面影响。

（二）企业应对措施

企业对工作压力的应对措施包括以下内容。

1. 注重平衡员工的工作和生活

平衡的生活才能带来平衡的心理。这么说是因为尽管很多企业号称员工是公司最大的资产，培育他们，给予成长机会，但是同时也毫不留情地对员工进行压榨，一个流行的生产力公式体现出了这种残酷性：1/2×2×3＝P（人员减半，薪资加倍，生产力3倍）。但是他们没有意识到，假如有压力存在，便也应该有宁静的时间与场所来平衡，这也就是托夫勒所称的"稳定地带"。否则，失衡的工作和生活自然容易引起失衡的心理。

为达到员工工作和生活的平衡，领先的企业既在公司内为员工提供缓解紧张情绪的场所，如休息室、游戏室等，也为提高员工的生活质量提供帮助，如为员工提供旅游补贴和充足的假期。

宝洁中国就在公司内推行 Better Work Better Life 的活动。公司设置了休息间，员工可以随时去坐下来喝点东西，公司还配备有专业按摩师的按摩室，员工在工作的时间如果觉得累了就可以去按摩，费用很低。工作时间有弹性，员工可以在早上七点半到十点半之间任意选择上班时间，并在一些部门试行 work at home——员工在工作性质允许的前提下每周可以自行选择一天在家办公。这些既保证了员工在工作间隙的休息，也为员工的生活提供了方便。

2. 培养员工管理心理压力和焦虑的能力

要降低心理负面因素的伤害，需要组织和个人两个层面的努力，让员工学会管理自己的压力和焦虑，这便是两个层面共同努力的重要方式。在这方面，既要有态度的引导，也要教给员工具体的方法。

像任正非写的《要快乐地度过充满困难的一生》就是一种态度上的引导,"快乐的人生,无论处境多么困难,只要你想快乐一定会快乐,员工不必为自己的弱点而太多地忧虑,而是要大大地发挥自己的优点,使自己充满自信,以此来解决自己的压抑问题"。

在具体技能培养方面,有两个值得推荐,一个是培养员工学会自我管理,另一个是情商方面的培训。自我管理方面的技能可以让员工学会管理自己的时间、压力和焦虑。而情商方面的培训,可以帮助员工建立自信,培养自己与别人建立友好关系的能力。比如举办一些小型的压力管理的沙龙,帮助员工了解和管理自己的压力。

美国的一项数据表明,在员工心理援助项目上投资1美元,可以得到5~7美元的回报。在中国虽然还没有这样明确的数据表明某种员工心理管理项目的效果,但是可以肯定的是,企业越早意识到这个问题的重要性,就会越早获得积极的回报。

3. 提供员工帮助计划

提供员工帮助计划是美国、英国、日本等国多年来普遍采取的压力解决方案,是组织为其成员设置的一套系统的、长期的福利与支持项目,主要通过专业人员对组织的诊断、建议和对员工及其直属亲人提供专业指导、培训和咨询,以帮助解决员工及其家庭成员的各种心理和行为问题,减轻员工的压力,提高其在组织中的工作绩效。

【知识链接】

广州移动通过实施 EAP 项目(employee assistance program,员工援助计划),由专业人士通过心理指导、培训、咨询等方式,帮助员工解决心理困扰。沱牌酒厂为了解决员工困惑、工作压力、人际关系处理、员工自身情绪低落的问题,成立了"沱牌兰草心理咨询中心",咨询的对象除了公司员工外,还包括他们的亲属及周边关联群体。为疏导国际化带来文化冲突、家庭关系疏远等造成的员工心理问题,华为引入了"压力与情绪管理"和"人际智慧训练"的心理工作坊。四大会计师事务所之一的德勤特别开通了24小时员工私密心理咨询热线,以帮助员工缓解工作压力。

【案例分享】

绝望的驴子

有一天某个农夫的一头驴子,不小心掉进一口枯井里,农夫绞尽脑汁想办法要救出驴子,但几个小时过去了,驴子还在井里痛苦地哀号着。最后,这位农夫决定放弃,他想这头驴子年纪大了,不值得大费周章地把它救出来,不过无论如何,这口井还是得填起来。于是农夫便请来左邻右舍帮忙一起将井中的驴子埋了,以免除它的痛苦。农夫的邻居们人手一把铲子,开始将泥土铲进枯井中。

当这头驴子了解到自己的处境时,刚开始哭得很凄惨,但出人意料的是,一会儿之后这头驴子就安静下来了。农夫好奇地探头往井底一看,出现在眼前的情形令他大吃一惊:当铲进井里的泥土落在驴子的背部时,驴子的反应令人称奇——它将泥土抖落在一旁,然后站到铲进的泥土堆上面!就这样,驴子将大家铲倒在它身上的泥土全数抖落在井底,然后再站上去。很快地,这只驴子便得意地上升到井口,然后在众人惊讶的表情中快步地跑开了!

就如驴子的情况,在生命的旅程中,有时候人们难免会陷入"枯井"里,会被各式各样的"泥沙"倾倒在身上,而想要从这"枯井"脱困的秘诀就是:将"泥沙"抖落掉,然后站到上面去!

任务三 员工帮助计划的认识及其运用

知识目标
■ 了解员工心理健康状况及员工帮助计划
■ 掌握员工帮助计划的服务内容和分类

技能目标
■ 能帮助解决员工的各种心理和行为问题

【任务引入】

曾经在微博上有两则令人悲痛的消息引起了大众的关注。一是两名富士康员工为了争看内部报纸《富士康人》而大打出手,随后一个人集结同伙将另外一个连捅4刀致死。还有一则消息是湖北仙桃电台DJ奕扬在微博发布了人生最后一条微博:"现在头很痛,刚刚拨了最后一通电话。我应该可以放心离开了,这次走得太匆忙,那就这样吧,大家不用想我。"之后有同行在微博证实DJ奕扬已服安眠药自杀,抢救无效死亡。

【任务分析】

逝者已逝,但这些现实让我们必须思考:为什么会发生这样的事?为什么因为一张报纸,同事之间会出现极端暴力的事件,为什么看似令人羡慕的DJ会选择自杀——是员工心理有问题,还是企业文化有问题?这些问题又如何才能防微杜渐,防患于未然呢?

员工帮助计划可以帮助大家改善这一问题。对于大多数中国人来说,员工帮助计划还是新生事物,目前国内仅有一些外资企业,以及中国移动、国家电网等少数大型企业在尝试,但毋庸置疑,员工帮助计划将来会在越来越大的范围内发挥日益重要的作用。

一、员工帮助计划概述

(一)员工帮助计划的定义

员工帮助计划(Employee Assistance Program,EAP),又称"员工心理援助计划",EAP是企业为员工设置的一套系统的、长期的福利与支持项目,它通过专业人员为员工提供诊断、评估、培训、指导与咨询,帮助员工及其家庭成员解决各种心理和行为问题,目的在于提高员工在企业中的身心健康和工作绩效,并改善企业的组织气氛与管理效能。目前在世界500强企业中,有90%以上的企业实施了EAP项目。

EAP国际协会主席Donald G. Jorgensen认为EAP不仅仅是员工的一种福利,同时也是对管理层提供的福利。因为在行为科学的基础上,员工心理援助专家可以为员工和企业提供战略性的心理咨询、确认并解决问题,以创造一个有效、健康的工作环境。通过对员工的辅导,对组织环境的分析,帮助人力资源工作人员处理员工关系的死角,削除可能影响员工绩效的各方面因素,进而增加组织的凝聚力,提升公司形象。它帮助识别员工所关心的问题,并且给予解答,这些问题会影响到员工的工作表现,同时影响到整个组织机构业绩目标的实现。

EAP(员工帮助计划)由美国人发明,最初用于解决员工酗酒、吸毒和不良药物影响带来的心理障碍。新创企业在机构设置、薪酬方案等诸多方面都处于"试水"阶段,此时用 EAP 来调整所有人的心态、生态、形态和状态,堪称万全之策。

（二）国际 EAP 的现状与发展

随着全球化带来的跨国公司在世界各地的发展,各国军队驻外、国际学术交流和留学生的交流,员工援助计划被引入欧洲及其他地区。这种引进在 20 世纪 80 年代得到了迅速的发展,同时,EAP 员工援助计划在英国、加拿大、澳大利亚等发达国家均有了长足的发展和应用。据统计,在世界 500 强企业中,有 80% 以上的企业都建立了 EAP 服务体系,而美国本土有近 1/4 企业的员工享受到 EAP 服务。

经过几十年发展,EAP 服务内容已经涉及工作压力、心理健康、灾难事件、职业生涯困扰、健康生活方式、法律纠纷、理财问题、减肥和饮食紊乱等方面,可以全方位地帮助员工解决个人问题。1988 年,美国劳工统计局进行了一项全国性的调查,结果发现,在 6.5% 的公共和私人工作场所都采用了 EAP 咨询服务(美国劳工统计局,1989);两年后,对同样的这些工作场所进行了跟踪调查发现,EAP 的普及率已经上升到了 11.8%。1993 年,美国调查发现,美国所有超过 50 人的私人企业中有 33% 购买了 EAP。而 1995 年第二次调查数据表明,所有超过 50 人的私人企业中,购买了 EAP 的比率上升到了 39%,此外,两次调查都表明,没有使用 EAP 的部门中有近 10% 表示正在考虑开始这个项目。据美国通用汽车公司的一项调查结果表明,该企业使用 EAP 后,工时损失降低 40%,疾病及意外事故的补助减少 60%,员工申诉案件减少 50%,职业灾害降低 50%。

工作场所收集的证据清楚地表明这样一个事实,在现代工作场所,EAP 正在成为一种常规化的实践。还需要特别值得注意的是,一些国家或地区的政府也对 EAP 表现出越来越积极的态度,这是因为,EAP 不仅给企业带来收益,也给和谐社会的建设带来了好处,因此,EAP 服务在政府机关部门、军队内部也得到广泛的普及和应用。某些国家政府为了推动 EAP,还专门立法来加强监管,以促进全社会对于 EAP 更多的关注、尊重和传播。当然,EAP 的发展还有赖于专业机构和专家的推动。目前,已经成立了 EAP 的国际学术组织,在一些国家还成为一个新的就业领域。在美国、英国等 EAP 发展较快的国家,已成立不少的专业服务机构,不论是电话全天候的员工咨询服务,还是为企业事业单位提供的专项咨询服务,其规模已经相当可观,而且不乏完整服务体系的跨国 EAP 服务公司。

（三）EAP 在我国的发展

EAP 在西方国家发展了二三十年后,随着全球经济一体化的步伐,也开始拓展到发展中国家和地区。2001 年我国有了第一个 EAP 计划,到现在也只有十几年时间,研究和实践的积累不足,专业人才的储备也很欠缺。

世界发展历史表明,在国家或地区的人均 GDP 处于 1 000~3 000 美元的发展阶段,往往对应着人口、资源、环境、效率、公平等社会矛盾的瓶颈约束最为严重的时期,也往往是"经济容易失调、社会容易秩序混乱、心理容易失衡、社会伦理需要调整重建"的关键时期。我国目前正是处于这种瓶颈约束最为严重的时期,出于维系稳定性和持续性的紧迫需求,不论是政府,还是企业,都很关注社会的稳定,关注企业内部劳工关系的和谐,这是一个必然的趋势。其实,我国的企业很早就有关注员工身心健康意识,尤其是在最近的20年,开始强调用行为科学方法解决员工管理问题,改进思想政治工作等。还有一个可喜的现象是,在企业家的邀请下,心理咨询专家开始走出校园,为企业员工的心理健康和心理卫生问题提供帮助,不过这些帮助多集中在个体辅导的水平上。从组织行为的角度,采用EAP服务模式还只是近4~5年才开始的,而且主要是从进入中国市场的外资企业开始的。也就是说,外资企业带来了包括EAP在内的现代管理理念和方法。在此背景下,惠普、摩托罗拉、思科、阿尔卡特、诺基亚、爱立信、北电网络、可口可乐、杜邦、宝洁和亨斯曼等一大批外商投资企业,尤其是IT行业纷纷启动在中国境内的EAP项目。为了保障员工的个人隐私性,大多数企业采用是外部专业咨询机构提供的EAP服务的模式。国外的EAP服务机构也因此开始进入中国市场。比如澳大利亚国际心理服务有限公司、香港亚太天力人力资源发展有限公司等。服务方式主要采用电话远程服务,为了普及EAP服务模式,占领中国市场,一些国际组织把重要的EAP学术研讨会安排在北京、上海举行以扩大影响力。

目前,在中国大陆接受EAP服务的对象,除了少数的外籍员工外,绝大多数是本地员工。由于文化背景、员工的观念或意识等方面的差异,向本地员工提供的EAP服务内容和方式需要进行必要的调整,由本地专业人员提供相关的服务会更受欢迎。因此,本地的EAP服务机构也相继出现,如上海德慧企业管理咨询公司、北京易普斯咨询公司等就是近期出现的EAP咨询服务公司,他们的咨询服务对象也逐渐由外资企业转入国内企业,如联想集团、国家开发银行和上海大众集团等。值得关注的是,国内的高等院校、研究单位也逐渐关注相关的学术研究支持,相关的EAP行业协会、研究组织也成立起来。除了与国际EAP组织保持联系之外,2003年10月23日在上海举行了首届中国EAP年会,而2004年8月份又在北京举行了第二届EAP年会,并正式成立了中国健康型组织协会,中国社会心理学会和中国劳动学会也正在商议将员工援助和组织健康学会作为其下属分会组织。国家劳动和社会保障部职业技能鉴定中心正在审定EAP员工援助师这一新职业,以便推进我国企事业的EAP服务模式,促进和谐社会的建设。

【知识链接】

EAP的价值

据国外一项调查研究发现,企业80%的安全事故是由人为因素造成的,而这与员工的心理状况密切相关。既然EAP能有效地改善职工心理状况,其价值自不必多说。美国的一项调查发现,在EAP上投入1美元,可以换来6至17美元的回报,因为EAP有效地减少了请假、旷工、离职等不良事件的发生。

据统计,目前世界500强企业中,有80%以上建立了EAP,而美国有将近1/4企业引入了EAP,一些国家还将EAP引入了军队和政府部门。并且EAP还发展成了一个新的就业领域,美国、英国等EAP发达国家已形成一些具有一定规模的跨国EAP服务公司。我国的香港和台湾地区也成立了一些专业EAP服务机构,内地开始诞生提供EAP服务的专业机构。据了解,广州比较成熟的EAP咨询机构已有数家,但它们的签约公司基本上是清一色的外资公司,譬如摩托罗拉、IBM、宝洁、雀巢等。不过,越来越多的国内企业意识到了心理健康与工作效率的关系,他们对EAP的重视也与日俱增。

二、EAP 的服务内容

EAP 的服务包括以下内容。

（1）进行专业的员工职业心理健康问题评估。由专业人员采用专业的心理健康评估方法评估员工心理生活质量现状，及寻找其导致问题产生的原因。

（2）搞好职业心理健康宣传。利用海报、自助卡、健康知识讲座等多种形式树立员工对心理健康的正确认识，鼓励遇到心理困扰问题时积极寻求帮助。

（3）对工作环境的设计与改善。一方面，改善工作硬环境，即物理环境；另一方面，通过组织结构变革、领导力培训、团队建设、工作轮换、员工生涯规划等手段改善工作的软环境，在企业内部建立支持性的工作环境，丰富员工的工作内容，指明员工的发展方向，消除问题的诱因。

（4）开展员工和管理者培训。通过压力管理、挫折应对、保持积极情绪、咨询式的管理者等一系列培训，帮助员工掌握提高心理素质的基本方法，增强对心理问题的抵抗力。管理者掌握员工心理管理的技术，能在员工出现心理困扰问题时，很快找到适当的解决方法。

（5）组织多种形式的员工心理咨询。对于受心理问题困扰的员工，提供咨询热线、网上咨询、团体辅导、个人面询等丰富的形式，充分解决员工心理困扰问题。

三、员工帮助计划的分类

（一）根据实施时间长短分类

根据实施时间长短 EAP 可以分为长期 EAP 和短期 EAP。

EAP 作为一个系统项目，应该是长期实施，持续几个月、几年甚至无终止时间。但有时企业只在某种特定状况下才实施员工帮助，如：并购过程中由于业务再造、角色变换、企业文化冲突等导致压力和情绪问题；裁员期间的沟通压力、心理恐慌和被裁员工的应激状态；空难等灾难性事件，部分员工的不幸会导致企业内悲伤和恐惧情绪的蔓延等，这种时间相对较短的员工帮助能帮助企业顺利渡过一些特殊阶段。

（二）根据服务提供者分类

根据服务提供者分类 EAP 可以分为内部 EAP 和外部 EAP。

内部 EAP 是建立在企业内部，可以配置专门机构或人员，为员工提供服务。比较大型和成熟的企业会建立内部 EAP，而且由企业内部机构和人员实施，更贴近和了解企业及员工的情况，因而能更及时有效地发现和解决问题。外部 EAP 由外部专业 EAP 服务机构操作。企业需要与服务机构签订合同，并安排 1 至 2 名 EAP 专员负责联络和配合。一般而言，内部 EAP 比外部 EAP 更节省成本，但由于员工的心理敏感和保密需求，对 EAP 的信任程度上可能不如外部 EAP。专业 EAP 服务机构往往有广泛的服务网络，能够在全国甚至全世界提供服务，这是内部 EAP 难以企及的，所以在实践中，内部 EAP 和外部 EAP 往往结合使用。此外，在没有实施经验及专业机构指导、帮助下，企业想马上建立内部 EAP 会很困难，所以绝大多数企业都是先实施外部 EAP，最后建立内部的、长期的 EAP。

四、EAP 的实施模式

EAP 的实施模式包括外设模式、内置模式、整合模式、共同委托模式、联合模式。

1. 外设模式

外设模式是企业将员工援助计划项目外包，由外部具有心理或咨询等专业背景的机构提供员工援助计划服务。这种模式在企业员工人数不多的情况下比较适用。外设模式的优点在于保密性好,专业性强,服务周到,能够为企业提供最新的信息与技术,赢得员工的信任。

2. 内置模式

内置模式指企业自行设置员工援助计划实施的专职部门,聘请具有心理、咨询、辅导等专业背景人员来策划实施该项目。工会成员援助计划是内置模式中的常见形式,由企业工会通过成立专门机构,聘用专职人员,向员工提供直接或间接(发布相关信息或建立网络平台)的援助服务。内置模式的优点是针对性强,适应性好,能够及时为员工提供援助服务。

3. 整合模式

整合模式也称为内置、外设并举模式,是指企业在原来已有内置式员工援助计划的基础之上,与外部其他专业服务机构合作,共同为当地员工提供 EAP 服务。该模式的优点在于能够降低企业内部人员负担,减少企业经济支出,提高企业知名度,充分发挥企业内部和外部的优势。

4. 共同委托模式

共同委托模式是指多个企业共同委托外部的专业咨询机构,向员工提供援助服务。共同委托模式的优点是专业性强,经济效益明显,能够促进企业之间资源共享,增强双方的沟通合作。

5. 联合模式

联合模式是多个企业联合成立一个专门提供 EAP 的服务机构,由企业内部专业人员构成,该模式一般应用于具有长期合作关系的企业之间。联合模式的优点是专业性强,经济效益好,灵活性高,能够为企业度身定做不同类型的员工援助计划。

无论采取哪种类型的实施模式,硬件设施与技术支持方面的投入对于 EAP 能否达到预期的目标非常重要,其基本结构包括心理咨询专家、专业测量工具、心理咨询室、数据库建立等部分。专业咨询师主要通过心理咨询和知识讲座等科学手段,帮助员工解决各类心理问题。专业测量工具主要用于员工心理状况的测量,其目的在于发现导致员工心理问题的根本原因。心理咨询室是企业开展多种形式心理咨询的固定场所,主要包括咨询热线、网上咨询和团体辅导等多种方式。数据库主要用于建立员工心理健康档案,进行员工心理状况的跟踪与记录,以上几个方面是 EAP 实施的基础条件。

6. 国内 EAP 实施的特点

目前,国内 EAP 的实施现状主要呈现以下特点。

(1) 从内置模式到外置模式,国内最初的 EAP 大多集中在外资企业,且主要是内置模式,即由公司内部的专业咨询人员提供援助服务。随着我国 EAP 的逐步发展,也为了更好地保障员工的个人隐私,越来越多的企业开始采用由外部专业机构提供的 EAP 外置模式。国外一些专业的 EAP 服务机构也开始大举进入中国,采用直接咨询或远程服务为主的外置服务模式。

(2) 从国外引入本土发展,在我国接受 EAP 服务的除了少数是外籍员工以外,其他绝大多数都是本地员工。由于文化背景、员工观念和价值取向等方面的差异,国外 EAP 服务机构在最初的实施过程中遇到了不少问题,在这样的情况下,一些国内自办的 EAP 服务机构相继出现,开始为企业提供更加本土化的 EAP 专业服务,而且随着业务的不断发展,其服务范围也开始从企业扩展到政府机构。2004 年 12 月,上海市徐汇区人民政府的 EAP 项目正式启动,标志 EAP 正式进入我国政府机构。

(3) 从单一服务到多样发展国内 EAP 服务的过程中一开始主要是以心理培训为主,但是随着企业对EAP的了解与认可,国内EAP的服务范围也在逐渐扩大,由最初一般性的心理培训,宣传教育,发展到现在的心理咨询、心理治疗、压力缓解、情绪管理、心理预警机制的建立和组织干预等更加多元化的综合性服务。

五、EAP的应用效果

实施员工援助计划对于企业的作用主要表现在以下四个方面。

(1) 企业整体方面由于EAP是企业人性化管理的一个组成部分,它可以增强企业的凝聚力,减少员工问题带来的损失,保持员工良好的工作状态,培养员工的忠诚感,树立良好的企业形象。

(2) 员工方面包括帮助员工解决生活上的问题,提高生活质量,促进身心健康,改善员工福利,满足员工需求,提高工作热情,帮助员工实现自我成长与职业生涯规划。

(3) 工作方面表现在稳定企业人力资源,提高生产效率与工作绩效,帮助员工解决工作方面遇到的问题,减少员工的焦虑,改善工作情绪,提高工作士气。

(4) 劳资关系方面的内容是增加劳资沟通,促进双方之间的融洽关系。

另外,员工帮助计划具有高回报率,研究表明,企业为其投入1美元,可节省运营成本5至16美元。Quick等人进行的"雇员帮助项目"对EAP的有效性研究表明,2008年全美使用EAP服务的雇主中,大约有60%的企业避免了由员工生病请假给生产带来的损失,同时有72%的企业改进了工作效率降低的现状。

【案例分享】

中国移动:星火燎原—EAP发展历程

中国移动通信集团公司(简称"中国移动")于2000年4月20日成立,注册资本518亿元人民币,资产规模已超过8800亿元人民币,是北京2008年奥运会合作伙伴和2010年上海世博会全球合作伙伴。目前,中国移动有限公司是中国在境外上市公司中市值最大的公司之一,也是全球市值最大的通信公司。

中国移动成立以来,伴随着中国移动通信事业的发展,公司也获得了高速发展,并成为全球规模最大的电信运营企业。中国移动的员工在面临公司发展带来挑战的同时,也承担着越来越激烈的竞争压力。员工的压力、满意度、心理困扰等方面存在的问题开始逐步显现,甚至可能会成为企业进一步发展的阻碍。为此,中国移动较早地开始关注员工压力问题,并积极寻找解决方案。

中国移动自2003年部分下属公司关注EAP,2005年部分公司正式导入EAP,2006年开始由集团公司推动EAP在各公司的推广实施,从2005年仅有两三个地市分公司实施,到2009年已有24家省级公司不同程度地开展了EAP,覆盖超过10万的中国移动员工,并已初现成果。

1. 中国移动的EAP怎样从星星之火到燎原之势

中国移动的员工分布于全国31个省、市、自治区,全员50多万人,如何为人数如此众多员工提供人文关怀和心理疏导,成为中国移动管理层面临的一项严峻任务和挑战。集团公司在EAP开展过程中给出了方向性的统筹与指导。在2006至2009年集团公司召开的党群工作会议上,都将EAP作为工作重点进行了深入探讨与积极探索。同时,集团公司还专门以EAP为主题召开了多次专题会议,各公司交流EAP项目的开展经验,探讨实施过程中存在的问题。

此外,结合各公司在实施EAP的过程中,EAP相关负责人表现出来对心理学浓厚的兴趣和需求,集团公司为EAP项目主管人员开设了中国移动"心理学基础与EAP操作实务"培训班,帮助EAP项目主管人员系统学习心理学和EAP的基础知识。同时,集团公司还制定《中国移动EAP项目指导手册》,为各公司的EAP开展提供专业指导和支持。

各省公司发挥自主性和创造性,结合自身特点自行开展EAP。中国移动各公司结合各自的实际,探索出了不同的模式。

2. 中国移动EAP项目取得成果

几年来,中国移动不懈地探索,逐步实现了EAP的试点和实践工作。并且,中国移动对EAP的定位和认识,并不是仅仅将EAP作为一项提供给员工的精神福利,也不是将EAP作为单纯帮助部分员工解决个人心理困扰的心理咨询,而是更多的将EAP与管理相结合,将EAP与员工的思想教育工作相结合,使EAP更贴近公司和员工的需求。在逐步地实践和探索中,员工身心健康获得提升。具体表现在以下几个方面。

(1) 员工对心理健康的意识有了大幅度的提升,六成以上的员工认为EAP使其更加重视自己的心理健康,近六成的员工认为EAP使其能正确看待工作中遇到的压力,近一半的员工认为EAP使其有信心可以处理自己面对的压力。

(2) 员工使用EAP之后,幸福感和身心健康程度都是有改善的,如广东公司佛山分公司,相比于不知道EAP服务的员工,知道或使用过EAP服务的员工在心理幸福感和身体幸福感方面分别高出4%和5%。

(3) 公司实施EAP之后,员工对公司有了更高的满意度和承诺,很多员工因为这项贴心的服务,更愿意在中国移动工作。如福建公司福州分公司,与不知道EAP的员工相比,知道或使用过EAP服务的员工对同事、领导、工作、公司、晋升和薪酬的满意度分别比不知道EAP的员工高出2.2%~8.6%,而具有高辞职意向的员工比例比不知道EAP的员工低3.6%,认可公司是好雇主的比例则高出6.1%。

(4) EAP的导向由消极问题解决转向了积极心理资本提升。目前大多数EAP项目倾向于发现并解决员工遇到的问题和困扰。但是这样的EAP只能为一小部分存在心理困扰的员工提供帮助,要想让更多的员工感受到组织的心理关怀,就不能仅限于解决问题。在这种思考下,广东公司深圳分公司创造性地实施了EAP的延伸项目"PCA—心理资本增值",通过积极导向,帮助员工树立正确的心理健康观念,提升预防心理困扰的能力。在PCA项目实施的第一年中,便开展了近百场各种形式的培训和活动,让公司全员参与到项目中,实现"全员心理资本增值"。中国移动实施以员工心理资本提升为导向的EAP在国内尚属首例,并且经实践检验,积极导向的EAP更容易被员工认同和接受,此模式具有较高的推广价值。

(5) 将EAP心理服务融入公司管理。通过EAP,管理者树立了正确的职业心理健康观念,并在EAP指导下逐步将心理管理的理念和方法技术应用到日常的员工管理工作中,让EAP成为日常管理工作的辅助手段。如北京公司的EAP,2008年是北京公司的"决胜奥运年",公司全员以及各地的援奥员工在奥运期间为北京的通讯保障都承受着较大的压力,EAP贴合公司的管理需求,在奥运背景下,为奥运场馆人员、全体全员提供专项服务,预防和缓解这个特殊时期可能出现的员工心理困扰。

(6) 培养了一批内部EAP专业队伍。在中国移动EAP长期规划中,培养自己的EAP人才是必由之路。但为了保证员工的隐私以及提供服务的专业性,心理咨询这样的专业工作还是由外部EAP专家来实施。中国移动的EAP专业人员在EAP项目中则承担着EAP管理者、联络人和协调人的职责。通过集团公司集中培训和各公司单独培养两种途径,逐步培养了一批 EAP 项目的主管人员,这些内部专业人员在自我成长的同时,系统学习了心理学专业知识,并掌握了 EAP 实际操作技巧,为开展 EAP 工作打下良好基础。

(7) 形成了员工心理保健预警机制。若公司员工出现重大危机事件,不仅对员工本人的生活和工作造成严重的影响,也可能对公司其他人员带来负面影响,甚至可能影响到企业的形象。中国移动通过 EAP 危机干预服务和危机预防机制等,已经有效预防和处理全公司 50 多万员工的心理危机事件,为员工生命安全、身心幸福提供有力保障。

【知识与技能检测】

一、名词解释
1. 心理健康
2. 工作压力
3. 员工帮助计划

二、思考题
1. 衡量心理健康的标准有哪些?
2. 简要回答如何减压。
3. 员工帮助计划的内容有哪些?

三、案例分析

拿着高薪却不开心

36 岁的姜先生多年来一直在某电信公司从事行政事务性工作。由于工作比较轻松,整天无所事事,所以几年前他就想跳槽,但由于公司优厚的薪酬待遇,家人一直不同意跳槽,因为凭实力,姜先生几乎不可能在市场中找到高薪水的工作。结果,他现在感到越干越没劲,整天精神不振,心情非常郁闷,对周围的一切都失去了兴趣……

思考题
1. 请说明姜先生是否有职业心理疾病?如果有,分析其患病的原因。
2. 试提出一个解决问题的方案。

四、实训题
1. 项目:心理测试时间压力量表
2. 目的:帮助了解自己的实际压力水平
3. 内容

提示:阅读下面的 10 句陈述并以"是"或"否"作答。
(1) 是　否　明年你是否计划减缓工作的进程?
(2) 是　否　你是否认为自己是个工作狂?
(3) 是　否　当需要更多时间时,你是否倾向于减少睡眠时间?
(4) 是　否　每天结束时,是否经常感到还有很多事情没做完?
(5) 是　否　你是否为未能花费足够多的时间与家人和朋友在一起而感到不安?
(6) 是　否　你是否经常尝试想做比自己能够处理完的更多的事情?
(7) 是　否　你是否经常陷于日常工作?
(8) 是　否　你是否感觉到自己不再有玩耍和取乐的时间?

(9) 是　否　　当时间不够时,你是否感到有压力?

(10) 是　否　　你是否喜欢独自花费更多的时间?

记分及解释:将所有回答"是"的项目个数加起来,超过 7 个(含 7 个)者为具有高时间压力者,低于 4 个为低时间压力者。

参 考 文 献

[1] 卢盛忠. 管理心理学[M]. 4版. 杭州:浙江教育出版社,2006.
[2] 卢盛忠. 管理心理学实用案例集萃[M]. 杭州:浙江教育出版社,2003.
[3] 吴小艺,杜金锋. 管理心理学[M]. 广州:中山大学出版社,2008.
[4] 刘永芳. 管理心理学[M]. 北京:清华大学出版社,2009.
[5] 马斯洛. 动机与人格[M]. 北京:华夏出版社,1987.
[6] 苏东水. 管理心理学[M]. 5版. 上海:复旦大学出版社,2013.
[7] 沙莲香. 社会心理学[M]. 北京:中国人民大学出版社,2002.
[8] 黄希庭. 心理学导论[M]. 北京:人民教育大学出版社,2005.
[9] 张晨辉. 新编实用管理心理学[M]. 北京:清华大学出版社,2007.
[10] 张德. 组织行为学[M]. 3版. 北京:高等教育出版社,2008.
[11] 陈国海,李艳华,吴清兰. 管理心理学[M]. 北京:清华大学出版社,2008.
[12] 章志光. 社会心理学[M]. 北京:人民教育出版社,1996.
[13] 朱永新. 管理心理学[M]. 北京:高等教育出版社,2002.
[14] 秦永良. 组织行为学[M]. 北京:石油工业出版社,1999.
[15] 刘峰. 管理创新与领导艺术[M]. 北京:北京大学出版社,2006.
[16] 余凯成. 人力资源开发与管理[M]. 北京:企业管理出版社,1997.
[17] 王海光. 沃尔玛公司人力资源管理中的文化导向[J]. 经济管理,2003(7).
[18] 俞文钊,苏永华. 管理心理学[M]. 4版. 大连:东北财经大学出版社,2012.
[19] 左小德,梁云,邹天建. 如何进行有效沟通[J]. 企业管理,2000(2).
[20] 吴玉. 管理行为的调查[M]. 北京:中国经济出版社,1987.
[21] 刘建军. 领导学原理——科学与艺术[M]. 3版. 上海:复旦大学出版社,2001.
[22] 贺志刚. 公司政治典型情境[J]. IT经理世界,2002,10(20).
[23] (美)斯蒂芬·P. 罗宾斯. 组织行为学[M]. 孙健敏等,译. 北京:浙人民大学出版社,1997.
[24] 诸云波. 认识自我:企业领导必须具备的健康心理素质[J]. 经济师,2002(5).
[25] 彼得·圣吉. 第五项修炼[M]. 上海:上海三联书店,2002.
[26] 代凯军. 管理案例博士点评——中外企业案例比较分析[M]. 北京:中华工商联合出版社,2000.
[27] 黄步琪. 管理心理结构[M]. 杭州:浙江大学出版社,2001.
[28] 张小乔. 心理咨询的理论与操作[M]. 北京:中国人民大学出版社,1998.
[29] 张岩松,李健. 人力资源管理案例精选精析[M]. 北京:经济管理出版社,2005.
[30] 程社民,卜欣欣,戴洁. 人生发展与职业生涯规划[M]. 北京:团结出版社,2003.
[31] 安应民. 管理心理学新编[M]. 北京:中共中央党校出版社,2008.

[32] 胡月星,等.现代领导心理学[M].山西:山西经济出版社,2005.
[33] 屠春友.现代领导心理学[M].北京:中共中央党校出版社,2001.
[34] 吴岩.领导心理学[M].北京:中央编译出版社,1996.
[35] 俞文钊.领导心理学[M].大连:东北财经大学出版社.2012.